国际著名职业规划大师为你量身打造的专业选择指南 

看性格选专业

适合性格的专业才是好专业

10 Best College Majors for Your Personality

【美】劳伦斯·沙特金等◎著

刘应诚◎译 吴 靖◎引进策划

北方联合出版传媒(集团)股份有限公司

万卷出版公司

沈阳·2012

著作权合同登记号：06-2011第212号

图书在版编目（CIP）数据

看性格选专业/（美）沙特金等著；刘应诚译.
—沈阳：万卷出版公司，2012.3
ISBN 978-7-5470-1680-0

Ⅰ.①看… Ⅱ.①沙…②刘… Ⅲ.①性格-影响-留学生教育-专业-选择
Ⅳ.①G647.32

中国版本图书馆CIP数据核字（2011）第167730号

出版发行：北方联合出版传媒（集团）股份有限公司
万卷出版公司
（地址：沈阳市和平区十一纬路29号 邮编：110003）
印 刷 者：北京温林源印刷有限公司
经 销 者：全国新华书店
幅面尺寸：168mm×235mm
字 数：590千字
印 张：20.25
出版时间：2012年3月第1版
印刷时间：2012年3月第1次印刷
引进策划：吴 靖
营销策划：孔 宁
责任编辑：张冬梅
封面设计：郭 海
版式设计：范 娇
责任校对：李国宽
ISBN 978-7-5470-1680-0
定 价：38.00元

联系电话：024-23284090
邮购热线：024-23284050
传 真：024-23284521
E-mail：vpc_tougao@163.com
网 址：http：//www.chinavpc.com

这是本大书，但简单好用

性格这个概念通常被心理学家当作一种便利的方式来概括一个人的许多特性。当你对自己的教育和职业生涯进行决策时，性格就显得特别有用了。

你具有什么类型的性格呢？别提那些司空见惯的说法，什么“无忧无虑的”、“可靠的”、“性情温和的”、“友好的”或者“风趣的”，等等。这些或许能在你周六晚上的交友派对上帮点忙，但对你选择大学专业却无多大裨益。

说到这里，本书就要派上用场了。

通过这本书，你能了解到许多心理学家和职业规划师用来描述人、大学专业和职业生涯的性格类型。做个快速的自我评估，帮你确定自己的支配性性格类型。然后挖掘最适合你性格类型的和最有收入潜力、最多职位空缺等其他最好指标的那些大学专业的非常有价值的事实。

本书整理的“最好大学专业”列表会推荐一些你可能从未考虑过的有前途的专业。浏览大学专业的概要描述，以了解你想学的课程、你可能选择的专业和你毕业后可能从事的工作。得到有关这些工作的详细事实吧，这是根据政府最新数据整理而成的。

你可能期望大学通过教育来提高自己的挣钱本事，那为何不找到一个既适合你性格又有显著经济潜能的专业呢？

这本书会告诉你这种有用的方法。

这本书能帮你做的一些事情

◎探讨和选择与适合你性格的职业目标相关的大学专业。

◎了解那些你从前不熟悉的大学专业。

◎懂得哪些专业能为你向往的一个职业做好准备。

◎了解可能适合你性格的那些职位的主要事实。

这本书能给你带来的用处远远不止以上列出的几条。

我们希望你的阅读过程和我们的编写过程一样是有趣的。我们已经努力使这本书通俗易懂和尽可能引起你的兴趣。

你读完这本书后，将其传阅或将你的感受告诉他人。

祝你学习、工作和生活顺利。

主要章节概况

前　言　简短的概述，帮你更好理解和使用这本书。从第1页开始。

第一章　你的性格和你的专业。本章概述了性格和性格类型，还探究了性格和大学专业选择之间的联系。从第1页开始。

第二章　你属于哪种性格类型？做一个评估吧！一个简短和容易完成的评估帮你发现自己的性格类型。从第6页开始。

第三章　最好专业列表。对于探索大学专业非常有用！列表按性格类型排列成容易使用的组群。第一组列出了10个适合每种性格类型的最好专业。其他组列出了适合每种性格类型的与收入最高、职位增长率最快和职位空缺最多的工作相关的那些专业。接着是更具体的大学专业列表，按与专业相关的职位的需求排列：教育程度决定的工作；工作人数决定的最好工作；需要高或不需要高的语言和数学技能的工作。书中右侧栏目列出了所有列表的名称。从第16页开始。

第四章 适合你性格的最好大学专业的描述。对第三章列出的那些专业以及相关的 5 个专业作出了完整的描述。每个描述包括专业划分和大学、高中课程的信息以及相关职位的定义和主要事实。从第 61 页开始。

附录 A 更多资源信息，从第 281 页开始。

附录 B 依据 3 个性格代码字母分类的专业，从第 283 页开始。

附录 C “职业探索指导”的兴趣领域和工作组群，从第 285 页开始。

附录 D 专业描述中使用的工作技能的定义。从第 292 页开始。

附录 E 专业描述中使用的工作价值定义。从第 294 页开始。

详细目录

艺术型专业

社会型专业

事业型专业

传统型专业

前言 FOREWORD

选专业能使你提心吊胆。它是一个不简单的但又必须作出的决定，就像选车一样，要么手动挡要么自动挡。它意味着你要承担好几年的义务，而且在绝大部分情况下是一大笔钱。虽然选专业是个人作决定的事，但是你的亲朋好友往往会在事后随时质疑你的选择。那么你如何在众多的可选项里挑出适合你的那一个呢？

这本书可以派上用场。它不会直接告诉你如何做，但会让你得到你做出一个明智选择所需要的信息——关于自己、专业和职业的信息。

许多成功得到的工作起始学历为准学士学位（两年），但拥有学士学位的工作者的收入要比前者高出33%，而失业率却低30%。因此，本书所列的专业都需要接受高中后四年或以上时间的教育。

选专业需要考虑的因素

当你准备选择专业时，最好先想一想你到底为什么要上大学。有些人会因为一些微不足道的原因选择大学教育，对他们而言选择专业是一件易事。打个比方，如果你因为自己的朋友都不约而同去了大学而选择接受大学教育，你也会与你最好的朋友选择同样的专业。或者，你是出于对大学拥有绝妙社交环境的臆想而选择去读大学，你会选择最容易的专业，这样你的社交生活就不会被课业影响。

不过绝大部分上大学的人都有一个更重要的理由：将来好找工作。他们将大学看做是一项时间和金钱上的投资，这份投资会通过今后的就业机会得到回报。无论他们是为了某一个具体工作还是为了一般的就业做准备，他们都期望一个大学学位可以换来一个更高收入的工作和更少的待业时间。在这一点上他们是对的。实际上，大学教育所带来的经济价值还在不断增长。

因此，你在选择大学专业时要考虑的一个重要因素就是这门专业的潜在经济回报。不同专业预示着不同的收入和工作机会。这本书可以帮你做出决定，因为它是依据美国劳工部提供的最新信息，把专业按其潜在的经济回报排列的。

但是，只靠钱是买不来幸福的。选定如何把时间、金钱和精力投资到你要就读的大学，仅仅用把这些东西出售给出价最高大学的方式是不明智的。相反，在你想选择大学专业时，应该考虑下列附加因素：

◎哪些专业令你感兴趣？

◎哪些专业与你的工作技能一致？

◎哪些专业与你对学习方式和地点的偏好相符合？

上述这些问题是需要认真考虑的，不过幸运的是，有一个捷径能概括这些不同的非经济因素，那就是：性格。职业专家和学业导师常常使用由美国职业指导专家约翰·霍兰德提出的性格分析的方法。性格类型主要分为6种，缩写为6个字母：RIASEC。霍兰德解释这6个字母所代表的性格类型是：现实型，研究型，艺术型，社会型，事业型，传统型。（本书第一章详细论述这个方案。）一旦你确定了自己的性格类型并与大学专业相匹配，你就能确定适合自己兴趣、技能的专业，还能确定你喜欢的学习方式和地点。这也正是本书想要帮你达到的目的。

如何使用这本书

这是一本你可以潜心钻研的书：

◎如果你不是很了解自己的性格类型，你需要阅读本书的第一章，该章内容是使用性格类型作为选择大学专业和未来工作的一种方式的理论支撑概述。你也会看到书中使用的6种性格类型的定义。

◎如果你想了解自己的性格类型，你得在本书第二章做一个评估。这个评估只需花费20—30分钟时间，还会引导你找到适合你的专业。

◎如果你喜欢列表并想用一种简便的方式来比较各个专业，你应该阅读本书的第三章。在那里，你可以浏览10个适合每种性格类型的专业列表，这些专业与薪酬最高、工作增长率最快、职位空缺最多的工作相关。你可以看到那些"最好专业"列表，列表是以不同的方式细分的，如所需受教育的程度等。

◎如果想获得有关专业的详细信息，请阅读第四章，浏览那些专业的概括信息。我们囊括了46个专业，依次列出每个专业的划分、课程要求、与其相关职位的特点以及第三章里的列表未包括的其他事实。因为我们是依据性格类型来描述专业的，所以在适用你个人的章节里进行浏览，并熟悉一下可能值得考虑的不常见的专业，或许有所帮助。相关职位方面的信息还可以打开你的视野，让你看到新的选择。

另一方面，如果你喜欢井井有条地做事，你也许会有次序地阅读每个章节。

◎第一章为你提供了性格类型怎样才能成为选择专业和职业指南的有用的背景知识。

◎第二章里的评估会帮助你确定自己的支配性性格类型。

◎由于对自己的性格类型有了更清楚的了解，你就能浏览第三章里的那些适当的"最好专业"列表并对你最感兴趣的专业做笔记。如果你觉得自己接近两种性格类型，像很多人那样（如研究型和艺术型），那么你可以浏览适合2种性格类型的列表或者参见附录B阅读由3个字母代码（主要和次要性格类型）组成的一个完整的专业列表。

◎接着你可以在第四章里查看那些专业的描述并缩小自己所需列表

的范围。问问你自己，必修课令我感兴趣吗？相关的工作看上去值得做吗？我能解决那些工作所要求达到的教育程度这个问题吗？

当然，没有一本书能告诉人们所有你需要了解的大学专业和未来工作的事情。这也是为何你也许会借助附录A里的一些资源来确定你犹豫不决的选择。其他附录会帮你理解第四章里使用的一些术语。

书中的信息从何而来

本书的内容是关于大学专业和与这些专业相关的职业的事宜，所以采用的信息源于不同的渠道。

美国教育部研发的“教学项目分类”为每个专业提供了标准的名称和定义。“大学课程标准顺序”的信息源于对实际的大学课程目录的调查结果。这些课程出现在各类课程目录里，并且为常用的专业课程。所列的课程数目会经常发生变化，有些专业是正常标准的要求，能够详细地列出；在某些情况下，专业协会要求某些课程必须列入大学课程之中。对于其他的一些专业，尤其是交叉学科类的专业（如人文学科和美国研究就在几个系里都设有），获得学位的要求若不是太少，便是变化太大。因此对于这类专业，只能列出一些典型的课程。

“高中课程标准顺序”部分基于我们对哪些高中课程能作为大学专业必修课铺垫的通常理解。

需要注意的是，课程要求和获得专业的前提条件可以因学校而异。书中的描述概括了专业的普通要求，不过在你确定自己的专业前，你需要留心你去的大学（或你选定的大学）要求的所有课程。比如绝大部分大学不要求电气工程专业的学生修热力学这门课程，但乔治亚理工大学却相反，其他一些大学也是如此。某些学校要求所有的学生在写作、公众演讲、数学或宗教方面选修一定数量的核心课程，但这些核心课程并未囊括在本书对各专业的描述中。

与职业相关的信息来自美国劳工部和美国人口调查局创建的数据库和出版的书籍。职业定义、工作任务、(RIASEC)职业类型、职业技能(包括语言和数学)、职业价值和工作条件的信息都采自美国劳工部的 O⋆NET(职业信息网络)数据库，这个数据库是了解各项职业的首要信息来源。美国劳工部经常更新职业信息网络数据库，而我们则采用最新可用的数据——O⋆NET(职业信息网络)第十二次发布。

美国劳工统计局和美国人口普查局为工作收入、职位增长率、职位空缺数、兼职者、自雇者，男性工作者和女性工作者的信息提供了数据。

当你看这些经济和人口统计数字时，记住这些数字是估算数字。这些数字帮助你对受雇者数目、年薪、职位增长率、年度职位空缺以及工作人口的组成有一个梗概。

当你看到这些数字时，你有时或许会想着如何去理解这些数字：年薪 6 万美元算好的吗？ 15% 的职位增长率是算快还是算慢？多少职位空缺代表一个好的就业市场？将任何一个职业的那些数字与全国平均值相比较是有帮助的。对于各行各业的所有工作者，他们在 2006 年 5 月取得的平均收入是 30,400 美元(一半工作者的收入比该平均值高，另一半则低于该平均值)。书中所列的 88 个与专业相联系的职业中，其平均收入为 70,000 美元(这是一项关于各项工作平均收入的加权平均值，这表明有着更多员工的工作可能占的比重更大。这个数值同样不够精确，因为演员的报酬不稳定，我们没有和演员收入有关的精确数字。我们同样也缺少某些高薪行业的准确数字，如麻醉师等，其收入仅仅被认定为“145,600 美元以上”)。到 2014 年年底 10 年以上的所有职位的增长率预测平均值是 13%，但本书描述的 88 个职业，其平均增长率为 22.8%。

美国劳工统计局提供了 762 个职业的职位空缺数字，其年平均职位空缺数为 69,000, 而本书描述的 88 个职业的年平均职位空缺数为

28,000。如果这个差异让你感到吃惊，那么想想你会从那些招工广告里搜寻到什么信息。绝大部分工作都不需要一个本科学位，但这些工作中的大多数都不会像你憧憬的那样，令你感到值得或满意；这也是为什么你在读这本书的缘故。当你在本书中看到描述工作的数字时，要记住这些数字永远是平均值，因此具有局限性。正如不存在正好匀称的人那样，也不存在像统计出来那种事情：一份特定的工作代表一个平均数。我们指出这一点，因为数字虽然有帮助，但也会起误导作用。

以书中相关职位的年收入信息为例。这些数据非常可靠，来自美国劳工统计局对大量的美国工作人口的抽样。样本数据告诉我们不同职称的人在 2006 年 5 月得到的平均年薪。

这听起来不错，但实际上从事那个职业的人中有一半人的收入低于那个数字。例如那些刚步入职场的新人或那些只有几年工作经验的人通常挣得比中间值低得多。住在乡村地区或为小公司工作的人通常会比那些在城市（那些地方的生活成本也相应更高）工作或为大公司工作的人挣得要少。在国家某个区域的人比在国家其他区域的人挣得少。其他因素也会影响你在自己的区域里从事一份特定工作所挣得钱数。例如纽约大都市的牙医，他们的年均收入为 125,880 美元，而北卡罗来纳州 4 个大都市的牙医，他们的年均收入在 137,050 美元以上。尽管纽约地区的生活成本往往更高，但是北卡罗来纳州只有一家牙医学校，所以那里的牙医面临对病人的竞争更少而且收取的费用更高。因此你会看到许多因素能导致收入的很大不同。

还要记住：职位增长率和职位空缺数是劳动经济学家做出的推测——这是对我们能够预期从现在到 2014 年间的情况所做的最好猜测。这些猜测不能保障什么。一次大规模的经济衰退、战争或者技术突破都可能改变实际结果。

最后，不要忘了工作市场是由职位空缺和求职者组成的。这些职位增长和职位空缺数字没有告诉你有多少人将和你竞聘上岗。美国劳工部没有公布求职者市场的数字，所以我们无法告诉你将面临的竞争程度。无论你想尝试性地干什么工作，竞争都是一个你应该调查的重要问题。在某些情况下，《职业远景手册》提供了一些信息报表。你应该和那些培训未来就职者的人谈谈；他们对培训的毕业生有多少找到了不错的工作并耗费了多长时间这一点很清楚。工作行列中的人们也可以在竞争方面为你提供一些深刻的见解。用你的判断思维来评估人们告诉你的事情。比如，培训项目的招聘者非常积极地让你去报名参加他们的培训，而工作行业里的人们或许设法不鼓励你去参与竞争。采纳百家之言来平衡那些可能的偏见吧。

至此，当你回顾书中的信息时，请理解书中数据的局限性。你需要运用常识来为自己的教育和职业作决策，犹如生活中的绝大部分其他事情。我们希望借助这个方式让你觉得这些信息有用和有趣。

本书中的专业是如何挑选出来的

你总能从任意一所综合性大学的简介手册和官方网站上找到各种专业列表。为了节省你的时间，我们为你挑选出对应每一种性格类型的最常见的专业。以下是我们选择包括在本书内的 41 个专业所遵循的程序（每个性格类型对应了 10 个专业，某些专业出现在多个列表中）：

1. 我们先对 120 个大学专业进行了描述，这些描述来源于我们之前编写的一本书《90 分钟为您挑选出大学专业》（JIST 出版社出版）。这些专业包含了最常提供的课程。我们将这 120 个大学专业和职业信息网络数据库中的职业进行了匹配，用的是“职业信息网络开发国家中心”推荐的搭配方法，但稍做了改动：我们拿掉了大学教学的职位。从理论上讲，任何专业的学生都可以转而去教大学学的那门学科——如有些电子工程专业的学生渴望像他们的教授那样教书而不是从事这个行业的工作——但是这个数字很难确定，通常很小，因此我们觉得还不如创建一个伪专业列表，即“研究生大学教学课程”，以作为那些想在大学从事教育工作的人的一种选择。“职业信息网络开发国家中心”提供的职业匹配数据存在的另一个问题是大学教学职位的充裕。“职业信息网络”包括了 36 种大学教学职位，但是能够体现在就业前景信息中的只有一种职业，它把他们所有的人（大学教师）都合并到了一起。因此，我们与“研究生大学教学课程”这个专业联系起来的这个职业统称为大学教师职业。

2. “职业信息网络”提供了 2 种有关 6 种性格类型的信息：为每个职位确定了支配性 RIASEC 性格类型或其他类型；对每个职位做了所有 6 种性格类型的数值评定。当一个专业与一个单独的职位相关时，我们采用 RIASEC 支配性性格类型或“职业信息网络”匹配的那些类型。当一个专业和不止一个职位相关时，我们把适应所有相关职位的 6 种性格类型中的每种类型的数值平均化。（我们决定使用加权平均数，即更多人数的职位在计算中占更大比例。）我们的规则是，如果排名第 2 位的 RIASEC 性格类型的评估数值占据了排在第 1 位性格类型评估数值的 70% 以上，我们会同时采纳这 2 种性格类型。如果排在第二位的性格类型通过了测试，而且排名第三位的性格类型评估数值占据了第一位所获数值的 75% 以上，我们则采纳这 3 种性格类型。这些规则和“职业信息网络”用来确定最适合职业的 RIASEC 性格类型的方式是相似的。

3. 我们使用排在前 2 位的性格类型创建专业排列初表。例如工业设计被列为艺术型，所以被归类于艺术型专业列表中。公共行政专业有 2 种得分最高的性格类型,即事业型和传统型,所以被归类于 2 个列表中。人力资源管理专业适合 3 种性格类型——事业型、社会型和传统型——但该专业只出现在适合最高数值的那 2 种性格类型的专业列表中，即事业型和社会型。

4. 为了能够排列这些初步的列表，我们收集与这些专业相关的职位的经济信息，如年收入、未来 10 年内的职位增长率（截至 2014 年）以及同样时间段内的职位空缺数，然后计算出这些专业具有的经济潜能。如果不止一个职位与一个专业相关时，我们则计算出相关职位的收入和职位增长的加权平均值，并计算出这些相关职位的年度职位空缺总数。

5. 我们将 6 个列表中的每一个里的专业从三个不同的方面排列：收入潜力、职位增长潜力和职位空缺潜力。接着将分布在各列表的每个专业的次序加起来，算出每门专业所得总分。为了着重强调那些能引导你得到最佳经济回报工作的专业，我们依据得分挑选出 10 个得分最高的专业。这些专业是本书的重点。因为某些专业同时出现在两个列表上，这些特别挑选出的专业总数为 41 个而不是 60 个。

比如，国际商务作为传统型专业，在收入、职位增长率和职位空缺数方面总分最高，结果是依据和国际商务相关的两个职位得来的：首席执行官和总经理、业务经理。因此，在我们列出的“10 个最好传统型专业”列表中，国际商务居首位，尽管其收入潜力（最高的是国际关系），职位增长潜力（最高的是药学）以及职位空缺数（最高的是企业管理）都不是传统型专业最高的。

所有这 41 个专业不仅出现在本书的第三章，在第四章里也有描述。第四章描述了第三章没有涉及的另外 5 个专业，这些专业没有在第三章提及的原因是除了大学教学工作，其他专业与任何一个具体的职位都没有联系。大学教学职位已列入伪专业“研究生大学教学课程”里。比如书中第四章出现的“美国研究”这个专业就未出现在第三章。具有这一学科学位的人有时转入法律、市场营销或者政治工作，可这个专业并不是一个明显与这些职位相联系的专业，所以依据这些职位或其他别的职位来计算这个专业的经济潜力是错的。另一方面，“美国研究”是一个受欢迎的专业，也可以与本书涵盖的法律、社会工作、图书馆学或一些其他别的领域里的研究生课程结合起来，因此我们决定这个专业和另外4个专业——“美国黑人研究”、“区域研究”、“人文学”和“妇女研究”——应该包含在第四章的描述中。这样一来，本书共囊括46个专业。

专业描述的样本

本书46个专业的描述都采用相同的数据。下面是一个样本以及如何解释那些信息的说明。

标题 ——→ **戏剧艺术**

性格类型 ——→ 性格类型：艺术型－事业型－社会型

专业方面的有用事实 ——→ **专业方面的有用事实**

重点是戏剧作品和其表演的一般性研究。

相关的《教学项目分类》大纲 ——→ 相关的《教学项目分类》大纲：普通戏剧与戏剧艺术0501-50

专业划分 ——→ 专业划分：表演；设计与技术；导演。

大学课程标准顺序 ——→ 大学课程标准顺序：英文写作，外语，戏剧历史，表演技巧，戏剧文学，演出技巧，剧场技术（例如布景、服装、灯光），剧场实习课。

高中课程标准顺序 ——→ 高中课程标准顺序：英语，外语，文学，演讲。

工作概况 ——→ **工作概况**

戏剧是最古老的艺术形式之一，如今还在娱乐观众。如所有表演艺术行业一样，教师的机会好于表演者。在大学一级教课通常需要硕士学位。剧场的技术方面——背景设计、灯光、服装设计、化妆——也为非表演者提供工作。学术课程里有许多通过学生的表演而学习的机会。

相关职位的有用平均值

相关职位的有用平均值

- ◎ 年收入：56,310美元
- ◎ 年职位增长率：16.4%
- ◎ 自雇者：30.4%
- ◎ 兼职者：23.3%
- ◎ 语言技能评分：66.0
- ◎ 数学技能评分：35.9

相关职位方面的其他细节

年职位空缺总数：22,000

相关领域：文学与传播 03

相关领域

工作技能——人事资源管理；演讲；时间管理；监视；主动聆听；社会洞察力。

工作技能

工作价值——权威性；创造性；能力应用；自主性；认可度；责任感。

工作价值

工作条件——室内，受环境控制；坐着。

工作条件

相关职位

相关职位

1. 演员

性格类型：艺术型－事业型－社会型

年收入：无可利用数据

年职位增长率：16.1%

年职位空缺数：11,000

最普遍的教育/培训程度：长期在职培训

在舞台、电视、无线电、录像或电影作品中扮演角色，为了娱

这是你在书中第四章里会找到的关于各主要描述部分的细节：

◎名称——书中所写名称一般为该专业的常用名称。有时该专业可能会有其他名称，如人文学有时候也被称作大学文科。

◎性格类型——这里一般依据和这个专业有关的那些职位，使用1

种、2 种或 3 种 RIASEC 性格类型来描述这个专业。如果描述里出现的性格类型不止一个，那么这些性格类型是按重要性的次序排列的。在第三章里，只用了 1 种或 2 种性格类型将这个专业归类到列表中的。

◎专业方面的有用事实——这部分开篇为这个专业的定义，来自美国教育部创建的一个数据库《教学项目分类》(CIP) 里。

◎相关的《教学项目分类》大纲——这是《教学项目分类》大纲的名称，曾提供在原数据元里使用的定义。

◎专业划分——这些是本专业可能提供的最常见的专业课程。在某些情况下，这些专业课程是工作说明而不是教育意义上的桥梁课程。

◎大学课程标准顺序——这些粗略排列的课程可以作为专业的必修课程。概论课和基础入门课程，尤其在支撑性学科方面（例如理科专业范围内的写作课程），通常被排在列表的前面，而那些专业课程和高级课程则被排在列表的后面。其中有些课程可能表示多学期的课程，甚至是一些单独的课程，一个学名但称呼不同。

◎高中课程标准顺序——这些课程被认为是最能为大学专业作铺垫的高中水平课程。绝大部分的高中都要求有额外课程，这些课程同时也是进入大学所必需的。

◎职业概况——这是对本专业引领你得到的那些工作的概述。这些描述通常会说明雇主期望工作申请者所接受的教育程度，同时也包括对工作前景的介绍。

◎相关职位的有用平均值——这里的经济信息以及年度职位空缺总数来自美国劳工普查局的不同数据库对这个职业的统计，这在书中的前言部分已作了说明。对语言和数学技能的要求则来自“职业信息网络”，正如书中第三章所述（那里你可以找到需要不同水平技能的各个列表）。需要注意的是，这些技能衡量参数是以《相关工作要求》为依据的，因此可能不会表明你选择这门专业课必须达到的水平或者修完这些课程所需的能力水平。

◎兴趣领域——这部分信息参照了“职业探索指导”（GOE），这是美国劳工部研发的一种体系，以兴趣为依据排列工作。我们使用了由JIST出版社出版的《职业探索新指南》里的归类。本书使用的一组兴趣领域依据了由美国教育部创建并用于各种职业信息系统的16个工作组群。你可以在附录C里找到“职业探索指导”兴趣领域的所有概括。因为“职业探索指导”对兴趣领域的划分要比6种RIASEC性格类型更为详细，它可以帮助你确定自己具体感兴趣的专业。

◎工作技能——“职业信息网络”数据库提供了很多技能方面的数据；我们决定只列出那些对于和专业相关的那些职位来说最重要的信息，而不是罗列出一堆无用的细节。针对每个专业相联系的职业，我们计算出其平均重要技能衡量参数。通过依据一项职业技能的参数是否高于所有职位的平均重要技能参数来确定所有满足该条件的职业技能，同时该技能也得以被认定为非重要技能。如果得出的结果不止8项，我们只囊括最高分数的前8项，然后依照取得的分数将它们由高至低排列（换一句话说，依照它们超过平均分数的多少来排列）。如果出现分数相等的情况，最多只涵盖10项技能。如果没有哪一项技能的参数比任何一项工作的平均参数要高，我们则认定它为“不符合衡量标准”。如果你对职业技能的名称不是很清楚，你可以从附录D里找到相应的注解。需要注意的是，职业生涯中所需的职业技能并不能代表你在专业上取得成功所需的学术技能。

◎工作价值——不少人认为某些工作的各种特点是有益的。这些职业评估都来自“职业信息网络”数据库和附录E里的注解。为了确认和专业相关职业的最佳评估，我们采用了编写职业技能所使用的相同方法。与职业技能类似，职业评估是依据相关职位编写而成，但并不一定完全和研修该专业的经历有关。比如某一个职位可能为掌权者提供了很多机会，但学生极少能坐到掌权者的位置上。

◎工作条件——这个词条同样依据“职业信息网络”数据库里相关职位建立的，提到了一些人想要避开的工作环境，比如有很大噪音或者需要长时间站立的工作环境。我们确定主要工作条件的方法和确定主要工作技能的方式是相同的，前者与后者的区别在于这些环境因素的排列次序并不重要。和其他工作方面的特点类似，这里描述的工作环境并不一定准确地描述了专业所学之处的环境，除非研修该专业包括了大量的工作场地学习（比如医疗保健专业有很多临床经验）。

◎相关职位——这里介绍的工作以及大学专业方面的信息都是“职业信息网络”数据库研发中心进行匹配的，有些修改在该书的前言部分已有介绍。收入、增长率、职位空缺数以及最普遍的教育 / 培训程度的信息都来自美国劳工部。需要注意的是，在某些情况下，一个职位可能不需要受雇者拥有大学学位那么高的教育程度，但是该专业的毕业生通常被雇用从事这个工作。比如与广告行业相关的职位有广告销售代理人，一般仅需要适当程度的在职培训即可。但某些雇主却更倾向工作申请者拥有一个大学学位，尤其是针对那些需要与客户会面的销售工作职位。实际上有稍微超过一半的被雇用的广告销售代理人拥有大学学位，甚至更高的教育程度，因此这是一个合理的适合广告行业的职业选择。那些与专业相关的职业都是依据一个分类系统得来的，被称为“标准职业分类”（SOC），通常“标准职业分类”里的每个职业和“职业信息网络”数据库里的职业是完全相同的。在某些情况下，“标准职业分类”里的一个职业可能在“职业信息网络”数据库系统中对应两个以上的职业，对应多个“职业信息网络”数据库职位的现象会在“工作划分”标题下注明。在必要的情况下，具体工作的描述字数被限定在 2200 字以内。

第一章 你的性格和你的专业

人们常常使用“性格”这个术语来谈及他们所知道的人的各个方面。当他们描述朋友、同学甚至自己时，他们可能指的是性格的这些方面，如幽默感、乐观、雄心、易怒或者果断。

如果要想了解一个人，许多类似上面提到的性格概念还是蛮有兴趣的,但是在帮你决定选择一个大学专业方面,就不那么适用了。幸运的是，心理学家已经发现了性格的其他方面，是值得你在规划教育和职业时考虑的。在本书这章里，你会了解到性格和大学专业之间的关系，而且会很实用地了解到本书前后章节里都有描述的最常用的性格类型图表。

为什么性格对于选择大学专业有用

性格理论家认为，在工作场所、学校以及其他一些地方，性格类型相似的人往往相互交往。因为他们那样做，就营造了一个非常适宜他们性格类型的环境。例如，有许多艺术型性格类型的人所在的工作场所或学校往往青睐创造性思维和行为。因此，你的性格类型不仅预测你的技能与一个特定的专业或职业的任务需求匹配的程度，而且还预测你对你周围的人和你来往的人所构成的工作场所或学校文化的适应程度。由此可见，你的性格类型是职业选择的关键，因为它影响你对工作的满意度、你工作的效率以及你会坚持从事这种工作的可能性。同样，你的性格表明哪些专业可能是你合适的选择，因为大多数大学生选择专业是为了给自己将来的职业做准备。

将性格作为选择专业和职业的关键一步的优势之一是这种方法非常经济——它较为全面地概括了人、专业和职业的许多方面。如果你要考虑每个相关的工作并斟酌怎样更好地去适应工作环境的每个具体步骤的话，可想而知，选择一个专业该有多难。例如，为了满足工作需要，首先你可以把重点放在必要的技能和能力上。接下来，你可以分析用在这个工作上的各种知识并判断你喜欢与这些主题打交道的程度。然后，你可以考虑方方面面的令你满意的事情，如多样性、创造性和独立性；每一方面你都要评估对你的重要性，然后确定哪个专业能够引领你得到能够满足这种需求的职业。在显微镜下如此探索，你能发现选择一个专业竟变得极端的复杂。

然而，以性格为基础的方法使你能够从 4 万英尺的高度观察那些可供选择的机会。当你把自己或一个专业与某种基本性格类型相比较时，呈现在你面前的事情简单多了。由于没有更多的想法和事实需要梳理和考虑，做选择专业的决定变得容易多了。

霍兰德 RIASEC 职业性格类型

20 世纪 50 年代期间，职业指导研究员约翰 · 霍兰德以大学专业和（这些专业作为铺垫的）职业之间的关系为基础，一直在尽力地找到一个有意义的新方法，排列出兴趣的详细目录并将其与大学专业联系起来。他设计出了一组由 6 种性格类型组成的模型，能够很好地区分不同专业和不同的人，而且具有中性含义，既不积极也不消极。他称其 6 种性格类型为现实型、研究型、艺术型、社会型、事业型、传统型（为记忆方便缩写为 RIASEC）。

下表显示这些性格分类怎样适用于人和工作的：

性格类型	怎样适用于人	怎样适用于工作
现实型	现实型性格喜欢的工作活动是亲自解决现实的问题。他们愿意与植物，动物，工作中的材料如木头、工具以及机器打交道。他们喜欢室外工作。一般来说，他们不喜欢主要从事文书或与他人紧密合作的这类职业。	现实型职业通常涉及的工作活动包括亲自解决现实的问题。这些职业常常与植物，动物，工作中的材料如木头、工具以及机器打交道。许多这类职业需要在室外工作，而且不涉及文书工作或与他人紧密合作。
研究型	研究型性格喜欢的工作活动更注重想法和思考而不是体力活动。他们喜欢搜索事实并从心理上弄清问题而不是去说服或引导人。	研究型职业通常与想法有关并要求大量的思考。这些职业从事事实的搜索和从心理上弄清问题。
艺术型	艺术型性格喜欢的工作活动与艺术方面的事物有关，如形状、设计和模型。他们喜欢在其作品中自我表现。他们喜欢在没有明确的规章制度的环境中工作。	艺术型职业通常与形状、设计和模型打交道。一般来说，这些职业需要自我表现，而且工作是在没有明确的规章制度的环境中完成的。
社会型	社会型性格喜欢的工作活动是协助他人并提升学问和个人发展。他们更喜欢交流而不是与物体、机器或数据打交道。他们喜欢教书、提供建议、帮助，或为人服务。	社会型职业通常与人打交道、与人交流和给人讲课。这些职业常常是帮助他人或为他人提供服务。
事业型	事业型性格喜欢的工作活动是创业和实施项目，特别是企业。他们喜欢说服人、领导人以及决策。他们喜欢为利润冒险。这类性格更喜欢行动而不是动脑。	事业型职业通常是创业和实施项目。这些职业能够领导人和决策。有时，他们需要冒险而且常常与企业打交道。
传统型	传统型性格喜欢循规蹈矩的工作活动。他们更喜欢与数据和细节而不是想法打交道。他们更喜欢有确切标准为依据的工作而不是自己不得不对事情做出判断的工作。这类性格喜欢在权力系统明确的环境中工作。	传统型职业通常是循规蹈矩和按部就班的。这些职业能够更注重数据和细节而不是想法。一般来说，有明确的权利系统去遵循。

霍兰德进一步将这 6 种性格类型排列成了一个六角形：

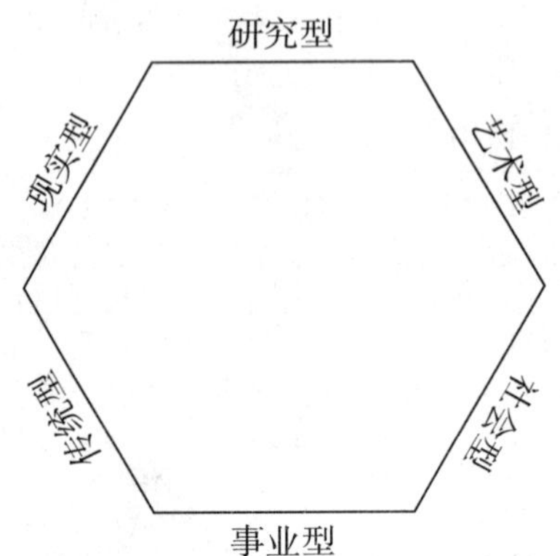

图 1　霍兰德的性格类型六角形

霍兰德用这张图来解释人们往往主要与一种类型相似，但也可能具有一种以上临近性格类型的某些方面特征。每种性格类型与六角形的对面的那些类型往往几乎没有相同之处。因此，例如，一个人主要性格类型可能是事业型，附加类型是传统型，虽然相似的程度小些。这类人将用 2 个字母的编码来说明，而且完全有可能适合与公共行政和财政 2 个大学专业相关的职业的工作（这 2 个专业的代码都是 EC）。这个人与研究型和艺术型性格类型的人相同之处少多了，而且很可能不愿意从事和没有什么成效地从事与医学专业（代码为 I）相联系的医师职业以及与艺术专业相关的职业。但是，这个人会和事业型和传统型性格的人相处得很好，退一步说，也可能与现实型或社会型性格的人相处得好。

霍兰德性格类型六角形由于其完全均等的形状可能会给人带来一些误解，特别当你着眼于大学教育能够适应的那些职业时。大多数人通过在职培训而不是大学学位教育来为从事现实型和传统型的职业做准备。大学教育更适合为从事六角形上各点的职业而做准备，而且研究生院是专门传授研究技能的。本书描述的 46 个专业中，只有 1 个专业把现实型性格类型作为其首选的性格代码，只有 2 个专业在那个职位上有传统型性格类型。

但是，这并不是说具有现实型或传统型性格的人不应该考虑追求大学水平的职业。大量的大学水平的职业把现实型或传统型作为其次要的性格类型，这就是说这些职业的工作任务和工作环境明显表明是适应这些性格类型的。在汇编适合每种性格类型的最好专业列表过程中，我们使用了主要和次要的性格类型，所以能够确定适合每种性格类型的 10 个优秀专业。

本书包括的那些专业中极少数只代表一种性格类型，所以，当你阅读一个专业的描述时，一定要看全了性格类型，其中可能涵盖有 2 种甚至 3 种 RIASEC 职业性格类型。要针对每个相关的职位，关注多个性格类型、工作任务和技能，然后再决定这个职位是否正好适合你的性格。

自从霍兰德开辟了先河，许多职业决策评估被开发了出来以帮助人们确定最能描述他们自己是哪种性格类型（以及临近的次要类型或也很重要的类型是哪些）。在本书的第二章里你能看到这种评估。其他的评估在网上或在职业专家办公室里都能看到，有时候是收费的。

记住：虽然所有这些评估所产生的结果都离不开 RIASEC 代码，而且其中一些评估还将这些代码与大学专业联系在一起，但是，这些评估并不一定产生完全一样的结果。对性格的评估不会像化学那样是一门精确的科学。将性格与专业联系在一起亦如此。

你不应该把任何性格评估的结果当做是什么大学专业或职业将最适合你的最后结论。采用各种方法判定你是哪种人并缩小你所喜欢的教育和工作的类型。实际的工作经历可能是检验尝试性职业选择的最好方法，而且体验大学入门课程常常能很好地表明一个相关的专业令你满意的程度。

第二章
你属于哪种性格类型？做一个评估吧！

在本章里，你可以借助“性格类型调查表”来确定自己主要的RIASEC性格类型，或许一两个次要的RIASEC性格类型。“性格类型调查表”会询问你是否喜欢表中所示的各种活动，然后给你自己的选项打分。在本书的下几章里，你可以使用在本章计算出的分数来确定要探索的几个具体的高回报专业。

“性格类型调查表”使用起来十分简便——只需要翻到这一页并按照说明从第一步开始即可。这不是测试，所以没有对和错之说。也没有时间限制来填完这个表。

如果其他人也要用这本书，你应该把这几页复印下来填上自己的答案。这个调查表是给你个人使用的。其他用途，包括重印或散发，是被美国版权法所禁止的。

注意：这个调查表是依据美国劳工部研发的第三版“职业信息网络兴趣数据图表”编写而成。该版本由几个部分组成，包括“兴趣数据图表工具”、“兴趣数据图表得分报告”以及“兴趣数据图表职业信息网络职业总表”。美国劳工部提供了一个单独的“兴趣数据图表使用者指南”，指南中有关于该数据图表开发和有效期的信息，还为使用该指南的专业人提供了一些如何进行职业咨询服务和学术建议的指导。想进一步了解这些事宜可以上网查看美国劳工部的网站 www.onetcenter.org。这个“性格类型调查表”是美国劳工部的“职业信息网络兴趣数据图表”的一个版本，该版本使用了职业信息网络兴趣数据图表的工作活动内容和计分方法，只是用法说明短了，格式变了，内容增加了。

使用限制：本表以及其他任何形式的“职业信息网络兴趣数据图表”应该只用于职业探讨、职业规划以及职业咨询用途，其他用途不被允许，也没有法律效力。调查结果不应该用于决定员工的聘用上，也不能用于对求职者的筛选和培训上。请从以下网址 www.onetcenter.org/agree/ 的工具栏里查看美国劳工部单独的“职业信息网络使用者协议”，以获取关于限制和使用的附加细节。“职业信息网络”（O*NET）一词为美国劳工部的就业和培训管理局的注册商标。

第一步：回答问卷

仔细阅读每一项活动（从第 1 项至第 180 项）。针对每一项活动，只需从三种选项中选取一样即可，具体方法如下列所示：

如果你认为你喜欢这项活动，将包括字母 L 的圆圈涂满，如下所示：

Ⓛ ? Ⓓ

如果你认为你不喜欢这项活动，将包括字母 D 的圆圈涂满，如下所示：

Ⓛ ? Ⓓ

如果你对这项活动持不确定态度，将包括符号？的圆圈涂满，如下所示：

Ⓛ ? Ⓓ

当你对每一项活动做出反馈时，不要考虑你是否拥有这项活动所需的受教育程度或专业训练，也不要考虑你如果从事该工作能赚多少钱。只凭你对这项活动的态度，是喜欢，还是不喜欢，或者不确定来填满三个选项中的一个。当你完成 180 项活动的反馈后，你可以在第二步里算出你的分数。

你是否喜欢以下列表中的活动或持不确定态度？

1. 动手建一个厨房柜 Ⓛ ? Ⓓ
2. 乘坐装甲车押送钱 Ⓛ ? Ⓓ
3. 经营一家乳牛场 Ⓛ ? Ⓓ
4. 砌砖或砌瓦 Ⓛ ? Ⓓ
5. 监视流水线上的机器 Ⓛ ? Ⓓ
6. 维修家用电器 Ⓛ ? Ⓓ
7. 开出租车 Ⓛ ? Ⓓ
8. 铺房屋地板 Ⓛ ? Ⓓ
9. 在鱼类孵化场养鱼 Ⓛ ? Ⓓ
10. 铺一条砖路 Ⓛ ? Ⓓ
11. 组装电子零件 Ⓛ ? Ⓓ
12. 开着卡车到各办公室和各户递送包裹 Ⓛ ? Ⓓ
13. 粉刷房子 Ⓛ ? Ⓓ
14. 执行渔猎法律条款 Ⓛ ? Ⓓ
15. 在工厂里操作磨床 Ⓛ ? Ⓓ
16. 在海上石油钻井台工作 Ⓛ ? Ⓓ
17. 提供修剪草坪服务 Ⓛ ? Ⓓ
18. 在工厂组装产品 Ⓛ ? Ⓓ
19. 作为捕鱼队的成员捕鱼 Ⓛ ? Ⓓ
20. 整修家具 Ⓛ ? Ⓓ
21. 维修弄坏的水龙头 Ⓛ ? Ⓓ
22. 做清洁和维护工作 Ⓛ ? Ⓓ
23. 保养公园路面 Ⓛ ? Ⓓ
24. 在生产线上操作机器 Ⓛ ? Ⓓ
25. 为树木喷洒药剂以防虫害 Ⓛ ? Ⓓ
26. 装货前检查零件质量 Ⓛ ? Ⓓ
27. 驾驶摩托艇载客 Ⓛ ? Ⓓ
28. 修理和安装门锁 Ⓛ ? Ⓓ
29. 设置和操纵机器来制造产品 Ⓛ ? Ⓓ

30. 扑灭森林火灾 Ⓛ ? Ⓓ

R（1—30项得分）=__________

31. 研究太空旅行 Ⓛ ? Ⓓ
32. 绘制一张海底地图 Ⓛ ? Ⓓ
33. 研究过去的文明史 Ⓛ ? Ⓓ
34. 研究动物行为 Ⓛ ? Ⓓ
35. 研发新药 Ⓛ ? Ⓓ
36. 计划一项研究课题 Ⓛ ? Ⓓ
37. 研究减少水污染的方法 Ⓛ ? Ⓓ
38. 研发一种新的医疗方法或流程 Ⓛ ? Ⓓ
39. 确定一种新型疾病的感染率 Ⓛ ? Ⓓ
40. 研究岩石和矿石 Ⓛ ? Ⓓ
41. 诊断和治疗生病的动物 Ⓛ ? Ⓓ
42. 研究世界领导者的性格 Ⓛ ? Ⓓ
43. 进行化学实验 Ⓛ ? Ⓓ
44. 进行生物实验 Ⓛ ? Ⓓ
45. 研究城市人口发展 Ⓛ ? Ⓓ
46. 研究鲸鱼和其他类型的海洋生物 Ⓛ ? Ⓓ
47. 调查犯罪案 Ⓛ ? Ⓓ
48. 研究行星运动 Ⓛ ? Ⓓ
49. 用显微镜检测血液样本 Ⓛ ? Ⓓ
50. 调查火灾的起因 Ⓛ ? Ⓓ
51. 研究人体结构 Ⓛ ? Ⓓ
52. 开发犯罪人心理状况 Ⓛ ? Ⓓ
53. 开发更好地预报天气的新方法 Ⓛ ? Ⓓ
54. 在生物实验室工作 Ⓛ ? Ⓓ
55. 发明糖的替代品 Ⓛ ? Ⓓ
56. 研究基因 Ⓛ ? Ⓓ
57. 研究不同国家的政府 Ⓛ ? Ⓓ
58. 研究动植物 Ⓛ ? Ⓓ

59. 做实验室化验来识别疾病 Ⓛ ⓘ Ⓓ
60. 研究气象条件 Ⓛ ⓘ Ⓓ

I（31—60项得分）=__________

61. 指挥一个交响乐团 Ⓛ ⓘ Ⓓ
62. 为杂志撰写故事或文章 Ⓛ ⓘ Ⓓ
63. 导演一部戏 Ⓛ ⓘ Ⓓ
64. 为一场演出编排舞蹈动作 Ⓛ ⓘ Ⓓ
65. 写书或写剧本 Ⓛ ⓘ Ⓓ
66. 演奏乐器 Ⓛ ⓘ Ⓓ
67. 在观众面前表演喜剧 Ⓛ ⓘ Ⓓ
68. 在电影，戏剧或者电视节目中跑龙套 Ⓛ ⓘ Ⓓ
69. 写书评或戏剧评论 Ⓛ ⓘ Ⓓ
70. 谱曲 Ⓛ ⓘ Ⓓ
71. 演电影 Ⓛ ⓘ Ⓓ
72. 在百老汇秀中跳舞 Ⓛ ⓘ Ⓓ
73. 绘画 Ⓛ ⓘ Ⓓ
74. 做专业歌手 Ⓛ ⓘ Ⓓ
75. 为电影或电视节目做特技演员 Ⓛ ⓘ Ⓓ
76. 为电影做特效 Ⓛ ⓘ Ⓓ
77. 指挥音乐唱诗班 Ⓛ ⓘ Ⓓ
78. 演话剧 Ⓛ ⓘ Ⓓ
79. 装饰话剧道具 Ⓛ ⓘ Ⓓ
80. 为一场音乐剧面试歌手和乐师 Ⓛ ⓘ Ⓓ
81. 设计戏剧的舞台设置 Ⓛ ⓘ Ⓓ
82. 主持一场广播节目 Ⓛ ⓘ Ⓓ
83. 为电影和电视节目写剧本 Ⓛ ⓘ Ⓓ
84. 写一首歌 Ⓛ ⓘ Ⓓ
85. 跳爵士舞和踢踏舞 Ⓛ ⓘ Ⓓ
86. 导演电影 Ⓛ ⓘ Ⓓ
87. 在乐队里唱歌 Ⓛ ⓘ Ⓓ

88. 为杂志做插图设计 Ⓛ ? Ⓓ
89. 编辑电影 Ⓛ ? Ⓓ
90. 做摄影模特儿 Ⓛ ? Ⓓ

A（61—90 项得分）=__________

91. 教一个人一种锻炼方法 Ⓛ ? Ⓓ
92. 在医院做护理工作 Ⓛ ? Ⓓ
93. 为心脏停止跳动的人进行心肺复苏术 Ⓛ ? Ⓓ
94. 帮助有身体和感情问题的人 Ⓛ ? Ⓓ
95. 教儿童识字 Ⓛ ? Ⓓ
96. 和有精神障碍的儿童打交道 Ⓛ ? Ⓓ
97. 教小学课程 Ⓛ ? Ⓓ
98. 给人提供职业指导 Ⓛ ? Ⓓ
99. 监督野营的孩子们活动 Ⓛ ? Ⓓ
100. 帮助有家庭困难的人 Ⓛ ? Ⓓ
101. 进行康复疗法 Ⓛ ? Ⓓ
102. 为非营利组织做志愿者工作 Ⓛ ? Ⓓ
103. 帮助老人做日常活动 Ⓛ ? Ⓓ
104. 教孩子们如何做体育活动 Ⓛ ? Ⓓ
105. 帮助残障人提高日常生活技能 Ⓛ ? Ⓓ
106. 教有听力障碍的人手语 Ⓛ ? Ⓓ
107. 帮助有酗酒和嗜药问题的人 Ⓛ ? Ⓓ
108. 帮助组织一次集体治疗会 Ⓛ ? Ⓓ
109. 帮助生病的亲属进行家庭护理 Ⓛ ? Ⓓ
110. 给人提供按摩疗法 Ⓛ ? Ⓓ
111. 计划残障学生的运动 Ⓛ ? Ⓓ
112. 给身患重病的人提供建议 Ⓛ ? Ⓓ
113. 教残障人工作和生活技能 Ⓛ ? Ⓓ
114. 在娱乐场所组织活动 Ⓛ ? Ⓓ
115. 在日托中心照顾儿童 Ⓛ ? Ⓓ
116. 组织残障人进行实地考察旅行 Ⓛ ? Ⓓ

117. 协助医生治疗病人 Ⓛ ? Ⓓ
118. 做缓刑期的青少年的工作 Ⓛ ? Ⓓ
119. 给受伤恢复中的人提供理疗 Ⓛ ? Ⓓ
120. 给高中班级上课 Ⓛ ? Ⓓ

S（91—120 项得分）=__________

121. 买卖股票和债券 Ⓛ ? Ⓓ
122. 经营一家零售店 Ⓛ ? Ⓓ
123. 销售电话和其他通信设备 Ⓛ ? Ⓓ
124. 开一家美容沙龙或理发店 Ⓛ ? Ⓓ
125. 电话销售商品 Ⓛ ? Ⓓ
126. 开一家卖报和杂志的书摊 Ⓛ ? Ⓓ
127. 介绍你销售的产品 Ⓛ ? Ⓓ
128. 买卖土地 Ⓛ ? Ⓓ
129. 在音乐用品店卖光碟 Ⓛ ? Ⓓ
130. 开一家玩具店 Ⓛ ? Ⓓ
131. 管理一家酒店 Ⓛ ? Ⓓ
132. 卖房子 Ⓛ ? Ⓓ
133. 在体育赛事时卖糖果和爆米花 Ⓛ ? Ⓓ
134. 管理一家超市 Ⓛ ? Ⓓ
135. 在一家大公司里管理一个部门 Ⓛ ? Ⓓ
136. 向零售店和餐馆销售一种软饮料产品 Ⓛ ? Ⓓ
137. 在电影院售小吃 Ⓛ ? Ⓓ
138. 向商店和沙龙销售护发产品 Ⓛ ? Ⓓ
139. 独自创业 Ⓛ ? Ⓓ
140. 进行商务合同谈判 Ⓛ ? Ⓓ
141. 在法律诉讼中代表客户 Ⓛ ? Ⓓ
142. 为职业运动员谈判合同 Ⓛ ? Ⓓ
143. 负责公司运行 Ⓛ ? Ⓓ
144. 销售一种新款服装 Ⓛ ? Ⓓ
145. 销售报纸广告 Ⓛ ? Ⓓ

146. 在百货公司销售产品 Ⓛ ? Ⓓ
147. 销售汽车 Ⓛ ? Ⓓ
148. 经营一家服装商店 Ⓛ ? Ⓓ
149. 向个人出售餐馆专营权 Ⓛ ? Ⓓ
150. 在商店里卖电脑设备 Ⓛ ? Ⓓ

E（121—150 项得分）=__________

151. 用电脑软件制作一张电子表格 Ⓛ ? Ⓓ
152. 校对记录和表格 Ⓛ ? Ⓓ
153. 用计算机程序生成客户账单 Ⓛ ? Ⓓ
154. 为机构安排会议 Ⓛ ? Ⓓ
155. 为办公室记应付 / 应收账款 Ⓛ ? Ⓓ
156. 将计算机软件装载到大型的电脑网络上 Ⓛ ? Ⓓ
157. 用电脑在银行间划拨资金 Ⓛ ? Ⓓ
158. 组织和安排办公室会议 Ⓛ ? Ⓓ
159. 用文字处理软件编辑文档并把它们格式化 Ⓛ ? Ⓓ
160. 使用计算器 Ⓛ ? Ⓓ
161. 拨打和转接大型机构的电话 Ⓛ ? Ⓓ
162. 整理办公室文档 Ⓛ ? Ⓓ
163. 计算和记录统计数据和其他数据 Ⓛ ? Ⓓ
164. 为办公室开每月的薪工支票 Ⓛ ? Ⓓ
165. 做会议记录 Ⓛ ? Ⓓ
166. 做装运和收货记录 Ⓛ ? Ⓓ
167. 计算雇员的工资 Ⓛ ? Ⓓ
168. 协助高级会计师管账 Ⓛ ? Ⓓ
169. 打印信封和包裹的标签 Ⓛ ? Ⓓ
170. 用手持电脑盘点物资 Ⓛ ? Ⓓ
171. 创建办公室归档系统 Ⓛ ? Ⓓ
172. 记录一个机构的金融业务 Ⓛ ? Ⓓ
173. 记录客户申请赊购账户的信息 Ⓛ ? Ⓓ
174. 影印信件和报告 Ⓛ ? Ⓓ

175. 记录房租 Ⓛ ? Ⓓ
176. 向数据库里输入信息 Ⓛ ? Ⓓ
177. 保持库存记录 Ⓛ ? Ⓓ
178. 保持雇员记录 Ⓛ ? Ⓓ
179. 给机构的邮件盖章、分类和发送 Ⓛ ? Ⓓ
180. 处理客户的银行业务 Ⓛ ? Ⓓ

C（151—180 项得分）=________

第二步：给你的回答打分

按下列步骤给你的回答打分：

1. 给每页的回答打分。将每一页的测试结果从上至下浏览一遍，合计你填写的“L”个数的总和。将最后得出的结果填写在后面的“分数”一栏里。之后的每一页都按此步骤填写。

2. 确定你的主要兴趣领域。你在哪一页分数栏里得分最高：是 R，I，A，S，E，还是 C？将那个性格类型的字母填写在下面的空里。

我的主要性格类型：______

你用自己的主要性格类型先来发掘大学专业。（如果你的测试结果里有 2 项是并列的最高分或者其最高分数都在 5 分以内，你可以将两项测试结果并列作为你的主要性格。在这种情况下，你在 2 种性格类型中各占一半。）

- R = 现实型
- I = 研究型
- A = 艺术型
- S = 社会型
- E = 事业型
- C = 传统型

3. 确定你的次要兴趣领域。你在哪一页测试题里取得了第二高的分数？你在哪一页测试题里取得了第三高的分数？将代表你感兴趣领域的字母填写在下面的空里。

我的次要性格类型：______

（如果你的主要性格类型没有帮助你发掘出太多有趣的专业，你可以试着用自己的次要性格类型探索更多的教育选择。）

第三步： 寻找适合你性格类型的大学专业

先从自己的主要性格类型开始。翻到第三章，看适合你性格类型的最好大学专业列表，找到适合自己特别想学的那些专业的列表，然后看有哪些专业。不要只是因为不熟悉名称就划掉一个专业。找到你感兴趣的或想进一步了解的专业后，翻阅第四章。这一章，各专业的描述按主要性格类型分组，每组类型里又按字母顺序排列。当然，你也可以关注与自己次要性格类型有关的那些专业。

如果你想找到混合了主要性格类型和次要性格类型的专业，翻阅附件 B。本书中所有 46 个专业是按 1 个、2 个或 3 个性格类型代码字母排列的。例如，如果你的主要性格类型是社会型，次要性格类型是研究型，你可以在附件 B 里找字母 S，然后找代码为 SI 的专业，如美国研究、护理学（注册护士培训）和研究生大学教学课程 3 个专业。

你可能会发现你在主要性格类型里找到的一个吸引人的专业，而不能又在次要性格类型中的代码中找到。这并不一定是个问题。约翰 · 霍兰德自己曾说，"你不能指望一份工作会满足你性格的所有方面。"这一点同样适用于大学专业。你在大学期间，通过选择课程来探索自己次要性格类型感兴趣的东西。毕业后，在工作期间，通过娱乐活动达到同一目的。无论多大年龄，从事志愿者工作是探索兴趣和能力的另一种方式。

第三章 最好专业列表

本章有许多有趣的列表，也是你开始使用本书的一个好起点。为了让你更好地使用这些列表发掘适合自己性格类型的大学专业，下面为你提供一些建议：

◎本书的开篇目录提供的一览表列出了本章的列表名称。你可以浏览这些列表或用目录找到你最感兴趣的部分。

◎我们提供的这些列表标题清楚，大多数几乎无须解释。我们为每组列表提供了评论。

◎当你仔细阅读这些专业列表时，或许不止一个专业吸引你，使你想得到更多的信息。这时，将那个专业做个标记（如果赶上其他人也要用这本书，你就把这个专业记在另外一张纸上），以便你能够在第四章里查到这个专业的描述和与其相关的工作。

◎记住：如前言部分说明的那样，这些列表里的所有专业达到了我们将它们收入本书的基本标准。所有列表中的专业是许多大专院校开设的专业，而且重点是那些能够使人得到高薪、高发展或高职位空缺的专业。这些标准容易量化，并常常被刊登在报纸和其他媒体上的最好工作列表中，所以我们决定用这些标准来评价大学专业。除了收入、增长和职位空缺这些有用的指标以外，在教育和职业规划中还要考虑其他一些因素。例如，很明显，你要考虑使大学专业性格化的性格类型；这是你阅读本书的原因。还有就是，邻近的大学是否有这个专业，你是否具备学习这一专业的资格（有的专业有很高的门槛），你是否适应这个专业的具体课程要求。许多其他因素，可能会有助于确定你的理想专业，但是很难或不可能量化，因此本书没有采纳，这样一来，你需要自己考虑这些问题的重要性。

◎创建这些列表所需的所有数据均来自美国劳工部和美国人口普查局。收入数字依据从事与该专业相关的工作的全职工作者的年均收入。因为这些收入数据表明的是全国的平均值,所以实际工资标准会因地区、以往工作经验的程度和其他因素而不同。预计的工作增长率也是全国平均值，所以因地区和行业而有所不同。许多专业能够就业的职业不止一个，而且有些时候，选择一个职业可能得到的平均工资或者职位增长率比另一种选择高得多。在这些列表中，我们用平均工资和平均职位增长率来说明所有的相关职位，并借助公式来强调人数最多的那些职位。我们还计算出所有相关职位的年职位空缺的总数。第四章里的专业描述列出了每个相关职位的收入、职位增长率和职位空缺的平均数。

关于列表的一些细节

我们制作这些列表所用的信息出处在本书的前言部分已阐明。先将我们如何制作这些列表的一些附加细节说明如下：

◎一些专业在一个或多个数据元素上得分相同。如在事业型专业中，与会计和市场营销专业有联系的职位（会计 5 个，市场营销 3 个）有望增长率相同，平均为 16.4%。因此，在最好职位增长潜力专业的列表里，我们将这两个专业按字母顺序排列，它们的顺序无其他的意义。因为不可能避免这些并排情况，所以只要明白这一点即可：列表上几个位置的差异并没有看上去的那么大。

◎第三章里所列的专业中的“研究生大学教学课程”代表了广泛的职务范围。实际上，此处列出的所有专业都可以通过读研究生为大学教育职业做准备。例如，你可能获得了土木工程学士学位，然后在同一领域又获得了硕士，也可能博士学位，旨在找到一份大学教课的工作。但是，在土木工程专业的毕业生当中，只有极少的一部分把在大学教书作为自己的职业目标。因此，当我们将大学专业和其对应的工作相匹配时，我们认为将每个专业都和大学教育职业匹配会误导读者。相反，我们创立了一个统称专业，名为“研究生大学教学课程”，将这个专业与大学老师这个职位联系了起来。统称为“研究生大学教学课程”，该类专业与之后的大学教育职业有关。在第四章里，你能看到对这个专业和其相关职位的描述，而且你还可以找到 5 个专业（如人文学）的相互参照的信息，这 5 个专业没有包括在第三章的列表里，因为这些专业常常是研究生就读的课程——要么准备教同一学科的大学课程，要么准备在另一学科里（如医学或法律）从事专业。

这里列举了每个代码字母代表的性格类型：R= 现实型，I= 研究型，A= 艺术型，S= 社会型，E= 事业型，C= 传统型。

适合每种性格类型的所有最好专业：与最高工资、最快职位增长率、最多职位空缺的工作相关的专业

接下来的这四组列表是本书中最重要的列表。第一组列表列出了适合每种性格类型的与工资、增长和空缺混合得分最高的工作相关的专业。这些是非常吸引人的列表，因为它们代表了我们劳动市场最高量化标准的工作所对应的专业。这 6 个列表中的 41 个专业以及 5 个相关专业在第四章里会详细介绍。

另外三组列表列出了适合每种性格类型的与在 3 项指标上得分最高的工作相关的专业，这三项指标分别为年收入、预计职位增长率和职位空缺最高数。

适合每种性格类型的 10 个最好专业

以下是大多数人想先睹为快的一些列表。你可以了解到适合每种性格类型能为你得到最高收入、最高职位增长率和职位空缺最多的那些工作作铺垫的专业。（题为“本书中的专业是如何挑选出来的”前言部分详细说明了我们是如何将这些专业与工作联系到一起并评定这些专业以便能够制作此列表的。）尽管每个列表包含一种性格类型，但是你会发现表上列有很多专业。例如，在 10 个最好研究型专业中，涉及电脑技术、医疗保健和工程等一些领域。在 10 个最好艺术型专业中，涉及商务、教育传媒和（自然而然地）文科等一些领域。这些列表具有多样性，部分原因是表上所列的那些适合一种性格类型的专业可能有其适合的 RIASEC 职业性格类型代码中的第一或第二个代码类型。例如，艺术型性格的列表上排列第四的“广告宣传”专业，其代码为 EA，这说明艺术型性格类型在这个专业里实际是次要性格类型；事业型性格才是这个专业的主要性格类型（正如引言所述，我们用这种方式来筛选专业以避免某些列表只包括一至两个专业的情况）。只要看其中的一个列表便可知道我们是如何排列这些专业的，以现实型专业列表为例，计算机科学专业与 4 种高薪、职位高增长率和高就业率的职业相联系：计算机信息系统经理、计算机应用软件工程师、计算机系统软件工程师和数据库管理员。这些颇有就业前景的工作使计算机科学专业成为总分最高的专业，因而被列在首位。接下来的其他专业依据其总分从高至低地排列。有些专业分数相等并简单地依次排列下来，所以列表上相邻专业的得分之差常常只是细微的，甚至没有差别。书中其他的专业列表都把这些主要专业作为来源列表。你可以在第四章里看到对每个专业的描述。

记住：收入、职位增长、职位空缺的数字是以这些专业的许多毕业生从事的具体相关的工作为基础的；但是，有些毕业生从事了非传统的工作（如一名英语专业的毕业生进入了广告宣传行业），因此这些数字没有表明这些专业的所有毕业生的经济报酬；相关工作的收入数字有时很有限；参见下一组列表之前的注释。

10 个最好的现实型专业				
专业	年收入	年职位增长率	年职位空缺数	性格类型
1. 计算机科学	$82,718	38.0%	142,000	IRC
2. 计算机工程	$83,960	35.3%	126,000	IRC
3. 建筑	$90,798	14.7%	22,000	ERI
4. 生物化学	$74,650	26.2%	21,000	IR
5. 微生物学	$72,437	26.4%	21,000	IR
6. 土木工程	$84,707	15.0%	34,000	RIE
7. 园林建筑	$100,030	14.0%	16,000	ERI
8. 石油工程	$104,897	12.1%	16,000	ERI
9. 航空 / 航天工程	$99,721	11.7%	21,000	IRE
10. 电气工程	$89,095	11.7%	38,000	IRE

10 个最好的研究型专业				
专业	年收入	年职位增长率	年职位空缺数	性格类型
1. 医学	$144,916	24.0%	287,000	I
2. 计算机工程	$83,960	35.3%	126,000	IRC
3. 计算机科学	$82,718	38.0%	142,000	IRC
4. 药学	$94,520	24.8%	16,000	ICR
5. 研究生大学教学课程	$57,770	32.2%	329,000	SI
6. 生物化学	$74,650	26.2%	21,000	IR
7. 微生物学	$72,437	26.4%	21,000	IR
8. 护理学（注册护士培训）	$57,280	29.4%	229,000	SI
9. 医师协助	$74,980	50.0%	10,000	IS
10. 工业工程	$86,333	14.4%	28,000	EIR

10 个最好的艺术型专业				
专业	年收入	年职位增长率	年职位空缺数	性格类型
1. 公共关系	$55,966	21.9%	52,000	EAS
2. 传播学	$48,357	20.2%	62,000	AE
3. 戏剧艺术	$56,310	16.9%	11,000	AES
4. 广告宣传	$48,594	17.4%	33,000	EA
5. 幼儿教育	$29,250	30.1%	105,000	SA
6. 电影研究	$51,199	16.8%	18,000	AES
7. 艺术	$55,182	12.5%	29,000	A
8. 英语	$43,702	14.5%	34,000	A
9. 新闻与大众传媒	$43,942	14.2%	38,000	A
10. 工业设计	$42,091	14.4%	42,000	A

10个最好的社会型专业				
专业	年收入	年职位增长率	年职位空缺数	性格类型
1. 研究生大学教学课程	$57,770	32.2%	329,000	SI
2. 护理学（注册护士培训）	$57,280	29.4%	229,000	SI
3. 医师协助	$74,980	50.0%	10,000	IS
4. 物理治疗	$66,200	36.8%	13,000	SRI
5. 卫生信息系统管理	$73,340	23.0%	33,000	ES
6. 医院/卫生设施管理	$73,340	23.0%	33,000	ES
7. 人力资源管理	$50,296	24.0%	84,000	ESC
8. 职业治疗	$60,470	33.7%	7,000	SR
9. 劳资关系	$49,299	25.7%	49,000	ESC
10. 幼儿教育	$29,250	30.1%	105,000	SA

10个最好的事业型专业				
专业	年收入	年职位增长率	年职位空缺数	性格类型
1. 国际商务	$94,442	16.6%	246,000	EC
2. 市场营销	$92,429	20.0%	72,000	EC
3. 公共行政	$86,701	16.4%	310,000	EC
4. 企业管理	$83,211	16.4%	481,000	EC
5. 运输与物流管理	$101,203	15.2%	85,000	EC
6. 国际关系	$144,875	14.7%	38,000	EC
7. 会计	$54,500	20.0%	173,000	CE
8. 卫生信息系统管理	$73,340	23.0%	33,000	ES
9. 医院/卫生设施管理	$73,340	23.0%	33,000	ES
10. 人力资源管理	$50,296	24.0%	84,000	ESC

10个最好的传统型专业				
专业	年收入	年职位增长率	年职位空缺数	性格类型
1. 国际商务	$94,442	16.6%	246,000	EC
2. 企业管理	$83,211	16.4%	481,000	EC
3. 公共行政	$86,701	16.4%	310,000	EC
4. 药学	$94,520	24.8%	16,000	ICR
5. 市场营销	$92,429	20.0%	72,000	EC
6. 运输与物流管理	$101,203	15.2%	85,000	EC
7. 会计	$54,500	20.0%	173,000	CE
8. 国际关系	$144,875	14.7%	38,000	EC
9. 精算学	$82,800	22.2%	3,000	CI
10. 财政	$70,359	14.4%	155,000	EC

适合每种性格类型的 5 个收入潜力最大的专业

在下面的 6 组列表中，你能找到适合每种性格类型的最具收入潜力的 5 个专业，这些专业达到了本书要求的标准。显而易见，这些列表非常吸引人。

如果你比较这 6 个列表，你也许会发现有些性格类型可能比其他性格类型的收入更好。例如列表中，与 5 个事业型专业相联系的工作收入要比与 5 个艺术型专业相联系的工作收入高很多。记住，这些数字只是平均数；学戏剧艺术专业的毕业生有几个（例如想到的著名电影导演）赚得就比那些医科毕业生还多，而其余的戏剧艺术专业的毕业生只能勉强维持。在一些情况下（看注解），平均收入水平可能比这里提供的数字高，因为不止一个与专业相联系的工作的年收入在劳工部报告中被描述为"145,600 美元以上。"我们不得不用 145,600 美元这个数字来计算平均数，但有些工作（例如麻醉师），实际收入可能更高。在另一方面，戏剧艺术工作的年均收入为 56,310 美元，这个数字可能又太高了。这个收入数字是仅以一个相联系的工作——制作人和导演——的收入为基础的，而这个专业又与第二个工作——演员——相联系，而这个行当的大多数人因低工资而处境尴尬。不幸的是，演员行业的收入起伏不定，劳工部因此未发布与其相关的年收入数字，我们也无法在计算平均值的时候考虑这个因素。

总之，如果你对某个专业有兴趣，你可以在第四章里查看其介绍并记下与该专业相关的工作的收入数字，要特别关注你的确想作为职业目标的那些工作。还要记住我们之前说过的：收入会根据国家的地区、经验的多少和许多其他因素而不同。

5 个收入潜力最大的现实型专业

专业	相关职位年收入	性格类型
1. 石油工程	$104,897	ERI
2. 园林建筑	$100,030	ERI
3. 航空／航天工程	$99,721	IRE
4. 建筑	$90,798	ERI
5. 电气工程	$89,095	IRE

5 个收入潜力最大的研究型专业		
专业	相关职位年收入	性格类型
1. 医学	$144,916	I
2. 药学	$94,520	ICR
3. 工业工程	$86,333	EIR
4. 计算机工程	$83,960	IRC
5. 计算机科学	$82,718	IRC

第 1 个工作的收入是以有限的相关职业的数据为基础的，可能太低。

5 个收入潜力最大的艺术型专业		
专业	相关职位年收入	性格类型
1. 戏剧艺术	$56,310	AES
2. 公共关系	$55,966	EAS
3. 艺术	$55,182	A
4. 电影研究	$51,199	AES
5. 广告	$48,594	EA

第 1 个工作的收入是以有限的相关职业的数据为基础的，可能太低。

5 个收入潜力最大的社会型专业		
专业	相关职位年收入	性格类型
1. 医师协助	$74,980	IS
2. 卫生信息系统管理	$73,340	ES
3. 医院 / 卫生设施管理	$73,340	ES
4. 物理治疗	$66,200	SRI
5. 职业治疗	$60,470	SR

5 个收入潜力最大的事业型专业		
专业	相关职位年收入	性格类型
1. 国际关系	$144,875	EC
2. 运输与物流管理	$101,203	EC
3. 国际商务	$94,442	EC
4. 市场营销	$92,429	EC
5. 公共行政	$86,701	EC

第 1、3、5 个工作的收入是以有限的相关职业的数据为基础的，可能太低。

5个收入潜力最大的传统型专业		
专业	相关职位年收入	性格类型
1. 国际关系	$144,875	EC
2. 运输与物流管理	$101,203	EC
3. 药学	$94,520	ICR
4. 国际商务	$94,442	EC
5. 市场营销	$92,429	EC

第2和4个工作的收入是以有限的相关职业的数据为基础的，可能太低。

适合每种性格类型的5个职位增长潜力最大的专业

从达到本书编撰标准的含有10个专业的6个列表上看，适合每种性格类型的与工作人数预计到2014年增长幅度最大的工作相关的专业有5个。

你会注意到在适合不同性格类型的专业那些列表里，收入的机会各不相同，工作的机会也是如此。与最好的研究型和社会型专业相联系的工作岗位比其他与最好的性格类型专业相联系的工作岗位有更多的就业机会。这其中的一部分原因是依赖医疗和个人护理的老龄人群需要很多接受过研究型和社会型专业培训的工作人员。另外，研究型和社会型职业所从事的那种工作通常无法用电脑和海外打工者来做。

5个职位增长潜力最大的现实型专业		
专业	相关职位增长率	性格类型
1. 计算机科学	38.0%	IRC
2. 计算机工程	35.3%	IRC
3. 微生物学	26.4%	IR
4. 生物化学	26.2%	IR
5. 土木工程	15.0%	RIE

5个职位增长潜力最大的研究型专业		
专业	相关职位增长率	性格类型
1. 医师协助	50.0%	IS
2. 计算机科学	38.0%	IRC
3. 计算机工程	35.3%	IRC
4. 研究生大学教学课程	32.2%	SI
5. 护理学（注册护士培训）	29.4%	SI

5 个职位增长潜力最大的艺术型专业		
专业	相关职位增长率	性格类型
1. 幼儿教育	30.1%	SA
2. 公共关系	21.9%	EAS
3. 传播学	20.2%	AE
4. 广告宣传	17.4%	EA
5. 戏剧艺术	16.9%	AES

5 个职位增长潜力最大的社会型专业		
专业	相关职位增长率	性格类型
1. 医师协助	50.0%	IS
2. 物理治疗	36.8%	SRI
3. 职业治疗	33.7%	SR
4. 研究生大学教学课程	32.2%	SI
5. 幼儿教育	30.1%	SA

5 个职位增长潜力最大的事业型专业		
专业	相关职位增长率	性格类型
1. 人力资源管理	24.0%	ESC
2. 卫生信息系统管理	23.0%	ES
3. 医院 / 卫生设施管理	23.0%	ES
4. 会计	20.0%	CE
5. 市场营销	20.0%	EC

5 个职位增长潜力最大的传统型专业		
专业	相关职位增长率	性格类型
1. 药学	24.8%	ICR
2. 精算学	22.2%	CI
3. 会计	20.0%	CE
4. 市场营销	20.0%	EC
5. 国际商务	16.6%	EC

适合每种性格类型的 5 个职位空缺潜力最大的专业

从达到本书编撰标准的含有 10 个专业的 6 个列表上看，适合每种性格类型的与职位空缺预计到 2014 年数量最大的工作相关的专业有 5 个。

能提供有许多职位空缺的工作的那些专业有一些可能吸引你的优势。因为有许多职位空缺，那些岗位更容易得到，特别是你毕业之后第一次找工作。这些专业可能为你营造更多的机会让你在不同的雇主之间游刃有余。尽管其中有几个专业提供的工作没有很高的薪酬，但绝大部分专业提供的工作都有不错的报酬，还能提供良好的长远工作的机会或升迁的能力。

有趣的是，艺术型列表里包含的最佳专业与教育和应用艺术领域的工作有联系。大多数艺术型职位空缺将在这两个领域里，但是，美术或表演艺术工作除外，通常这 2 个岗位竞争非常激烈。这两个领域拥有最多的艺术类就职岗位，相比之下，因为激烈的竞争，美术和表演艺术所提供的就职岗位则要少一些。职位空缺数量最高的两个性格类型是事业型和传统型，许多就业机会体现在企业界。

5 个职位空缺潜力最大的现实型专业		
专业	相关工作年职位空缺总数	性格类型
1. 计算机科学	142,000	IRC
2. 计算机工程	126,000	IRC
3. 电气工程	38,000	IRE
4. 土木工程	34,000	RIE
5. 建筑	22,000	ERI

5 个职位空缺潜力最大的研究型专业		
专业	相关工作年职位空缺总数	性格类型
1. 研究生大学教学课程	329,000	SI
2. 医学	287,000	I
3. 护理学(注册护士培训)	229,000	SI
4. 计算机科学	142,000	IRC
5. 计算机工程	126,000	IRC

5 个职位空缺潜力最大的艺术型专业		
专业	相关工作年职位空缺总数	性格类型
1. 幼儿教育	105,000	SA
2. 传播学	62,000	AE
3. 公众关系	52,000	EAS
4. 工业设计	42,000	A
5. 新闻与大众传媒	38,000	A

5 个职位空缺潜力最大的社会型专业		
专业	相关工作年职位空缺总数	性格类型
1. 研究生大学教学课程	329,000	SI
2. 护理学（注册护士培训）	229,000	SI
3. 幼儿教育	105,000	SA
4. 人力资源管理	84,000	ESC
5. 劳资关系	49,000	ESC

5 个职位空缺潜力最大的事业型专业		
专业	相关工作年职位空缺总数	性格类型
1. 企业管理	481,000	EC
2. 公共管理	310,000	EC
3. 国际商务	246,000	EC
4. 会计	173,000	CE
5. 运输与物流管理	85,000	EC

5 个职位空缺潜力最大的传统型专业		
专业	相关工作年职位空缺总数	性格类型
1. 企业管理	481,000	EC
2. 公共行政	310,000	EC
3. 国际商务	246,000	EC
4. 会计	173,000	CE
5. 财政	155,000	EC

按人口统计数据显示的最好专业列表

我们认为把与不同类型的人居多的工作相联系的那些专业这个特点纳入本章的列表是令人感兴趣的。例如，哪些专业与男性工作者比例最高的工作有联系呢？我们不是说男性应该优先考虑这些专业而不是其他专业，不过这是要知道的令人关注的信息。有时候，这些列表能给你提供对专业的一些看法供你斟酌，以免被你忽略。虽然这些不是明显的列表使用方法，可这些列表可能给你提供一些好的专业参考，还有可能帮你确定适合你其他情况的专业——打个比方，使你有大量兼职工作机会的专业，如果你想在现工作阶段从事兼职工作的话。

本章节中的所有列表都是按照同一步骤拟定的。我们依据一个人数统计标准，挑选出适合每种性格类型的 10 个最好专业，没有选择那些没有达到与那个标准数值的工作相联系的专业。例如，我们选择的那些专业是依据女性工作者在相关工作中所占的比例，从最高到最低进行排列的，数量不足 60% 的那些专业没有选择。然后我们依据相关工作的常用经济标准——收入、职位增长和职位空缺来排列专业的子列表。我们是用同样的基本步骤制作的所有 6 种性格类型和 4 个人口类型列表（4 种人口类型是：兼职者、自雇者、女性和男性）。本应该会产生 24 个列表，但因为某些专业达不到我们设定的工作人数标准，所以没有列出。以现实型专业为例，我们就没有找到与其相关的工作人数标准比例那么高的兼职者。依据人口统计特征制作的这些列表很有趣，我们希望你能觉得它们有用。

与高比例兼职者的工作相关的最好专业

如果你查看能使你得到具有高比例（大于 15%）兼职者工作的专业列表，你会发现一些有趣的事情。例如很多专业属于卫生保健行业，但是列表中的这些专业还涵盖了一些其他行业——包括商务、教育和文科。另一方面，科学和高科技行业鲜有提供兼职工作，因此在以下的列表里我们不能包括现实型专业列表。有时候，人们为了能够自由支配时间而选择兼职工作，但还有可能是因为他们无法找到这样的全职工作。为了维持生活开支，这些人可能从事其他全职或兼职工作。如果你想现在或将来从事兼职工作，这些列表将帮你确定很可能得到那种机会的专业。下面列表中的收入估算是依据对全职和兼职者的调查结果。一般来说，兼职者的小时收入比全职者少 10%。

与高比例兼职者的工作相关的最好研究型专业

专业	兼职者比例	年收入	年职位增长率	年职位空缺数	性格类型
1. 研究生大学教学课程	24.8%	$57,770	32.2%	329,000	SI
2. 医学	25.6%	$144,916	24.0%	287,000	I
3. 医师协助	23.1%	$74,980	50.0%	10,000	IS
4. 药学	29.9%	$94,520	24.8%	16,000	ICR
5. 护理学(注册护士培训)	30.1%	$57,280	29.4%	229,000	SI

与高比例兼职者的工作相关的最好艺术型专业					
专业	兼职者比例	年收入	年职位增长率	年职位空缺数	性格类型
1. 公共关系	18.7%	$55,966	21.9%	52,000	EAS
2. 传媒学	30.1%	$48,357	20.2%	62,000	AE
3. 幼儿教育	27.0%	$29,250	30.1%	105,000	SA
4. 广告	24.4%	$48,594	17.4%	33,000	EA
5. 戏剧艺术	28.8%	$56,310	16.9%	11,000	AES
6. 电影研究	26.0%	$51,199	16.8%	18,000	AES
7. 艺术	32.0%	$55,182	12.5%	29,000	A
8. 英语	30.7%	$43,702	14.5%	34,000	A
9. 工业设计	32.0%	$42,091	14.4%	42,000	A
10. 新闻与大众传媒	30.4%	$43,942	14.2%	38,000	A

与高比例兼职者的工作相关的最好社会型专业					
专业	兼职者比例	年收入	年职位增长率	年职位空缺数	性格类型
1. 研究生大学教学课程	24.8%	$57,770	32.2%	329,000	SI
2. 医师协助	23.1%	$74,980	50.0%	10,000	IS
3. 物理治疗	21.4%	$66,200	36.8%	13,000	SRI
4. 护理学(注册护士培训)	30.1%	$57,280	29.4%	229,000	SI
5. 职业治疗	39.4%	$60,470	33.7%	7,000	SR
6. 幼儿教育	27.0%	$29,250	30.1%	105,000	SA
7. 人力资源管理	22.6%	$50,296	24.0%	84,000	ESC
8. 劳资关系	22.4%	$49,299	25.7%	49,000	ESC

与高比例兼职者的工作相关的最好事业型专业					
专业	兼职者比例	年收入	年职位增长率	年职位空缺数	性格类型
1. 会计	22.0%	$54,500	20.0%	173,000	CE
2. 人力资源管理	22.6%	$50,296	24.0%	84,000	ESC

与高比例兼职者的工作相关的最好传统型专业					
专业	兼职者比例	年收入	年职位增长率	年职位空缺数	性格类型
1. 药学	29.9%	$94,520	24.8%	16,000	ICR
2. 会计	22.0%	$54,500	20.0%	173,000	CE
3. 财政	17.5%	$70,359	14.4%	155,000	EC

与高比例自雇者的工作相关的最好专业

在所有工作人口中，自雇者约占 8%。你也许会认为自雇者都从事类似的工作，实际上他们的身影出现在各行各业里，从事着你想不到的职业。但是，只有很少数量的大学专业——只有一个现实型专业、一个研究型专业，根本没有社会型专业——与拥有平均数以上的自雇者的工作有联系。

以下列表提供了收入的估算值，要记住这些数字是依据一份不包括自雇者的调查报告。从事这些职位的自雇者的平均收入可能会比实际收入高出或低出很多。下面列表包括的专业与占高于 8% 的自雇者的工作相关。

与高比例自雇者的工作相关的最好现实型专业

专业	自雇者比例	年收入	年职位增长率	年职位空缺数	性格类型
1. 建筑	8.4%	$90,798	14.7%	22,000	ERI

与高比例自雇者的工作相关的最好研究型专业

专业	自雇者比例	年收入	年职位增长率	年职位空缺数	性格类型
1. 医学	11.5%	$144,916	24.0%	287,000	I

与高比例自雇者的工作相关的最好艺术型专业

专业	自雇者比例	年收入	年职位增长率	年职位空缺数	性格类型
1. 传播学	26.8%	$48,357	20.2%	62,000	AE
2. 戏剧艺术	24.1%	$56,310	16.9%	11,000	AES
3. 电影研究	26.6%	$51,199	16.8%	18,000	AES
4. 艺术	58.4%	$55,182	12.5%	29,000	A
5. 英语	36.6%	$43,702	14.5%	34,000	A

与高比例自雇者的工作相关的最好事业型专业

专业	自雇者比例	年收入	年职位增长率	年职位空缺数	性格类型
1. 会计	9.3%	$54,500	20.0%	173,000	CE
2. 企业管理	11.0%	$83,211	16.4%	481,000	EC
3. 国际关系	16.1%	$144,875	14.7%	38,000	EC
4. 运输与物流管理	8.8%	$101,203	15.2%	85,000	EC

与高比例自雇者的工作相关的最好传统型专业					
专业	自雇者比例	年收入	年职位增长率	年职位空缺数	性格类型
1. 企业管理	11.0%	$83,211	16.4%	481,000	EC
2. 会计	9.3%	$54,500	20.0%	173,000	CE
3. 运输与物流管理	8.8%	$101,203	15.2%	85,000	EC
4. 国际关系	16.1%	$144,875	14.7%	38,000	EC

与高比例女性的工作相关的最好专业

为了创建以下的 6 个列表，我们依据男女工作者在相关工作中所占的比例，挑选出了适合每个性格类型的 10 个最好专业。这些列表是最具争议性的，而且我们明白当《最好的工作》系列丛书第一次采用这些列表时，也引起了一些争议。不过这些列表并不是要限制男性或者女性去考虑选择专业或工作——我们制作这些列表的理由正好相反。我们希望这些列表帮助人们看到他们恐怕没有考虑到的可能性。

事实表明拥有高比例（大于 60%）女性或男性工作者的工作为想要从事这些工作的男性和女性提供了良好的就业机会。所以我们建议女性去浏览使你能够得到拥有雇用高比例男性的工作的专业列表，而建议男性去浏览使你能够得到拥有雇用高比例女性的工作的专业列表。两个列表中都列有高收入潜力的专业，所以感兴趣的男性或女性应该考虑这些专业。

我们依据排列列表时所用的经济指标来对比与最好专业相关的两组工作很有意思。这两组工作分别是拥有高比例男性的工作和拥有高比例女性的工作。男性占主导的工作的平均收入（95742 美元），远远高于女性占主导的工作的平均收入（54204 美元）。这是令人遗憾的，不过这与《最好的工作》系列丛书中的绝大多数书是一致的，书中我们都是根据工作者的性别来看待工作的。另一方面，女性主导的工作的增长率更高，为 28%，而男性主导的工作的增长率为 20.2%。不过仅凭工作的增长率是无法预料你被录用的可能性有多大。男性主导的职业通常规模更大，员工流动率也更大，因此在与最好专业相关的职业方面，男性主导职业的年度职位空缺数几乎是女性主导职业的 2 倍：139125 比 69938。另一个工作现况是现实型工作往往由男性主导，而由女性主导的传统型工作往往是文秘工作，这类工作是不需要大学学位的。结果，下面几个列表仅有 6 种职业性格类型中的 4 种：研究型、艺术型、社会型和事业型。

与高比例女性的工作相关的最好研究型专业					
专业	女性比例	年收入	年职位增长率	年职位空缺数	性格类型
1. 医师协助	71.7%	$74,980	50.0%	10,000	IS
2. 护理学（注册护士培训）	91.3%	$57,280	29.4%	229,000	SI

与高比例女性的工作相关的最好艺术型专业					
专业	女性比例	年收入	年职位增长率	年职位空缺数	性格类型
1. 幼儿教育	97.7%	$29,250	30.1%	105000	SA
2. 传播学	60.2%	$48,357	20.2%	62000	AE

与高比例女性的工作相关的最好社会型专业					
专业	女性比例	年收入	年职位增长率	年职位空缺数	性格类型
1. 医师协助	71.7%	$74,980	50.0%	10,000	IS
2. 护理学（注册护士培训）	91.3%	$57,280	29.4%	229,000	SI
3. 物理治疗	62.7%	$66,200	36.8%	13,000	SRI
4. 幼儿教育	97.7%	$29,250	30.1%	105,000	SA
5. 卫生信息系统管理	68.3%	$73,340	23.0%	33,000	ES
6. 医院 / 卫生设施管理	68.3%	$73,340	23.0%	33,000	ES
7. 人力资源管理	70.6%	$50,296	24.0%	84,000	ESC
8. 职业治疗	90.3%	$60,470	33.7%	7,000	SR
9. 劳资关系	70.5%	$49,299	25.7%	49,000	ESC

与高比例女性的工作相关的最好事业型专业					
专业	女性比例	年收入	年职位增长率	年职位空缺数	性格类型
1. 卫生信息系统管理	68.3%	$73,340	23.0%	33,000	ES
2. 医院 / 卫生设施管理	68.3%	$73,340	23.0%	33,000	ES
3. 人力资源管理	70.6%	$50,296	24.0%	84,000	ESC

与高比例男性的工作相关的最好专业

如果你还没来得及阅读前一组列表——与高比例女性的工作相关的最好专业的介绍，我们建议你先去读一读。那些列表的大部分内容也适用于本组所举的列表。上一组列表没有包括适应现实型和传统型性格类型的内容，而本组列表没有包括适应社会型性格类型的内容。这只是反映出吸引男性毕业生的那些工作的现状。

我们举出这些列表并不是要说明男性只应该考虑那些通向拥有高比例男性的工作的专业，而女性只应该考虑通向拥有高比例女性的工作的专业。相反，我们举出的这些列表是因为它们很有趣，或许还能帮助人们考虑选择那些非传统的职业。例如某些男性可能在某些高比例女性所从事的工作中如鱼得水，这也许是他们未曾认真考虑过的那些有关专业。同样，对于某些女性而言，她们可能会非常喜欢并且擅长一些传统上为男性主导的工作。我们希望这些列表能让你重新考虑一些之前因性别偏见而从未考虑过的大学专业。

与高比例男性的工作相关的最好现实型专业

专业	男性比例	年收入	年职位增长率	年职位空缺数	性格类型
1. 计算机科学	75.3%	$82,718	38.0%	142,000	IRC
2. 计算机工程	80.3%	$83,960	35.3%	126,000	IRC
3. 建筑	86.7%	$90,798	14.7%	22,000	ERI
4. 土木工程	90.1%	$84,707	15.0%	34,000	RIE
5. 园林建筑	91.0%	$100,030	14.0%	16,000	ERI
6. 石油工程	92.7%	$104,897	12.1%	16,000	ERI
7. 电气工程	92.5%	$89,095	11.7%	38,000	IRE
8. 航空 / 航天工程	91.0%	$99,721	11.7%	21,000	IRE

与高比例男性的工作相关的最好研究型专业

专业	男性比例	年收入	年职位增长率	年职位空缺数	性格类型
1. 医学	67.8%	$144,916	24.0%	287,000	I
2. 计算机科学	75.3%	$82,718	38.0%	142,000	IRC
3. 计算机工程	80.3%	$83,960	35.3%	126,000	IRC
4. 工业工程	85.3%	$86,333	14.4%	28,000	EIR

与高比例男性的工作相关的最好艺术型专业

专业	男性比例	年收入	年职位增长率	年职位空缺数	性格类型
1. 电影研究	61.7%	$51,199	16.8%	18,000	AES

与高比例男性的工作相关的最好事业型专业

专业	男性比例	年收入	年职位增长率	年职位空缺数	性格类型
1. 国际商务	72.0%	$94,442	16.6%	246,000	EC
2. 企业管理	71.6%	$83,211	16.4%	481,000	EC

续表

与高比例男性的工作相关的最好事业型专业					
专业	男性比例	年收入	年职位增长率	年职位空缺数	性格类型
3. 公共行政	70.8%	$86,701	16.4%	310,000	EC
4. 运输与物流管理	76.7%	$101,203	15.2%	85,000	EC
5. 国际关系	76.3%	$144,875	14.7%	38,000	EC

与高比例男性的工作相关的最好传统型专业					
专业	男性比例	年收入	年职位增长率	年职位空缺数	性格类型
1. 国际商务	72.0%	$94,442	16.6%	246,000	EC
2. 企业管理	71.6%	$83,211	16.4%	481,000	EC
3. 公共行政	70.8%	$86,701	16.4%	310,000	EC
4. 运输与物流管理	76.7%	$101,203	15.2%	85,000	EC
5. 国际关系	76.3%	$144,875	14.7%	38,000	EC
6. 精算学	71.6%	$82,800	22.2%	3000	CI

与不同教育程度的工作相关的最好专业

本章节的列表依据从事相关工作通常所需的教育或经验，将与 6 种性格类型对有关的最好专业分成了 5 组。我们为每个层次的教育或培训水平提供一个包括所有相关专业的列表——不只是 5 或 10 个最好专业，也不只是与一种性格类型相关的那些专业。不过，这个列表确定了适合每个专业的那个或多个性格类型，并依据与其有关的工作的收入、增长和职位空缺数的混合总分来排列这些专业的。

这些列表能帮助你规划自己的学业。例如你可能因为预期薪水很好的缘故而在考虑就读某个大学专业，然而这些列表也许能在让你接受同样教育水平的前提下，帮助你找到一个更符合你个人兴趣，并具有更好就业前景的专业。

你也许注意到许多专业出现在不止一个列表里。当一个专业与两个以上需要不同教育水平的工作相关时，便会出现这种现象。例如，企业管理专业出现在学士学位的列表中，因为这个专业与建筑经理职位和同样教育水平上的其他职位相联系；还出现在工作经验和学位的列表里，因为这个专业与销售经理和同样教育水平的其他职位相联系。

与需要学士学位的工作相关的最好专业

在符合本书标准的41个专业中，有25个专业与最常需要学士学位的工作相联系的。学士学位通常需要120至130个学时来完成。一名全日制的学生一般需要4到5年时间来完成学士学位，经历的时间还取决于课程的难度。按传统，人们一直认为学士学位是4年制的学位。有一些学士学位——如建筑学士学位——被看作一个专业学位，而且需要5年或更长时间来完成。

下面的列表列出了与需要学士学位的职位相关的专业。虽然适合这些职位的性格类型有最常见的传统型和事业型，但是，所有RIASEC职业性格类型至少出现在这些专业中一次。RIASEC职业性格类型的专业都是以它们首字母的缩写形式出现在所有的列表里，因为全称会占去很多空间。

与需要学士学位的工作相关的最好专业

专业	年收入	年职位增长率	年职位空缺数	性格类型
1. 计算机工程	$83,960	35.3%	126,000	IRC
2. 计算机科学	$82,718	38.0%	142,000	IRC
3. 公共行政	$86,701	16.4%	310,000	EC
4. 企业管理	$83,211	16.4%	481,000	EC
5. 运输与物流管理	$101,203	15.2%	85,000	EC
6. 会计	$54,500	20.0%	173,000	CE
7. 公共关系	$55,966	21.9%	52,000	EAS
8. 人力资源管理	$50,296	24.0%	84,000	ESC
9. 财政	$70,359	14.4%	155,000	EC
10. 幼儿教育	$29,250	30.1%	105,000	SA
11. 劳资关系	$49,299	25.7%	49,000	ESC
12. 土木工程	$84,707	15.0%	34,000	RIE
13. 传播学	$48,357	20.2%	62,000	AE
14. 医师协助	$74,980	50.0%	10,000	IS
15. 建筑	$90,798	14.7%	22,000	ERI
16. 电气工程	$89,095	11.7%	38,000	IRE
17. 工业工程	$86,333	14.4%	28,000	EIR
18. 园林建筑	$100,030	14.0%	16,000	ERI
19. 石油工程	$104,897	12.1%	16,000	ERI
20. 航空 / 航天工程	$99,721	11.7%	21,000	IRE
21. 电影研究	$51,199	16.8%	18,000	AES

续表

与需要学士学位的工作相关的最好专业				
专业	年收入	年职位增长率	年职位空缺数	性格类型
22. 工业设计	$42,091	14.4%	42,000	A
23. 英语	$43,702	14.5%	34,000	A
24. 艺术	$55,182	12.5%	29,000	A
25. 新闻与大众传媒	$43,942	14.2%	38,000	A

与需要工作经验和学位的工作相关的最好专业

在 41 个最佳专业中，有 30 个专业除了学位，还需要某些工作经验。这类工作最常见的是管理职位。例如工程经理是一个和几个工程专业相联的职位，又和 2 个建筑专业相联，但是新毕业生很少选择这个职位。相反，通常的路径是在得到这些专业之一的学士学位后在工程或建筑业找一个工作，先积累几年工作经验，然后在一些管理岗位上展示相关的知识和技能后再进阶到管理层。

现实型性格类型在列表上现有的几个管理职位中占了主导。

与需要工作经验和学位的工作相关的最好专业				
专业	年收入	年职位增长率	年职位空缺数	性格类型
1. 计算机工程	$83,960	35.3%	126,000	IRC
2. 计算机科学	$82,718	38.0%	142,000	IRC
3. 国际商务	$94,442	16.6%	246,000	EC
4. 市场营销	$92,429	20.0%	72,000	EC
5. 公共行政	$86,701	16.4%	310,000	EC
6. 运输与物流管理	$101,203	15.2%	85,000	EC
7. 企业管理	$83,211	16.4%	481,000	EC
8. 国际关系	$144,875	14.7%	38,000	EC
9. 人力资源管理	$50,296	24.0%	84,000	ESC
10. 卫生信息系统管理	$73,340	23.0%	33,000	ES
11. 医院 / 卫生设施管理	$73,340	23.0%	33,000	ES
12. 劳资关系	$49,299	25.7%	49,000	ESC
13. 公共关系	$55,966	21.9%	52,000	EAS
14. 生物化学	$74,650	26.2%	21,000	IR
15. 土木工程	$84,707	15.0%	34,000	RIE
16. 微生物学	$72,437	26.4%	21,000	IR
17. 财政	$70,359	14.4%	155,000	EC

续表

与需要工作经验和学位的工作相关的最好专业				
专业	年收入	年职位增长率	年职位空缺数	性格类型
18. 建筑	$90,798	14.7%	22,000	ERI
19. 电机工程	$89,095	11.7%	38,000	IRE
20. 精算学	$82,800	22.2%	3,000	CI
21. 工业工程	$86,333	14.4%	28,000	EIR
22. 广告	$48,594	17.4%	33,000	EA
23. 航空 / 航天工程	$99,721	11.7%	21,000	IRE
24. 园林建筑	$100,030	14.0%	16,000	ERI
25. 石油工程	$104,897	12.1%	16,000	ERI
26. 戏剧艺术	$56,310	16.9%	11,000	AES
27. 电影研究	$51,199	16.8%	18,000	AES
28. 新闻与大众传媒	$43,942	14.2%	38,000	A
29. 英语	$43,702	14.5%	34,000	A
30. 艺术	$55,182	12.5%	29,000	A

与需要硕士学位的工作相关的最好专业

符合本书标准与最常需要硕士学位的职位相联系的专业只有4个。书中仅有四门专业在符合衡量标准的同时，与之对应的职位也是最常见的需要硕士学位的职位。硕士学位通常得在本科学历之外另修33~60个学时。学术硕士学位如国际关系文学硕士通常需要33~36个学时来完成。职业治疗专业学位通常要求有两年半的全职工作经历，包括监督下的临床培训。需要注意的是尽管理疗学出现在列表上，但是到2020年时，这一职业的专业学位将提升至博士水平。

下面的列表依据通常的3个经济标准来排列4个专业的，列表中社会型职位占主导地位。

与需要硕士学位的工作相关的最好专业				
专业	年收入	年职位增长率	年职位空缺数	性格类型
1. 国际关系	$144,875	14.7%	38,000	EC
2. 物理治疗	$66,200	36.8%	13,000	SRI
3. 研究生大学教学课程	$57,770	32.2%	329,000	SI
4. 职业治疗	$60,470	33.7%	7,000	SR

与需要博士学位的工作相关的最好专业

正常情况下，博士学位需要两年以上全日制硕士学术研究后获得，包括写学术论文论证对研究方法的掌握程度。因为着重于研究，博士水平的职位往往适合研究型性格类型，但是理科类的职位也经常吸引现实型性格类型。

符合本书标准与需要博士学位的职位有联系的专业只有4个，它们是依据相关工作的收入、职位增长和职位空缺数进行排列的。

与需要博士学位的工作相关的最好专业				
专业	年收入	年职位增长率	年职位空缺数	性格类型
1. 计算机科学	$82,718	38.0%	142,000	IRC
2. 研究生大学教学课程	$57,770	32.2%	329,000	SI
3. 生物化学	$74,650	26.2%	21,000	IR
4. 微生物学	$72,437	26.4%	21,000	IR

与需要专业学位的工作相关的最好专业

正常情况下，专业学位需要在学士学位以上再修最低两年的学业，通常需要三年以上的时间。通向卫生保健职业的课程内容是解决理论和实际层面上的问题。因此这些课程吸引研究型性格类型的人。符合本书标准与需要专业学位的工作有联系的专业有2个，如下表所示。

与需要专业学位的工作相关的最好专业				
专业	年收入	年职位增长率	职位空缺数	性格类型
1. 医学	$144,916	24.0%	287,000	I
2. 药学	$94,520	24.8%	16,000	ICR

按语言和数学技能划分的最好专业列表

如果你曾考过大学，你可能非常清楚你在标准测试时展示出的语言和数学能力。不过你可曾想过语言和数学能力与大学里不同专业之间的关系吗？

一种审视这种关系的方式是将人们欲申请的主修课和他们在标准化测试中获得的语言和数学分数相比较。根据美国大学理事会称，2004 年至 2005 年期间，在学术能力评估测试（SAT）中取得最高阅读分数的人倾向于选择语言与文学专业、图书馆和档案学专业以及外语/古典语言学专业。而那些在考试中取得最高数学分数的人倾向于选择数学专业、物理学专业和工程学专业。这些发现一点儿也不令人惊讶，因为人们往往选择的专业似乎与他们在标准化测试的得分是一致的。

另一种审视这些能力的方式，是考虑为了某个专业取得学术成就而需要的语言和数学技能。我们很多专业在这个方面缺乏可用的数据，但你依然可以通过浏览第四章里为每个专业列出的标准大学课程顺序表进行一些推断。浏览时须注意哪些课程和写作、文学或公众演讲有关，哪些课程需要修大量的数学课。

第三种审视这些技能和大学专业之间关系的方式是注意人们通过这些专业去寻求的职业。我们拥有丰富的职业技能要求方面的信息，因此我们为第四章中描述的每一个专业列出了有关工作所需要的语言能力和数学技能。

我们运用相关工作技能的信息编制了如下各组列表。我们为6种性格类型的每一种确定了与需要高语言水平的工作相联系的大学专业。首先我们依据语言技能水平的高低来排列这些要求高语言能力的专业，接着按照“最好职位”评定标准：收入、职位增长、职位空缺的前后顺序排列那些专业。最后，我们列出与不需要高语言水平的工作相联系的专业列表，也是按照三项经济指标排列的。位于这组语言技能列表之后的另外一组列表是数学技能列表，以类似的方式排列，列出了与需要高数学水平或不需要高数学水平的工作相联系的那些专业。

专业里需要达到的技能和工作上所需技能之间的联系并不是那么精确。有时候学生们会抱怨说，学习过程中要求他们达到的数学水平在他们之后从事的工作中根本就不会用到。另一方面，雇用者会抱怨那些成绩优异的毕业生缺乏工作所需的语言能力。尽管如此，了解相关工作的技能是有用的，因为你选择专业的主要原因之一便是为以后的就业做准备。

与需要高水平语言技能的工作相关的最好专业

为了依据语言能力水平来排列这些专业，我们要看“职业信息网络”（O*NET）为相关工作提供的两项具体技能：阅读理解和写作的评定等级。我们取这两项评定的平均值，以百分制表示，除去所有得分少于70分的与工作相联系的专业。

与需要高水平语言技能的工作相关的现实型专业		
专业	语言技能水平（百分制）	性格类型
1. 生物化学	82.0	IR
2. 微生物学	81.1	IR
3. 航空 / 航天工程	75.8	IRE
4. 土木工程	74.9	RIE
5. 石油工程	74.7	ERI
6. 电气工程	74.2	IRE
7. 计算机工程	74.1	IRC
8. 建筑	71.2	ERI

与需要高水平语言技能的工作相关的研究型专业		
专业	语言技能水平（百分制）	性格类型
1. 研究生大学教学课程	83.9	SI
2. 生物化学	82.0	IR
3. 医学	81.3	I
4. 微生物学	81.1	IR
5. 医师协助	76.1	IS
6. 计算机工程	74.1	IRC
7. 护理学（注册护士培训）	72.1	SI
8. 药学	72.1	ICR

与需要高水平语言技能的工作相关的艺术型专业		
专业	语言技能水平（百分制）	性格类型
1. 英语	77.6	A
2. 新闻与大众传媒	75.9	A

与需要高水平语言技能的工作相关的社会型专业		
专业	语言技能水平（百分制）	性格类型
1. 研究生大学教学课程	83.9	SI
2. 物理治疗	78.4	SRI
3. 卫生信息系统管理	76.3	ES
4. 医院 / 卫生设施管理	76.3	ES
5. 医师协助	76.1	IS

续表

与需要高水平语言技能的工作相关的社会型专业		
专业	语言技能水平（百分制）	性格类型
6. 职业治疗	75.6	SR
7. 护理学（注册护士培训）	72.1	SI

与需要高水平语言技能的工作相关的事业型专业		
专业	语言技能水平（百分制）	性格类型
1. 国际关系	81.1	EC
2. 卫生信息系统管理	76.3	ES
3. 医院 / 卫生设施管理	76.3	ES

与需要高水平语言技能的工作相关的传统型专业		
专业	语言技能水平（百分制）	性格类型
1. 国际关系	81.1	EC
2. 药学	72.1	ICR
3. 精算学	71.5	CI

下面列表按相关工作的收入、职位增长率和职位空缺数排列的需要高水平语言技能的专业。

与需要高水平语言技能的工作相关的最好现实型专业					
专业	语言技能水平	年收入	年职位增长率	年职位空缺数	性格类型
1. 计算机工程	74.1	$83,960	35.3%	126,000	IRC
2. 建筑	71.2	$90,798	14.7%	22,000	ERI
3. 土木工程	74.9	$84,707	15.0%	34,000	RIE
4. 电气工程	74.2	$89,095	11.7%	38,000	IRE
5. 航空 / 航天工程	75.8	$99,721	11.7%	21,000	IRE
6. 生物化学	82.0	$74,650	6.2%	21,000	IR
7. 微生物学	81.1	$72,437	26.4%	21,000	IR
8. 石油工程	74.7	$104,897	12.1%	16,000	ERI

与需要高水平语言技能的工作相关的最好研究型专业					
专业	语言技能水平	年收入	年职位增长率	年职位空缺数	性格类型
1. 计算机工程	74.1	$83,960	35.3%	126,000	IRC
2. 研究生大学教学课程	83.9	$57,770	32.2%	329,000	SI

续表

与需要高水平语言技能的工作相关的最好研究型专业					
专业	语言技能水平	年收入	年职位增长率	年职位空缺数	性格类型
3. 医学	81.3	$144,916	24.0%	287,000	I
4. 医师协助	76.1	$74,980	50.0%	10,000	IS
5. 护理学(注册护士培训)	72.1	$57,280	9.4%	229,000	SI
6. 生物化学	82.0	$74,650	26.2%	21,000	IR
7. 微生物学	81.1	$72,437	26.4%	21,000	IR
8. 药学	72.1	$94,520	24.8%	16,000	ICR

与需要高水平语言技能的工作相关的最好艺术型专业					
专业	语言技能水平	年收入	年职位增长率	年职位空缺数	性格类型
1. 新闻与大众传媒	75.9	$43,942	14.2%	38,000	A
2. 英语	77.6	$43,702	14.5%	34,000	A

与需要高水平语言技能的工作相关的最好社会型专业					
专业	语言技能水平	年收入	年职位增长率	年职位空缺数	性格类型
1. 医师协助	76.1	$74,980	50.0%	10,000	IS
2. 研究生大学教学课程	83.9	$57,770	32.2%	329,000	SI
3. 卫生信息系统管理	76.3	$73,340	23.0%	33,000	ES
4. 医院 / 卫生设施管理	76.3	$73,340	23.0%	33,000	ES
5. 物理治疗	78.4	$66,200	36.8%	13,000	SRI
6. 护理学(注册护士培训)	72.1	$57,280	29.4%	229,000	SI
7. 职业治疗	75.6	$60,470	33.7%	7,000	SR

与需要高水平语言技能的工作相关的最好事业型专业					
专业	语言技能水平	年收入	年职位增长率	年职位空缺数	性格类型
1. 国际关系	81.1	$144,875	14.7%	38,000	EC
2. 卫生信息系统管理	76.3	$73,340	23.0%	33,000	ES
3. 医院 / 卫生设施管理	76.3	$73,340	23.0%	33,000	ES

与需要高水平语言技能的工作相关的最好传统型专业					
专业	语言技能水平	年收入	年职位增长率	年职位空缺数	性格类型
1. 国际关系	81.1	$144,875	14.7%	38,000	EC
2. 药学	72.1	$94,520	24.8%	16,000	ICR
3. 精算学	71.5	$82,800	22.2%	3,000	CI

与不需要高水平语言技能的工作相关的最好专业

也许语言能力不是你的强项之一，因此你需要搜寻一个与你性格类型匹配又对语言技能水平要求较低的专业。为了创建下面的列表，我们挑选出在创建良好语言专业列表时，没有超过最低分数线（70 分）的那些专业，并按照它们的经济潜能排列。事业型和传统型专业在这里出现的频率最高，这表明商界可以成为那些不想过度依靠语言能力的人们的合适场所。

与不需要高水平语言技能的工作相关的最好专业					
专业	语言技能水平	年收入	年职位增长率	年职位空缺数	性格类型
1. 计算机科学	69.9	$82,718	38.0%	142,000	IRC
2. 国际商务	68.0	$94,442	16.6%	246,000	EC
3. 公共行政	65.5	$86,701	16.4%	310,000	EC
4. 企业管理	64.9	$83,211	16.4%	481,000	EC
5. 市场营销	67.9	$92,429	20.0%	72,000	EC
6. 会计	64.1	$54,500	20.0%	173,000	CE
7. 运输与物流管理	64.2	$101,203	15.2%	85,000	EC
8. 人力资源管理	67.6	$50,296	24.0%	84,000	ESC
9. 公共关系	69.4	$55,966	21.9%	52,000	EAS
10. 幼儿教育	63.6	$29,250	30.1%	105,000	SA
11. 财政	63.6	$70,359	14.4%	155,000	EC
12. 劳资关系	66.0	$49,299	25.7%	49,000	ESC
13. 传播学	69.9	$48,357	20.2%	62,000	AE
14. 工业工程	68.9	$86,333	14.4%	28,000	EIR
15. 戏剧艺术	66.0	$56,310	16.9%	11,000	AES
16. 园林建筑	69.5	$100,030	14.0%	16,000	ERI
17. 广告	62.4	$48,594	17.4%	33,000	EA
18. 电影研究	64.6	$51,199	16.8%	18,000	AES
19. 艺术	63.1	$55,182	12.5%	29,000	A
20. 工业设计	64.5	$42,091	14.4%	42,000	A

与需要高水平数学技能的工作相关的最好专业

“职业信息网络”（O*NET）数据库里的所有工作都有在数学技能方面的评估，因此我们可以运用这些评估等级把数学技能水平归属到每个最好专业上。我们排除了百分制中得分不到 60 分的专业，这比之前我们在考察语言能力里使用的最低标准还要低，如此做的原因是保证有足够数量的专业来代表每种性格类型。尽管我们放宽了最低标准，但也没有一个艺术型专业达到这个标准。

与需要高水平数学技能的工作相关的现实型专业		
专业	数学技能水平（百分制）	性格类型
1. 土木工程	79.9	RIE
2. 石油工程	79.2	ERI
3. 电气工程	75.9	IRE
4. 航空 / 航天工程	74.4	IRE
5. 计算机工程	73.8	IRC
6. 生物化学	72.3	IR
7. 园林建筑	72.3	ERI
8. 微生物学	72.1	IR
9. 建筑	70.3	ERI
10. 计算机科学	66.1	IRC

与需要高水平数学技能的工作相关的研究型专业		
专业	数学技能水平（百分制）	性格类型
1. 计算机工程	73.8	IRC
2. 生物化学	72.3	IR
3. 微生物学	72.1	IR
4. 工业工程	71.2	EIR
5. 计算机科学	66.1	IRC
6. 药学	62.1	ICR
7. 研究生大学教学课程	61.9	SI

与需要高水平数学技能的工作相关的社会型专业		
专业	数学技能水平（百分制）	性格类型
1. 研究生大学教学课程	61.9	SI
2. 卫生信息系统管理	60.7	ES
3. 医院 / 卫生设施管理	60.7	ES

与需要高水平数学技能的工作相关的事业型专业		
专业	数学技能水平（百分制）	性格类型
1. 会计	62.3	CE
2. 卫生信息系统管理	60.7	ES
3. 医院 / 卫生设施管理	60.7	ES
4. 国际商务	60.1	EC

与需要高水平数学技能的工作相关的传统型专业		
专业	数学技能水平（百分制）	性格类型
1. 精算学	89.0	CI
2. 会计	62.3	CE
3. 药学	62.1	ICR
4. 国际商务	60.1	EC
5. 财政	60.0	EC

下面列表按相关工作的收入、职位增长率和职位空缺数排列的需要高水平数学技能的专业。

与需要高水平数学技能的工作相关的最好现实型专业					
专业	数学技能水平	年收入	年职位增长率	年职位空缺数	性格类型
1. 计算机科学	66.1	$82,718	38.0%	142,000	IRC
2. 计算机工程	73.8	$83,960	35.3%	126,000	IRC
3. 建筑	70.3	$90,798	14.7%	22,000	ERI
4. 土木工程	79.9	$84,707	15.0%	34,000	RIE
5. 电气工程	75.9	$89,095	11.7%	38,000	IRE
6. 航空 / 航天工程	74.4	$99,721	11.7%	21,000	IRE
7. 园林建筑	72.3	$100,030	14.0%	16,000	ERI
8. 石油工程	79.2	$104,897	12.1%	16,000	ERI
9. 生物化学	72.3	$74,650	26.2%	21,000	IR
10. 微生物学	72.1	$72,437	26.4%	21,000	IR

与需要高水平数学技能的工作相关的最好研究型专业					
专业	数学技能水平	年收入	年职位增长率	年职位空缺数	性格类型
1. 计算机科学	66.1	$82,718	38.0%	142,000	IRC
2. 计算机工程	73.8	$83,960	35.3%	126,000	IRC
3. 研究生大学教学课程	61.9	$57,770	32.2%	329,000	SI
4. 工业工程	71.2	$86,333	14.4%	28,000	EIR
5. 药学	62.1	$94,520	24.8%	16,000	ICR
6. 生物化学	72.3	$74,650	26.2%	21,000	IR
7. 微生物学	72.1	$72,437	26.4%	21,000	IR

与需要高水平数学技能的工作相关的最好社会型专业					
专业	数学技能水平	年收入	年职位增长率	年职位空缺数	性格类型
1. 研究生大学教学课程	61.9	$57,770	32.2%	329,000	SI

续表

与需要高水平数学技能的工作相关的最好社会型专业					
专业	数学技能水平	年收入	年职位增长率	年职位空缺数	性格类型
2. 卫生信息系统管理	60.7	$73,340	23.0%	33,000	ES
3. 医院 / 卫生设施管理	60.7	$73,340	23.0%	33,000	ES

与需要高水平数学技能的工作相关的最好事业型专业					
专业	数学技能水平	年收入	年职位增长率	年职位空缺数	性格类型
1. 国际商务	60.1	$94,442	16.6%	246,000	EC
2. 卫生信息系统管理	60.7	$73,340	23.0%	33,000	ES
3. 医院 / 卫生设施管理	60.7	$73,340	23.0%	33,000	ES
4. 会计	62.3	$54,500	20.0%	173,000	CE

与需要高水平数学技能的工作相关的最好传统型专业					
专业	数学技能水平	年收入	年职位增长率	年职位空缺数	性格类型
1. 药学	62.1	$94,520	24.8%	16,000	ICR
2. 国际商务	60.1	$94,442	16.6%	246,000	EC
3. 会计	62.3	$54,500	20.0%	173,000	CE
4. 精算学	89.0	$82,800	22.2%	3,000	CI
5. 财政	60.0	$70,359	14.4%	155,000	EC

与不需要高水平数学技能的工作相关的最好专业

如果你对数学无兴趣或是觉得数学过于具有挑战性，下面的列表或许为你推荐一些适合你的爱好和性格类型的专业。这些专业均是在用来创建需要高水平数学技能的列表时，没有达到最低分数线（60 分）的，这些专业也是按照惯用的经济指标排列的。6 种性格类型的专业在数量上几乎是相同的，但是绝大部分有利商界的专业类型（事业型和传统型）往往排列在最前。

不要根据这个列表就以为没有好的数学背景或仅仅通过选修低级数学课程就能选择这些专业。这其中的有些专业需要修统计课程，甚至微积分！但是，这些专业指向的工作通常不需要求职者拥有高水平的数学技能。

为什么有时候在课程要求和实际工作任务之间存在着断层？设计这些专业的课程研发者想让你能够了解今后与你共事的人。在很多工作中，你并不需要运用大量的数学技能，但你会和有着数学背景的人打交道，所以具备数学概念的背景，你才能明白其他那些工作者是如何取得成果的，也能分辨有意义的和误导性结果之间的区别。你可以对那些工作者的成果提出质疑并向他们请教一些见解性的问题。打个比方，内科医师需要懂得医疗研究者的研究步骤，而营销者则需了解如何进行市场调查工作，虽然他们实际上并未参与这些活动。有数学背景还使你能够专攻研究领域——尽管如此，当你浏览这个列表时，你或许不会对那些着重数学技能的工作感兴趣。

与不需要高水平数学技能的工作相关的最好专业

专业	数学技能水平	年收入	年职位增长率	年职位空缺数	性格类型
1. 医学	57.9	$144,916	24.0%	287,000	I
2. 护理学（注册护士培训）	57.4	$57,280	29.4%	229,000	SI
3. 企业管理	57.9	$83,211	16.4%	481,000	EC
4. 公共行政	55.0	$86,701	16.4%	310,000	EC
5. 市场营销	56.7	$92,429	20.0%	72,000	EC
6. 运输与物流管理	56.5	$101,203	15.2%	85,000	EC
7. 人力资源管理	49.0	$50,296	24.0%	84,000	ESC
8. 物理治疗	35.6	$66,200	36.8%	13,000	SRI
9. 医师协助	59.6	$74,980	50.0%	10,000	IS
10. 幼儿教育	39.6	$29,250	30.1%	105,000	SA
11. 公共关系	42.8	$55,966	21.9%	52,000	EAS
12. 劳资关系	46.6	$49,299	25.7%	49,000	ESC
13. 国际关系	59.5	$144,875	14.7%	38,000	EC
14. 职业治疗	45.4	$60,470	33.7%	7,000	SR
15. 传播学	32.4	$48,357	20.2%	62,000	AE
16. 戏剧艺术	35.9	$56,310	16.9%	11,000	AES
17. 广告	50.9	$48,594	17.4%	33,000	EA
18. 电影研究	39.0	$51,199	16.8%	18,000	AES
19. 艺术	57.0	$55,182	12.5%	29,000	A
20. 工业设计	53.1	$42,091	14.4%	42,000	A

附加列表：可能吸引你性格其他方面的最好专业

6 种霍兰德性格类型提供了一种便捷的描述个性的方法，但我们当中的绝大部分人更熟悉性格的其他方面，可以说，其中许多方面与职业选择相关。“职业信息网络”（O*NET）数据库提供的评定标准使我们能够依据性格的其他方面编辑了几个列表。以下的这些列表都基于符合本书标准的 41 个专业。我们为列表中的每个专业列出了代表它的 1、2 或 3 个字母代码组成的霍兰德性格类型。

适合内向者和外向者的最好专业

心理学家卡尔 · 永诺描述了两种类型的人：外向者，其心理能量源于他人，并向里释放；内向者，其心理能量源于孤独，并向外释放。如今心理能源这个概念已经不在字面上使用，但心理学家依然认为一些人是受社会环境所刺激，并感到在这种环境里最舒适。而另一些人在摆脱他人的干扰时更具活力和效率。因此心理学家依然提到内向者和外向者，而且在职业发展领域，考虑你归属哪种性格类型是有益的。

举个例子，如果你是内向者，你可能更适合没有电话、办公室闲聊和经常开会打扰的，可以专注于任务的工作。另一方面，如果你是外向者，你也许并不会介意同时做几项工作，并愉快地与你的同事和客户交谈。（如果你想更细节地探寻内向性和职业选择之间的关系，你可以参见由 JIST 出版社出版的《200 个适合内向者的最好工作》。）

这两种性格类型与 6 种霍兰德性格类型在一定程度上是一致的：外向者和社会型人群有很多共同点，而内向者与现实型人群有很多共同点。

“职业信息网络”（O*NET）数据库没有像为 6 种霍兰德性格类型那样为内向性和外向性排列工作。但是我们能够通过浏览“职业信息网络”（O*NET）数据库对职业两个方面的评定标准来计算与专业有关的内向型和外向型工作的评定标准：一方面是独立价值，即独自工作情况；另一方面工作环境特征称为“与他人接触”，即工作中需要就职者接触他人的比重为多少——包括面对面、电话以及其他方式。“职业信息网络”（O*NET）数据库为两个特征提供的评定标准为 5 分制，所以为了计算出内向性分数，我们减去“与他人接触”特征的 5 分（这样也就得知这项工作不需要接触他人的程度有多大），计算出该指数和独立指数的平均数，然后并用百分制表示出来。计算外向性的得分，我们从 100 里减去内向性的得分即可。

这些与专业相关的职业的得分使我们筛选出 20 个最内向的专业和 20 个最外向的专业，然后依照三种经济指标来排列各个专业并产生了下面的两个列表。无论你倾向于内向性还是外向性，下面这些列表里的专业可能会吸引你。

适合内向者的最好专业					
专业	内向指数	年收入	年职位增长率	年职位空缺数	性格类型
1. 计算机工程	36.2	$83,960	35.3%	126,000	IRC
2. 计算机科学	37.9	$82,718	38.0%	142,000	IRC
3. 国际关系	33.7	$144,875	14.7%	38,000	EC
4. 会计	38.4	$54,500	20.0%	173,000	CE
5. 土木工程	35.4	$84,707	15.0%	34,000	RIE
6. 建筑	33.7	$90,798	14.7%	22,000	ERI
7. 传播学	37.3	$48,357	20.2%	62,000	AE
8. 财政	33.7	$70,359	14.4%	155,000	EC
9. 生物化学	52.4	$74,650	26.2%	21,000	IR
10. 微生物学	41.6	$72,437	26.4%	21,000	IR
11. 电气工程	38.3	$89,095	11.7%	38,000	IRE
12. 工业工程	30.6	$86,333	14.4%	28,000	EIR
13. 精算学	52.0	$82,800	22.2%	3,000	CI
14. 园林建筑	31.4	$100,030	14.0%	16,000	ERI
15. 航空 / 航天工程	36.9	$9,972	11.7%	21,000	IRE
16. 工业设计	42.4	$42,091	14.4%	42,000	A
17. 石油工程	31.1	$104,897	12.1%	16,000	ERI
18. 英语	41.5	$43,702	14.5%	34,000	A
19. 新闻与大众传媒	38.0	$43,942	14.2%	38,000	A
20. 艺术	46.6	$55,182	12.5%	29,000	A

适合外向者的最好专业					
专业	外向指数	年收入	年职位增长率	年职位空缺数	性格类型
1. 医学	79.6	$144,916	24.0%	287,000	I
2. 研究生大学教学课程	88.7	$57,770	32.2%	329,000	SI
3. 企业管理	75.5	$83,211	16.4%	481,000	EC
4. 国际商务	73.0	$94,442	16.6%	246,000	EC
5. 护理学(注册护士培训)	92.0	$57,280	29.4%	229,000	SI
6. 药学	76.1	$94,520	24.8%	16,000	ICR
7. 公共行政	78.3	$86,701	16.4%	310,000	EC
8. 医师协助	82.5	$74,980	50.0%	10,000	IS
9. 市场营销	81.4	$92,429	20.0%	72,000	EC
10. 物理治疗	83.5	$66,200	36.8%	13,000	SRI
11. 运输与物流管理	77.4	$101,203	15.2%	85,000	EC
12. 幼儿教育	81.7	$29,250	30.1%	105,000	SA
13. 卫生信息系统管理	77.1	$73,340	23.0%	33,000	ES

续表

适合外向者的最好专业					
专业	外向指数	年收入	年职位增长率	年职位空缺数	性格类型
14. 医院 / 卫生设施管理	77.1	$73,340	23.0%	33,000	ES
15. 人力资源管理	76.8	$50,296	24.0%	84,000	ESC
16. 职业治疗	86.0	$60,470	33.7%	7,000	SR
17. 劳资关系	77.8	$49,299	25.7%	49,000	ESC
18. 公共关系	77.8	$55,966	21.9%	52,000	EAS
19. 广告	80.1	$48,594	17.4%	33,000	EA
20. 戏剧艺术	76.2	$56,310	16.9%	11,000	AES

适合坚韧者的最好专业

有人即使遇到障碍也总是能够坚持完成任务。无论你认为他们专注抑或固执，这类人似乎呈现出一种独有的性格。因为“职业信息网络”（O*NET）数据库也按照坚韧性格（作为一种工作方式）来评定工作，所以我们能够凭借与专业相关的职位计算出专业的分数，并能确定 20 个最适合坚韧者的专业。然后我们依据惯常的三项经济指数来排列这些专业，制出下面的列表。

适合坚韧者的最好专业					
专业	坚韧指数	年收入	年职位增长率	年职位空缺数	性格类型
1. 医学	86.5	$144,916	24.0%	287,000	I
2. 计算机科学	77.8	$82,718	38.0%	142,000	IRC
3. 研究生大学教学课程	79.2	$57,770	32.2%	329,000	SI
4. 公共管理	76.4	$86,701	16.4%	310,000	EC
5. 护理学（注册护士培训）	77.8	$57,280	29.4%	229,000	SI
6. 医师协助	83.0	$74,980	50.0%	10,000	IS
7. 运输与物流管理	82.5	$101,203	15.2%	85,000	EC
8. 国际关系	90.2	$144,875	14.7%	38,000	EC
9. 生物化学	87.4	$74,650	26.2%	21,000	IR
10. 卫生信息系统管理	82.7	$73,340	23.0%	33,000	ES
11. 医院 / 卫生设施管理	82.7	$73,340	23.0%	33,000	ES
12. 微生物学	86.6	$72,437	26.4%	21,000	IR
13. 财政	77.4	$70,359	14.4%	155,000	EC
14. 职业治疗	80.0	$60,470	33.7%	7,000	SR
15. 传播学	83.3	$48,357	20.2%	62,000	AE
16. 广告学	91.9	$48,594	17.4%	33,000	EA

续表

适合坚韧者的最好专业					
专业	坚韧指数	年收入	年职位增长率	年职位空缺数	性格类型
17. 戏剧艺术	82.4	$56,310	16.9%	11,000	AES
18. 电影研究	80.3	$51,199	16.8%	18,000	AES
19. 新闻与大众传媒	87.8	$43,942	14.2%	38,000	A
20. 英语	87.7	$43,702	14.5%	34,000	A

适合敏感者的最好专业

“职业信息网络”（O*NET）数据库用来评定工作的另一种工作方式是“关心他人”，即对他人的需求和感觉很敏感，并能在工作中表现得通情达理和乐于助人。我们借助这些指数筛选出最适合敏感者的 20 个专业，然后依据相关职业的收入、职位增长率和职位空缺数排列这些专业。

你也许会认为敏感性格的人和社会性格的人有许多共同之处，但这里列出的专业也和其他的霍兰德性格类型有关。例如，公共关系和广告学这两门专业被认为适合事业型和艺术型；它们被列在了下面的表里，可能因为与这两个专业有关的工作需要对消费者的态度和反应敏感的人。

适合敏感者的最好专业					
专业	关心他人指数	年收入	年职位增长率	年职位空缺数	性格类型
1. 医学	94.2	$144,916	24.0%	287,000	I
2. 研究生大学教学课程	78.5	$57,770	32.2%	329,000	SI
3. 企业管理	82.0	$83,211	16.4%	481,000	EC
4. 国际商务	84.0	$94,442	16.6%	246,000	EC
5. 护理学（注册护士培训）	94.2	$57,280	29.4%	229,000	SI
6. 公共行政	84.3	$86,701	16.4%	310,000	EC
7. 药学	79.0	$94,520	24.8%	16,000	ICR
8. 医师协助	98.2	$74,980	50.0%	10,000	IS
9. 市场营销	74.4	$92,429	20.0%	72,000	EC
10. 运输与物流管理	79.0	$101,203	15.2%	85,000	EC
11. 幼儿教育	88.2	$29,250	30.1%	105,000	SA
12. 物理治疗	97.7	$66,200	36.8%	13,000	SRI
13. 卫生信息系统管理	89.0	$73,340	23.0%	33,000	ES
14. 医院 / 卫生设施管理	89.0	$73,340	23.0%	33,000	ES
15. 人力资源管理	84.6	$50,296	24.0%	84,000	ESC

续表

适合敏感者的最好专业					
专业	关心他人指数	年收入	年职位增长率	年职位空缺数	性格类型
16. 国际关系	73.5	$144,875	14.7%	38,000	EC
17. 职业治疗	98.2	$60,470	33.7%	7,000	SR
18. 劳资关系	80.6	$49,299	25.7%	49,000	ESC
19. 公共关系	78.3	$55,966	21.9%	52,000	EAS
20. 广告	78.4	$48,594	17.4%	33,000	EA

适合自控者的最好专业

“职业信息网络”（O*NET）数据库根据称为“自我克制”的一种工作方式评定工作，即随时保持冷静，控制情绪，抑制愤怒，避免侵略性行为，甚至在非常困难的情况下。这种处世不惊、保持镇静的倾向可能被看做一种性格类型。因此我们认为找出与之适合的专业会是一件很有趣的事情。我们筛选出 20 个与“自我克制”要求最高的相关工作的专业。有趣的是，我们发现排在前 4 名的专业都在卫生保健领域。然后我们使用惯常的 3 项经济指数来排列这 20 个专业，制作出下面的列表。

适合自控者的最好专业					
专业	自控指数	年收入	年职位增长率	年职位空缺数	性格类型
1. 医学	92.2	$144,916	24.0%	287,000	I
2. 研究生大学教学课程	81.3	$57,770	32.2%	329,000	SI
3. 企业管理	83.7	$83,211	16.4%	481,000	EC
4. 国际商务	87.2	$94,442	16.6%	246,000	EC
5. 护理学（注册护士培训）	95.2	$57,280	29.4%	229,000	SI
6. 公共行政	87.2	$86,701	16.4%	310,000	EC
7. 市场营销	80.8	$92,429	20.0%	72,000	EC
8. 医师协助	90.5	$74,980	50.0%	10,000	IS
9. 物理治疗	91.3	$66,200	36.8%	13,000	SRI
10. 运输与物流管理	84.6	$101,203	15.2%	85,000	EC
11. 幼儿教育	90.4	$29,250	30.1%	105,000	SA
12. 卫生信息系统管理	89.0	$73,340	23.0%	33,000	ES
13. 医院 / 卫生设施管理	89.0	$73,340	23.0%	33,000	ES
14. 人力资源管理	83.9	$50,296	24.0%	84,000	ESC
15. 国际关系	81.8	$144,875	14.7%	38,000	EC

续表

适合自控者的最好专业					
专业	自控指数	年收入	年职位增长率	年职位空缺数	性格类型
16. 职业治疗	88.0	$60,470	33.7%	7000	SR
17. 劳资关系	83.9	$49,299	25.7%	49000	ESC
18. 公共关系	81.7	$55,966	21.9%	52000	EAS
19. 广告	82.7	$48,594	17.4%	33000	EA
20. 戏剧艺术	80.6	$56,310	16.9%	11000	AES

适合抗压者的最好专业

工作上的压力会导致情绪上的苦闷，甚至会给你的健康带来更为严重的后果。但是某些人的自身性格能让他们忍受压力大的工作环境。我们为此专门列出一系列适应这些抗压者的最好大学专业列表。（对于那些无法承受工作重压的其他人群，我们同样认为有出一本有关没有这些压力的书的必要，例如来自JIST 出版社的《150 份最好的轻松工作》。）

为了制作这个列表，我们甄选出了 20 个与职位相关的专业，这些相关职业是“职业信息网络”（O*NET）数据库提供的工作方式“抗压”评分最高的工作，也就是说从事这类工作需要接纳批评，并能冷静高效地应付各类高强度局势。对抗压能力要求最高的一门专业是医师协助（抗压指数 93.3）；显而易见，做一名医师助理所要承受的压力远比做一名医师要大。在本章节列出的其他列表里，我们依据 3 项经济指标来排列 20 个挑选出来的专业以方便你选出整体上最好的专业。

适合抗压者的最好专业					
专业	抗压指数	年收入	年职位增长率	年职位空缺数	性格类型
1. 医学	90.6	$144,916	24.0%	287,000	I
2. 护理学（注册护士培训）	90.0	$57,280	29.4%	229,000	SI
3. 企业管理	82.2	$83,211	16.4%	481,000	EC
4. 国际商务	87.1	$94,442	16.6%	246,000	EC
5. 公共行政	86.6	$86,701	16.4%	310,000	EC
6. 药学	83.0	$94,520	24.8%	16,000	ICR
7. 医师协助	93.3	$74,980	50.0%	10,000	IS
8. 运输与物流管理	88.4	$101,203	15.2%	85,000	EC
9. 生物化学	81.0	$74,650	26.2%	21,000	IR

续表

适合抗压者的最好专业					
专业	抗压指数	年收入	年职位增长率	年职位空缺数	性格类型
10. 幼儿教育	81.8	$29,250	30.1%	105,000	SA
11. 卫生信息系统管理	83.0	$73,340	23.0%	33,000	ES
12. 医院 / 卫生设施管理	83.0	$73,340	23.0%	33,000	ES
13. 国际关系	93.4	$144,875	14.7%	38,000	EC
14. 人力资源管理	84.5	$50,296	24.0%	84,000	ESC
15. 劳资关系	82.8	$49,299	25.7%	49,000	ESC
16. 职业治疗	87.8	$60,470	33.7%	7,000	SR
17. 广告	90.1	$48,594	17.4%	33,000	EA
18. 戏剧艺术	86.7	$56,310	16.9%	11,000	AES
19. 电影研究	85.8	$51,199	16.8%	18,000	AES
20. 艺术	79.9	$55,182	12.5%	29,000	A

适合灵活者的最好专业

日益变化的经济使灵机、应变这一性格特征在职场上吃香，有一些工作正好非常需要这种能力。为了更好地说明这一点，“职业信息网络”（O*NET）数据库将这一类型的工作所具有的工作方式归为适应性 / 灵活性工作方式。这种工作方式的特点需要工作者以开明的心态面对各种变化（无论是正面的还是负面的），同时还能考虑到工作的多样性。依据“职业信息网络”（O*NET）数据库给我们做出的评估，我们甄选出 20 个专业，这些专业通向的工作是最需要能够灵活应变的人才。我们依据相关工作的经济回报来排列这 20 个专业并制作出下面的列表。

适合灵活者的最好专业					
专业	适应性 / 灵活性指数	年收入	年职位增长率	年职位空缺数	性格类型
1. 医学	81.1	$144,916	24.0%	287,000	I
2. 计算机科学	79.7	$82,718	38.0%	142,000	IRC
3. 企业管理	78.6	$83,211	16.4%	481,000	EC
4. 国际商务	77.8	$94,442	16.6%	246,000	EC
5. 公共行政	79.5	$86,701	16.4%	310,000	EC
6. 护理学（注册护士培训）	92.3	$57,280	29.4%	229,000	SI
7. 医师协助	86.2	$74,980	50.0%	10,000	IS
8. 运输与物流管理	85.2	$101,203	15.2%	85,000	EC

续表

适合灵活者的最好专业					
专业	适应性/灵活性指数	年收入	年职位增长率	年职位空缺数	性格类型
9. 卫生信息系统管理	89.8	$73,340	23.0%	33,000	ES
10. 医院/卫生设施管理	89.8	$73,340	23.0%	33,000	ES
11. 国际关系	86.7	$144,875	14.7%	38,000	EC
12. 生物化学	78.7	$74,650	26.2%	21,000	IR
13. 幼儿教育	82.3	$29,250	30.1%	105,000	SA
14. 物理治疗	86.7	$66,200	36.8%	13,000	SRI
15. 职业治疗	95.0	$60,470	33.7%	7,000	SR
16. 广告	90.8	$48,594	17.4%	33,000	EA
17. 戏剧艺术	89.2	$56,310	16.9%	11,000	AES
18. 电影研究	87.2	$51,199	16.8%	18,000	AES
19. 工业设计	82.9	$42,091	14.4%	42,000	A
20. 艺术	82.3	$55,182	12.5%	29,000	A

适合注重细节者的最好专业

有些工作者倾向于注重细节，并在完成工作任务过程中考虑周到。这些工作者会被那些更注重做好细节的工作所吸引。“职业信息网络”（O*NET）数据库提供了具有高指数的“注重细节”的工作方式的那些职位，因此我们运用了这些指标甄选出 20 个与最注重细节的职位相关的专业。正如你想的一样，许多该类型的工作与传统型性格类型相联系，但其他性格类型的专业在列表里也至少涉及一项。和本章节的其他列表一样，这个列表也是依据经济指标依次排列这些专业的。

适合注重细节者的最好专业					
专业	注重细节指数	年收入	年职位增长率	年职位空缺数	性格类型
1. 医学	96.2	$144,916	24.0%	287,000	I
2. 护理学（注册护士培训）	92.0	$57,280	29.4%	229,000	SI
3. 国际商务	88.7	$94,442	16.6%	246,000	EC
4. 公共行政	88.1	$86,701	16.4%	10,000	EC
5. 药学	92.0	$94,520	24.8%	16,000	ICR
6. 卫生信息系统管理	98.7	$73,340	23.0%	33,000	ES
7. 医院/卫生设施管理	98.7	$73,340	23.0%	33,000	ES
8. 人力资源管理	87.4	$50,296	24.0%	84,000	ESC
9. 医师协助	95.2	$74,980	50.0%	10,000	IS

续表

适合注重细节者的最好专业					
专业	注重细节指数	年收入	年职位增长率	年职位空缺数	性格类型
10. 劳资关系	90.3	$49,299	25.7%	49,000	ESC
11. 公共关系	91.8	$55,966	21.9%	52,000	EAS
12. 会计	90.2	$54,500	20.0%	173,000	CE
13. 精算学	97.5	$82,800	22.2%	3,000	CI
14. 广告	95.4	$48,594	17.4%	3,000	EA
15. 戏剧艺术	91.5	$56,310	16.9%	11,000	AES
16. 电影研究	90.8	$51,199	16.8%	18,000	AES
17. 艺术	90.1	$55,182	12.5%	29,000	A
18. 英语	88.3	$43,702	14.5%	34,000	A
19. 工业设计	97.2	$42,091	14.4%	42,000	A
20. 新闻与大众传媒	88.8	$43,942	14.2%	38,000	A

适合创新者的最好专业

有些工作者喜欢迸发新的想法，并通过创意和非传统的方式来解决工作中的问题。人们认为这种趋向是艺术型性格类型的一方面，但这个特质也同时有益于科学界和商业界。我们使用“职业信息网络”（O*NET）数据库筛选出 20 个专业，与之相关的职位在创新型工作方式上的评分最高。然后我们依据收入、职位增长率以及职位空缺数来编写出下面的列表。完全在意料中的是，本列表与本章节的其他列表相比，艺术型专业更突出。

适合创新者的最好专业					
专业	创新指数	年收入	年职位增长率	年职位空缺数	性格类型
1. 计算机工程	75.7	$83,960	35.3%	126,000	IRC
2. 计算机科学	76.3	$82,718	38.0%	142,000	IRC
3. 研究生大学教学课程	75.2	$57,770	32.2%	329,000	SI
4. 国际商务	76.5	$94,442	16.6%	246,000	EC
5. 公共行政	75.7	$86,701	16.4%	310,000	EC
6. 运输与物流管理	76.9	$101,203	15.2%	85,000	EC
7. 卫生信息系统管理	81.5	$73,340	23.0%	33,000	ES
8. 医院 / 卫生设施管理	81.5	$73,340	23.0%	33,000	ES
9. 国际关系	80.4	$144,875	14.7%	38,000	EC
10. 幼儿教育	76.0	$29,250	30.1%	105,000	SA
11. 职业治疗	82.7	$60,470	33.7%	7,000	SR

续表

适合创新者的最好专业					
专业	创新指数	年收入	年职位增长率	年职位空缺数	性格类型
12. 传播学	76.0	$48,357	20.2%	62,000	AE
13. 精算学	79.5	$82,800	22.2%	3,000	CI
14. 广告	83.9	$48,594	17.4%	33,000	EA
15. 戏剧艺术	78.7	$56,310	16.9%	11,000	AES
16. 电影研究	77.5	$51,199	16.8%	18,000	AES
17. 工业设计	83.9	$42,091	14.4%	42,000	A
18. 新闻与大众传媒	78.4	$43,942	14.2%	38,000	A
19. 英语	79.4	$43,702	14.5%	34,000	A
20. 艺术	78.1	$55,182	12.5%	29,000	A

适合分析思想家的最好专业

也许你知道某些人喜欢分析信息并借助逻辑来处理工作方面的事宜和工作难题。这种特性是研究型性格类型的一个方面，但根据“职业信息网络”（O*NET）数据库的信息，这种性格还体现出许多职位的特征，这些职位吸引现实型、事业型和传统型的工作者。我们甄选出 20 个在分析思维上得分最高的与职位相关的专业，并依据惯常的经济评估指标来排列这些专业。我们有趣地注意到在下列列表中，社会型性格类型只出现了一次，而艺术型性格类型完全没有出现。

适合分析思想家的最好专业					
专业	分析思维指数	年收入	年职位增长率	年职位空缺数	性格类型
1. 医学	87.9	$144,916	24.0%	287,000	I
2. 国际商务	85.2	$9,444	16.6%	246,000	EC
3. 公共行政	83.2	$86,701	16.4%	310,000	EC
4. 计算机工程	88.7	$83,960	35.3%	126,000	IRC
5. 企业管理	80.8	$83,211	16.4%	481,000	EC
6. 计算机科学	88.8	$82,718	38.0%	142,000	IRC
7. 研究生大学教学课程	83.1	$57,770	32.2%	329,000	SI
8. 国际关系	81.1	$144,875	14.7%	38,000	EC
9. 会计	89.2	$54,500	20.0%	173,000	CE
10. 建筑	82.1	$90,798	14.7%	22,000	ERI
11. 土木工程	82.1	$84,707	15.0%	34,000	RIE

续表

适合分析思想家的最好专业					
专业	分析思维指数	年收入	年职位增长率	年职位空缺数	性格类型
12. 生物化学	89.4	$74,650	26.2%	21,000	IR
13. 微生物学	87.7	$72,437	26.4%	21,000	IR
14. 电气工程	82.3	$89,095	11.7%	38,000	IRE
15. 工业工程	87.0	$86,333	14.4%	28,000	EIR
16. 航空 / 航天工程	87.5	$99,721	11.7%	21,000	IRE
17. 园林建筑	81.8	$100,030	14.0%	16,000	ERI
18. 石油工程	84.2	$104,897	12.1%	16,000	ERI
19. 财政	80.8	$70,359	14.4%	155,000	EC
20. 精算学	97.2	$82,800	22.2%	3,000	CI

与不坐办公室的工作相关的最好专业

有些人的性格可以说是焦虑型的。他们不喜欢成天困在桌子后头，更喜欢干有体力活动的工作。我们为这种类型的人群专门写了一本书——《175 个不坐办公室的最好职业》,其信息主要来自“职业信息网络”(O*NET)数据库对“体力活动”和“(缺少) 坐着”的工作方式的评估。下列列表中筛选出了 20 个与活动程度最高的工作相关的专业，并依照惯常的经济指数来依次排列这些专业。需要注意的是，即便是列表中最需体能的专业“物理治疗”，在百分制的前提下,活动指数也仅为56.4。而其他的大量专业的活动指数都在30分的范围。事实是我们生活在一个以信息为基础的经济时代中，因此即使是卫生保健工作也要从事大量的文书工作。我们经济中很大一部分的增长率来自呆伯特 (呆伯特是史考特 · 亚当斯的漫画与书籍系列，为讽刺职场现实的作品) 类型的工作环境，因此那些最好专业或最好工作的列表里的很多选项并不需要很多体力活动。不过下列的这个列表可以帮助你避开那些最需要久坐的工作。

与不坐办公室的工作相关的最好专业					
专业	活动指数	年收入	年职位增长率	年职位空缺数	性格类型
1. 医学	42.8	$144,916	24.0%	287,000	I
2. 研究生大学教学课程	33.1	$57,770	32.2%	329,000	SI
3. 企业管理	37.0	$83,211	16.4%	481,000	EC
4. 国际商务	35.6	$94,442	16.6%	246,000	EC
5. 公共财政	35.5	$86,701	16.4%	310,000	EC

续表

与不坐办公室的工作相关的最好专业					
专业	活动指数	年收入	年职位增长率	年职位空缺数	性格类型
6. 药学	49.6	$94,520	24.8%	16,000	ICR
7. 护理学（注册护士培训）	56.4	$57,280	29.4%	229,000	SI
8. 医师协助	53.2	$74,980	50.0%	10,000	IS
9. 生物化学	32.1	$74,650	26.2%	21,000	IR
10. 卫生信息系统管理	42.9	$73,340	23.0%	33,000	ES
11. 医院 / 卫生设施管理	42.9	$73,340	23.0%	33,000	ES
12. 幼儿教育	56.9	$29,250	30.1%	105,000	SA
13. 微生物学	32.7	$72,437	26.4%	21,000	IR
14. 物理治疗	68.3	$66,200	36.8%	13,000	SRI
15. 工业工程	34.5	$86,333	14.4%	28,000	EIR
16. 园林建筑	34.3	$100,030	14.0%	16,000	ERI
17. 石油工程	32.9	$104,897	12.1%	16,000	ERI
18. 职业治疗	61.6	$60,470	33.7%	7,000	SR
19. 广告	31.9	$48,594	17.4%	33,000	EA
20. 戏剧艺术	34.5	$56,310	16.9%	11,000	AES

与改善世界的工作相关的最好专业

有些人想从事减轻苦难、增长知识、促进社会安全稳定、改善自然环境或创造美的事物这些工作而让世界变得更美好。“职业信息网络”（O*NET）数据库并没有为这些可以让世界变得更美好的工作提供相应的有用评估，但是JIST出版社的编辑沿用了之前在《150个让世界更美好的最好工作》书中的核心列表采用的评判标准。我们用这个同样的列表筛选出了与改善世界的工作相关的最好专业，有21个专业符合标准。然后我们依据这些专业的经济潜能来排列这些专业以制作出下面的有20个专业的列表。

与改善世界的工作相关的最好专业				
专业	年收入	年职位增长率	年职位空缺数	性格类型
1. 医学	$144,916	24.0%	287,000	I
2. 研究生大学教学课程	$57,770	32.2%	329,000	SI
3. 企业管理	$83,211	16.4%	481,000	EC
4. 公共行政	$86,701	16.4%	310,000	EC
5. 护理学（注册护士培训）	$57,280	29.4%	229,000	SI
6. 药学	$94,520	24.8%	16,000	ICR

续表

与改善世界的工作相关的最好专业				
专业	年收入	年职位增长率	年职位空缺数	性格类型
7. 医师协助	$74,980	50.0%	10,000	IS
8. 生物化学	$74,650	26.2%	21,000	IR
9. 微生物学	$72,437	26.4%	21,000	IR
10. 物理治疗	$66,200	36.8%	13,000	SRI
11. 建筑	$90,798	14.7%	22,000	ERI
12. 幼儿教育	$29,250	30.1%	105,000	SA
13. 财政	$70,359	14.4%	155,000	EC
14. 职业治疗	$60,470	33.7%	7,000	SR
15. 传播学	$48,357	20.2%	62,000	AE
16. 园林建筑	$100,030	14.0%	16,000	ERI
17. 电影研究	$51,199	16.8%	18,000	AES
18. 戏剧艺术	$56,310	16.9%	11,000	AES
19. 英语	$43,702	14.5%	34,000	A
20. 新闻与大众传媒	$43,942	14.2%	38,000	A

第四章

适合你性格的最好大学专业的描述

本章提供了第三章的列表里所包括的所有专业的描述和与这些专业相关的工作的描述。前言部分更详细地说明了如何使用和理解对专业的描述，但这里有一些附加的信息：

◎专业描述分为6个部分，以代表专业的主要性格类型代码为基础。每一部分里的专业都按字母顺序排列。这种方式能让你快速找到你在第三章的一个列表中看到的那个专业的描述，如果你没有搞错名字的话。还可以使你方便地浏览具有相同的主要性格类型的专业。

◎这里还另描述了五个专业：美国黑人研究、美国研究、区域研究、人文学和妇女研究。这些专业都与“研究生大学教学课程”相关，但与这个伪专业不同，这些特殊的专业都与特定的大学教学工作相联系。这些课程的一些毕业生并没有去大学教学，有时候他们也会在其他领域获得学历。

◎伪专业“研究生大学教学课程”与38个大学教学职位相联。因为这些职位的工作任务非常相似，我们并没有为每一个职位提供定义。

◎你可以将本章对各个专业的描述作为你探索选择教育职业的第一步。当你找到引起你兴趣的专业后，翻到附录A参考为你提出的有关进一步探索所需资源的建议。

◎附录C能为你提供更多的内容去理解描述中提及的“职业探索指导”工作组群；你可以在附录里找到完整的“职业探索指导”分类标准。对应这些职位的职业技能可参见附录D里的描述。而附录E主要囊括与工作相关价值。

◎如果你打算借助本章来寻找一些有趣的专业，我们建议你先从内容目录开始。第三章主要包括许多令人关注的列表，有助于你确定专业的名称以便更详细地探索。如果你还未浏览过第三章里的那些列表，请考虑在这方面多花些时间。那些列表很有趣味，能帮你确定你在后面描述的材料中看到的专业。第三章里的专业名称也列在了目录中。

现实型专业

土木工程

性格类型：现实型－研究型－事业型

专业方面的有用事实

毕业者能够运用数学和科学原理，对结构、承载、物质移动、运输、水资源、物料管理系统以及环境安全测量进行设计、研发和施工评估。

相关的《教学项目分类》大纲：普通土木工程 14.0801

专业划分：环境工程；岩土工程；结构工程；运输工程；水资源。

大学课程标准顺序：英文写作，技术型写作，微积分，微分方程，普通化学，计算机概论，普通物理，电路学概论，工程图学，静力学，动力学，材料工程，土木工程概论，数值分析，流体力学，工程调查和测量，环境工程和设计，土壤力学，工程经济学，结构分析，公路和运输工程，钢筋混凝土设计学，钢结构设计，水资源和水利工程，高级设计项目。

高中课程标准顺序：英文，代数，几何，三角，初级微积分，微积分，化学，物理，计算机。

工作概况

土木工程师负责设计和监督道路、建筑、桥梁、大坝、机场、供水系统以及很多影响环境质量的其他项目的建设。他们运用物理和其他科学领域的原理来设计出在技术上有效率，在经济以及环境方面也非常合理的工程解决方案。进入该行业通常需要学士学位。工程类工作也是为今后进入管理层打基础的好方法。就业机会往往随经济状况而起伏。

相关职位的有用平均值

◎ 年收入：84,707 美元

◎ 年职位增长率：15.0%

◎ 自雇者：3.0%

◎ 兼职者：8.7%

◎ 语言技能评分：74.9

◎ 数学技能评分：79.9

相关职位方面的其他细节

年职位空缺总数：34,000

兴趣领域：科学研究、工程学和数学 15

工作技能——科学；操作分析；技术设计；数学；设置安装；财政资源管理。

工作价值——权威性；创造性；自主性；能力运用；社会地位；责任能力。

工作条件——室外；坐着；风吹日晒。

相关职位

1．土木工程师

性格类型：现实型－研究型－传统型

年收入：68,600 美元

年职位增长率：16.5%

年职位空缺数：19,000

最普遍的教育 / 培训程度：学士学位

在计划、设计与监督建筑结构和设施的建造与维护方面履行工程职责，设施包括：公路、铁路、机场、桥梁、海港、隧道、水坝、灌溉工程、管道、发电厂、供水和排水系统以及废物处置装置。建筑、结构、交通、海洋和岩土工程师也包括在本职位内。分析测量报告、地图、图纸、蓝图、航空摄影以及其他地形或地质数据以对项目进行计划。使用设计软件和绘图仪器并按照政府和施工标准来计划和设计运输或水利系统与结构。计算负荷和等级要求、水流量和材料应力因素以确定设计规格。检查工程地点以监控进展情况并保证施工工程符合设计规格和安全或卫生标准。在工程地点指导施工、操作和保养作业。指导或参与测量工作以设计出装置布局并制定出参照点、等级和正面图来指导施工。估算材料、设备或人力的数量和成本以确定项目的可行性。准备或提出下列主题的公共报告，如投标报价书、契据、环境影响报告书或财产和通行权说明书。测试土壤和材料以确定地基、混凝土、沥青或钢料的强度和适度。为行业管理人员提供设计、施工或程序修改和结构维修方面的技术性建议。做交通模式或环境条件的调查以判明工程会出现的问题并评估项目的潜在影响。

2. 工程经理

性格类型：事业型－研究型－现实型

年收入：105,430 美元

年职位增长率：13.0%

年职位空缺数：15,000

最普遍的教育/培训程度：工作经验和学位

在类似建筑和工程领域或这些领域里的研发部门从事计划、指导或协调工作。与管理、生产和市场营销人员协商谈论项目规格和程序。协调和指导项目，制定完成目标的详细计划，指导技术活动的一体化。分析技术情况、资源需求和市场需求以计划和评估项目的可行性。计划和指导设施与设备的安装、测试、操作、保养和维修。指导、审阅和批准产品的设计和变化。招聘员工；分配，指导和评价员工的工作；监督员工胜任能力的保持和培养。准备财政预算报告、投标建议书以及合同书并指导研究合同的谈判。制定和执行在部门、机构、实验室或公司里从事工程和技术工作所遵循的政策、标准和程序。审阅和建议或批准合同和成本估算。履行行政职能，如审阅和撰写报告、批准开支、执行条例和决定购买材料或服务。向客户提交和解释建议书、报告以及调查结果。与客户协商或谈判以准备项目规格。在高层管理人员提供的轮廓范围内制定出科学和技术目标。管理公路的规划、施工和维护。指导水控制、水处理和水分布项目的工程建设。计划、指导和协调与其他员工共同实施的测量工作，保证测量工作的实施并撰写土地合法的说明书。与官员和大众交换对报告的意见以提供信息和求得对项目的支持。

研究型专业

航空 / 航天工程

性格类型：研究型 – 现实型 – 事业型

专业方面的有用事实

毕业生能够将数学和科学原理应用到对飞机、宇宙飞船以及它们的系统进行设计、开发和运行评估上；应用到对飞行特性的应用研究上；应用到大气和空间飞行器的发射、制导和控制的系统与程序的开发上。

相关的《教学项目分类》大纲：航天、航空和航天工程 14.0201

专业划分：机体和航空动力学；驱动；航天器；检测。

大学课程标准顺序：英文写作，技术性写作，微积分，微分方程，计算机概论，普通化学，普通物理，热力学，电路学概论，航天工程概论，静力学，动力学，材料工程，流体力学，飞机控制系统和推进，飞行控制系统，空气动力学，飞机结构设计，飞机稳定性和控制，试验空气动力学，高级设计项目。

高中课程标准顺序：英语，代数，几何，三角，初级微积分，微积分，化学，物理，计算机。

工作概况

工程师将科学原理应用于解决现实世界的问题中，找到平衡优雅技术和现实成本的最佳解决方案。航空 / 航天工程师需要学会气流和阻力的特定原理以及各种类型的推进系统的工作方式。大多数进入该职业领域的人具有学士学位。有些人后来担任了管理职位。该领域就业前景看好，因为多年以来，其工程领域被视为有更好的就业前景。与国防相关的工作就业机会最多，而商用航空则最少。

相关职位方面的平均值

◎ 年收入：99,721 美元

◎ 年职位增长率：11.5%
◎ 自雇者：0.4%
◎ 兼职者：8.0%
◎ 语言技能评分：75.8
◎ 数学技能评分：74.4

相关职位方面的其他信息

年职位空缺总数：21,000

兴趣领域：科学研究、工程学、数学 15

工作技能——科学；技术设计；操作分析；财政资源管理；数学；管理判断和决策。

工作价值——权威性；创造性；自主性；能力运用；社会地位；薪酬。

工作条件——室内，受环境控制；坐着。

相关职位

1. 航天工程师

性格类型：研究型－现实型－传统型

年收入：87,610 美元

年职位增长率：8.3%

年职位空缺数：6,000

最普遍的教育 / 培训程度：学士学位

从事飞机、导弹和航天器的设计、建造和测试方面的各种工程作业。可能会从事基本和应用研究以评估飞机设计和制造所需材料和设备的适应性。可能需要在测试设备和检验技术方面提出改进建议。为航空或航天产品或体系进行方案设计以满足客户需求。指导和协调工程或技术人员对飞机或航空产品进行设计、制作、修改或测试工作。为航空航天产品或系统设定设计标准，包括测试方法、生产成本、质量标准和完工时间。计划和实施对飞机和航天系统和装备的模型和雏形进行实验性、环境适应性、操作性和压力测试。从检查和报告中评估产品数据和设计使之符合工程原理、客户需求以及质量标准。依据客户的工程要求，制定数学模型或其他计算机分析方法以开发、鉴定或修改产品的设计。撰写技术报告和其他相关文献，如手册和简报供工程人员、管理人员和客户使用。分析项目申请与建议和工程数据以确定航空航天产品的可行性、可制造性、成本和生产时间。审阅客户和施工工程师提供的性能报告和文件材料并对出故障的或受损的产品分析并确定问题所在。指导研发规划。通过对过去表现的研究和借助新的广告来评估和批准厂商的选择。计划和协调涉及调查和解决客户提出的飞机或航天器存在技术问题的工作。保持性能报告的记录供将来参考。

2. 工程经理

性格类型：事业型 – 研究型 – 现实型

年收入：105,430 美元

年职位增长率：13.0%

年职位空缺数：15,000

最普遍的教育 / 培训程度：工作经验和学位

策划、指导和协调诸如建筑与工程领域的活动或这些领域的研究与发展工作。与管理层、生产和市场营销员工一起协商讨论建筑项目规范和程序。协调和指导工程项目，做出详细计划以完成目标并指导技术活动的一体化。进行技术、资源需求和市场需要分析以计划和评估工程项目的可行性。计划和指导设施与设备的安装、测试、操作、保养和维修。指导、审查和批准产品设计和改变。招聘员工；分配、指导和鉴定他们的工作；监督员工能力的提升和保持。起草预算、标书和合同并指导研究合同的谈判。制定和执行在部门、服务机构、实验室或公司里从事工程和技术工作的政策、标准和程序。审查和建议或批准合同和成本预算。履行行政职责，如审查和书写报告、批准支出、执行规定、决定材料或服务的购买事宜。向客户提出（并解释）建议、报告和调查结果。与客户协商或谈判以起草工程项目规范。在高层领导提供的轮廓范围内确立科学与技术总体目标。实施公路的规划、建设和保养。指导水的控制、处理和分布的项目工程。计划、指导和协调与其他员工共同进行的测量工作，证明测量工作并写出土地法定描述。与官员和公众协商并向他们提供项目信息报告，并征求他们对项目的支持。

生物化学

性格类型：研究型－现实型

专业方面的有用事实

重点从事生命系统的化学方面的科学研究：生命系统的主要化学物质和化学反应，生命系统的化学路径和信息传递系统，特别是碳水化合物、蛋白质、脂类和核酸。

相关的《教学项目分类》大纲：生物化学 26.0202

专业划分：法医化学；药理化学；DNA 重组；科研。

大学课程标准顺序：英文写作，微积分，计算机概论，普通化学，普通生物学，有机化学，普通物理，分析化学，普通微生物学，生物化学概论，细胞生物学，分子生物学，物理化学，遗传学。

高中课程标准顺序：英语，代数，三角，生物，几何，化学，物理，计算机，初级微积分，微积分。

工作概况

生物化学研究维持生命的基本化学过程。制药业和遗传工程技术的最新发展加剧了对生物化学专业的需求，需要研究生水平的专业。但是，那些有补助金支持的职位面临着激烈的竞争，无论是在大学内或在其他工作场合。对于只有学士学位的毕业生而言，那些非研究性的工作有更好的就业机会，如销售、市场营销和检验科化验。

相关职位的有用平均值

◎ 年收入：74,650 美元

◎ 年职位增长率：26.4%

◎ 自雇者：0.6%

◎ 兼职者：13.8%

◎ 语言技能评分：82.0

◎ 数学技能评分：72.3

相关职位方面的其他细节

年职位空缺总数：21,000

兴趣领域：科学研究、工程学和数学 15

工作技能——理科；阅读理解；写作；复杂问题解决；主动学习；数学。

工作价值——创造性；社会地位；责任感；能力运用；自主性；成就感。

工作条件——室内，受环境控制；接触疾病或传染病。

相关职位

1. 生物化学家和生物物理学家

性格类型：研究型 – 现实型 – 传统型

年收入：76,320 美元

年职位增长率：21.0%

年职位空缺数：1,000

最普遍的教育 / 培训程度：博士学位

研究活性细胞和有机体的化学成分、物理原则、电能、机械能及其相关现象。可能要从事研究以进一步了解新陈代谢、繁殖、生长和遗传方面的复杂的化合作用和化学反应。可能要确定食物、药物、血清、荷尔蒙以及其他物质对生物体的组织和生命过程的影响。借助激光器、加速器和质谱仪等设备来设计和进行试验。分析大脑功能如学习、思考、记忆和视听功能。通过撰写科学论文和在科学会议上作报告来共享研究成果。开发和测试新药和新的药物疗法以供商业流通。开发加工、贮藏和使用食物、药品和化合物的新方法。开发研究生物进程机制的新方法。检测免疫系统发挥功能的分子和化学方面。调查基因的自然属性、构图和表现方式，研究基因工程能如何影响这些过程。确定生物大分子的三维结构。依据研究成果来准备报告和建议书。设计和构建特殊研究项目所需的实验室设备。分离、分析和人工合成维生素、荷尔蒙、过敏源、矿物质和酶，并确定它们对身体功能产生的作用。通过使用放射粒子和核粒子来研究癌症的治疗方法。利用原子同位素来研究细胞里物质的转变。研究光是如何在类似光合作用或视觉工程中被吸收的。分析食物以确定其营养价值以及烹饪、罐装贮藏和加工对这些价值产生的影响。使用 X 光和电子显微镜来研究类似蛋白质的亚微观分子的空间结构。给本科生和研究生上课和充当顾问并监督他们的研究。调查电脉冲沿神经和肌肉进行传播的情况。研究动植物的特性是怎样连续世代地延续下来的。调查X光和核粒子对细胞和组织的损害。研究药物、血清、荷尔蒙和食物等物质对组织和生命过程产生的化学作用。开发和实施对疾病、遗传性疾病或其他畸形的检测。使用DNA重组技术在制药业和工业上生产出有用的蛋白质。

2. 医学科学家(不包括流行病学家)

性格类型：研究型－现实型－社会型

年收入：61,680美元

年职位增长率：34.1%

年职位空缺数：15,000

最普遍的教育/培训程度：博士学位

从事与了解人类疾病和提高人类健康水平相关的研究。从事临床调查或其他研究、发表成果、撰写技术论文或从事相关活动。搞研究以制定医疗应用、数据分析和成果呈现的方法、手段和程序。策划和指导调查人类或动物疾病、预防方法以及疾病治疗的研究报告。严格遵守有毒材料处理的安全程序，避免污染。在不同层面上对药物、气体、杀虫剂、寄生虫、微生物的效果进行评估。向医生、居民、学生以及技师传授医学原理和医疗与实验室程序。准备并分析器官、组织和细胞样本以判明毒性、细菌或微生物，或者研究细胞结构。制定药物剂量、免疫方式、药物生产以及药物合成程序的标准。调查疾病或寄生虫的成因、发展、生命周期或传播方式。与卫生部门、行业人士、医生以及其他人员磋商制订卫生安全标准和公共卫生改进规划。研究动物和人类健康和心理变化过程。就有关物理、生物和化学的医疗应用事宜，与医师、教育家、研究员以及其他人进行协商并提出建议。使用设备，如原子吸收频谱仪、电子显微镜、血细胞流量计数器。

3. 自然科学管理者

性格类型：研究型－事业型－现实型

年收入：100,080美元

年职位增长率：13.6%

年职位空缺数：5,000

最普遍的教育 / 培训程度：工作经验和学位

计划、指导或协调生命科学、物理科学、数学、统计学等领域的活动以及这些领域的研发。与科学家、工程师、管理者以及其他人协商以计划和审阅项目并提供技术援助。发展客户关系，与客户交流以解释建议书、呈现研究结果、建立技术规格或谈论项目状况。计划和指导研究、开发以及生产活动。起草项目建议书。设计和协调问题分析、解决建议和测试的阶段连续性。检查项目活动并起草和审阅研究、测试、操作报告。聘用、监督和评估工程师、技师、研究员以及其他员工。在高层提供的轮廓范围内确定科研和技术目标并制订详细计划完成这些目标。制定和执行用来保证符合规定和提高经营的建筑、科学和技术工作的政策、标准和程序。开发创新技术并为其实施培训人员。对植物和动物资源与栖息地实施管理，研究土地的使用；监视动物数量；为动物提供庇护、资源和医疗救治。进行本专业领域的研究。招聘人员并监督员工能力的提高和保持。在获取专利或达到其他法律要求方面提供建议和协助。起草和管理预算，批准和审阅开支以及起草财务报告。出席专业会议增进行业知识。

计算机工程

性格类型：研究型 – 现实型 – 传统型

专业方面的有用事实

毕业生能够运用数学和科学原理去对计算机硬软件系统和相关设备与设施进行设计、开发和操作评估；以及对计算机应用于各种工作所出现的具体问题进行分析。

相关的《教学项目分类》大纲：普通计算机工程 14.0901

专业划分：硬件设计；软件 / 系统设计；系统分析。

大学课程标准顺序：英文写作，技术写作，微积分，微分方程，普通化学，计算机概论，普通物理，工程学概论，电路概论，工程电路分析，数值分析，电网，电子学，计算机功能结构，演算法和数据结构，数字系统设计，软件工程，操作系统，微电脑系统，高级设计方案。

高中课程标准顺序：英语，代数，几何，三角，初级微积分，微积分，化学，物理，计算机。

工作概况

计算机工程师使用其科学原理知识去设计计算机、计算机网络以及包括计算机在内的一些系统（如电信）。他们需要懂得硬件和软件，可能会构建新系统的原型。通常进入该行业需要硕士学位。尽管有不相关行业的竞争，特别是与系统设计相关的非制造职位，但是就业机会看好。有些工程师会进入管理层，而且 IT 业为有创造性和积极性的工程师成为企业家提供很多机遇。

相关职位的有用平均值

◎ 年收入：83,960 美元

◎ 年职位增长率：35.1%

◎ 自雇者：2.5%

◎ 兼职者：12.3%

◎ 语言技能评分：74.1

◎ 数学技能评分：73.8

相关职位方面的其他细节

年职位空缺总数：126,000

兴趣领域：信息技术 11；科学研究、工程学和数学 15

工作技能——程序编制；技术设计；发现并解决故障；系统分析；操作分析；质量控制分析。

工作价值——创造性；能力应用；自主性；工作条件；责任感；社会地位。

工作条件——室内，受环境控制；坐着。

相关职位

1. 计算机硬件工程师

性格类型：研究型 – 现实型 – 传统型

年收入：88,470 美元

年职位增长率：10.1%

年职位空缺数：5,000

最普遍的教育 / 培训程度：硕士学位

研究、设计、开发、测试计算机或计算机相关的设备以用于商业、工业、军事或科研。可能监督计算机或相关设备和部件的制造和安装。更新知识和技能，跟上计算机技术的快速发展。在产品开发和安装启用的全过程中，为设计人员、市场营销和销售部门、供应商、工程师以及其他团队成员提供技术支持。通过分析和记录测试数据来检验、核实硬件并对外设提供支持以保证这些设备符合规格和要求。监视设备的运行并做必要的修改以保证系统按照规格运行。分析信息以计划、建议和确定计算机的配置，包括计算机型号和外设的改装。使用工作模型或使用计算机模拟构建的理论模型来组建、测试和修改产品原型。分析使用者的需求并提出选用适当硬件的建议。指导技师、工程设计师或其他需要的技术支持人员。与工程技术人员协商并查询规格以评估软硬件和整体系统的操作性能要求之间的接口。挑选硬件和材料，保证符合规格和产品要求。储存、检索和操作用于系统能力和要求分析的数据。写出详细的功能规格，将硬件开发过程形成文件并支持硬件的介绍。利用系统性能的期望值和设计规格来详细说明供电要求和配置。对系统设计师和使用者提供培训和支持。组装和修改现有设备以满足特别需要。对所需报告格式、成本限制、保密限制需求等因素进行评估以确定硬件的配置。设计和开发计算机硬件并支持电脑外设，包括中央处理器、支持逻辑、微处理器、定制集成电路、打印机和驱动器。建议购买控制系统安装区内的灰尘、温度、湿度的设备。

2. 计算机软件工程师(应用)

性格类型：现实型－研究型－传统型

年收入：79,780 美元

年职位增长率：48.4%

年职位空缺数：54,000

最普遍的教育 / 培训程度：硕士学位

开发、创建、修改普通计算机应用软件或专门的实用程序。分析使用需求并开发软件算法。设计软件或为客户使用而定制软件以最大优化操作效率。可能分析和设计应用区域内的数据库，独立进行数据库的开发或作为团队一员协调开发。与系统分析师、工程师、程序师以及其他人员协商以设计系统并得到项目限制和能力、性能要求和接口的信息。修改现有的软件以纠正误差，使其适应新硬件或提供性能。分析使用者的需求和软件要求，以确定在时间和成本限制范围内的设计可行性。与顾客磋商软件系统设计和保养事宜。协调软件系统的安装并监视设备的运行以保证符合规格。设计、开发、修改软件系统，运用科学的分析和数学模型去预测和衡量设计的结果和后果。制定和指导软件系统的检验和批准程序、程序编制以及书面材料的形成。分析信息以计划、建议和确定计算机规格和配置以及外围设备的修改。监督程序员、技术专家、技师以及其他工程和科技人员的工作。获取和评估诸如所需报告格式、成本、保密需求因素的信息以确定硬件的配置。确定系统性能标准。培训使用者使用新研发改造的设备。储存、检索和操作用于系统能力和要求分析的数据。详细说明供电要求和配置。建议购买控制系统安装区内的灰尘、温度、湿度的设备。

3. 计算机软件工程师（系统软件）

性格类型：研究型－现实型－传统型

年收入：85,370 美元

年职位增长率：43.0%

年职位空缺数：37,000

最普遍的教育 / 培训程度：硕士学位

研究、设计、开发和测试操作系统软件、编译器、网络分配软件以用于医疗、工业、军事、通信、航天、商务、科研以及普通电脑工作。设立操作规范，制定和分析软件要求。应用计算机学、工程学和数学分析的原理和技术。修改现有的软件以纠正误差，使其适合新硬件或提升接口，改善性能。设计和开发软件系统，运用科学的分析和数学模型预测和衡量设计的结果，和该结果产生的后果。与工程技术人员磋商以评估软硬件之间的接口，制定规格和性能需求以及解决顾客的问题。分析信息以计划、建议和确定新系统的安装或现有系统的修改。制定和指导软件系统的检验和批准程序。指导软件的程序编制和文字材料的形成。与顾客或其他部门协商项目状况、建议以及诸如软件系统设计与保养的技术事宜。实施或指导顾客实施软件系统的保养。协调软件系统的安装。监视设备的运行以保证系统按规格运行。储存、检索和操作用于系统能力和要求分析的数据。与数据处理和项目经理协商以获取数据处理能力和限制的信息。起草有关项目规格、活动以及状况的报告和信函。评估诸如所需报告格式、成本限制、保密限制需求的因素以确定硬件的配置。向程序员、设计师、技术专家和技师以及其他工程技术和科技人员分配工作并指导监督。培训使用者使用新的或技术改造的设备。利用微处理器开发控制信号；执行控制算法；衡量诸如温度、压力以及定位的过程变量。建议购买控制系统安装区内的灰尘、温度、湿度的设备。详细说明供电要求和配置。

4. 计算机专家（所有其他）

性格类型：无可利用数据

年收入：68,570 美元

年职位增长率：19.0%

年职位空缺数：15,000

最普遍的教育/培训程度：副学士学位

职业说明：

计算机系统工程师/建筑师。设计和制定解决复杂的应用问题、系统管理问题或网络关注的问题的解决方法。履行系统管理和整合职能。对开发的或软件包部件进行安全分析。实施持续的软硬件保养活动，包括安装或升级软硬件。运用手动或自动工具完成模型和模拟以分析和预测系统在不同条件下的性能。分析和明确信息系统的目的、范围、问题以及组织影响。开发有效果的系统控制器。配置服务器满足功能规格。核实系统构架的稳定性、互用性、可携带性、安全性以及可扩展性。培训系统操作或保养方面的系统使用者。为顾客或安装团队提供操作安全的系统指导说明。为开发系统或解决系统的故障提供技术指导或支持。监视系统运行以发现潜在问题。通过报告会、技术报告或白皮书交流项目信息。调查用于专门目的的系统部件的适应性，提出部件使用方面的建议。确认所需的系统数据、硬件或软件部件以满足使用者的需求。评估现有系统以确定有效性，提出改变的建议以达到组织架构的要求。评估最近或新兴科技以考虑成本、便携性、兼容性或使用性等因素。确立功能或系统标准以保证操作要求、质量要求，说清楚设计限制。将设计规格、安装说明以及其他与系统有关的信息形成书面材料。指导完整的计算机系统的分析、开发以及操作。指导操作系统、网络或应用软件以及计算机或网络硬件的安装。开发系统工程、软件工程、系统综合以及分布系统的结构。设计和实施软硬件的测试。

网络设计师。确定客户使用要求和计算机网络的设计规范。计划和实施网络升级。制定与网络相关的文件编制。设计、建造或操作设备配置原型，包括网络硬件、软件、服务器或服务器操作系统。协调网络的操作、保养、维修或升级。调整网络规模以满足容量的需求。与供销商交流以收集产品方面的信息，提示他们未来的需求，解决出现的问题以及说明系统保养问题。协调新设备的安装。协调与相关网络的设计师一起进行的网络或设计活动。为员工和供应商设计、组织和举行产品知名度、技能转让以及产品教育的报告会。确定具体的网络硬软件要求，如平台、接口、频宽或常规模式。制定灾难恢复计划。与顾客、销售人员或市场营销人员交流以确定顾客的需求。向系统测试工程师解释设计规格。制订网络设备更换计划或预算。为员工或顾客编制设计报告和建议书。监督指导工程师和其他员工设计和启用网络解决方案。使用计算机辅助网络设计软件包以使网络设计最优化。制定或坚持项目报告制度。参与网络技术升级或扩展项目，包括软硬件安装和系统测试。研究和试验新的或修改的软硬件产品以确定性能和互用性。制定和执行网络问题解决方案。编制或监视项目时间表、预算或成本控制体系。监视和分析网络性能和数据输入/输出报告以发现问题、确认计算机资源的无效使用以及进行容量规划。评估网络设计以确定是否达到了顾客要求的效果。对完成项目所需时间和材料做出估算。制定或建议网络安全措施，如防火墙、网络安全审计或自动安全探查。

软件质量保证工程师和测试人员。制订和执行软件测试计划以识别软件问题和其原因。制定或指定确定产品质量或发布一切就绪指令的标准、方法或程序。更新自动测试程序，确保通用。进行软件与程序、硬件、操作系统或网络环境的兼容性测试。创建或保持已知测试缺陷的数据库。设计测试计划、设想以及程序。设计或开发自动测试工具。通过检查确定故障源的配置文件、运转记录或程序编码的方式，启动故障排除程序。访问贝塔测试网站以评估软件性能。监视故障分辨的尝试并跟踪效果。把测试程序形成文件以确保可重复性和符合标准。评估或建议用于测试或故障跟踪的软件。识别程序与标准的偏差，提出修改建议以保证与标准一致。识别、分析程序功能、输出、联机屏幕或内容的问题并形成书面材料。安装和配置创建的软件生产环境以能够测试软件性能。安装、保养或使用软件测试程序。调查技术支持所涉及的顾客问题。审阅软件文件以保证技术精确性、符合性或完整性并规避风险。参与产品设计检查以提供有关功能要求、产品设计、时间表或潜在问题的信息。制定测试程序，包括数据库影响、软件设想、回归测试、负面测试、误差或故障再测试、可用性等方面。依照项目范围或交付日期，计划测试时间表或策略。向开发者提供关于软件可用性和功能性的意见反馈和建议。测试准备启用的系统修改内容。与外请人员或顾客合作评估或诊断问题，并提出可能的解决方案。在软件安装或配置过程中，提供技术支持。对测试结果进行历史性的分析。协调使用者或第三方进行测试。使用故障跟踪系统，用文件表示软件缺陷并将这些缺陷报告给开发者。

网站管理员。管理网站环境设计、部署、发展、维修活动。进行网站和网站应用的测试和质量保证。收集、分析或用文件方式显示使用者的意见反馈以找出或解决问题根源。进行用户的测试或使用分析以确定网站的有效性或可用性。建立或保持对网站服务器或网站的监控工具。定期检查和分析操作系统或应用记录文件以证实正常的系统性能。制定测试项目和程序。评估测试项目或程序的妥善性、充足性和有效性。定期地或在程序重大修改之后，对系统集成、性能、系统安全等问题进行测试。确定网页或服务器问题的根源并采取行动纠正这类问题。跟踪、编译和分析网站使用情况的数据。提出网站改进的建议并制定支持这些建议的预算。识别或处理互用性要求。评估服务器硬件或软件并提出建议。制定或实施不间断的网站更新的程序。及时地进行更新、升级以及修补程序以限制服务衰减。识别、规范和传达进入和安全层次。启用网站安全措施，如防火墙或信息加密。与网站开发人员合作以创建和操作内部和外部网站或管理诸如电子营销活动的项目。制定网站性能指标。纠正测试识别出来的问题或建议解决这些问题应该采取的行动。在网站启用或使用中提供培训或技术援助。后援或修改应用程序和相关数据，为灾难恢复做准备。定期地测试后援或恢复计划并解决任何问题。将应用程序和网站改变形成文件或改变程序。将安装或配置程序形成文件以便能够维修和重试。测试新的软件包供网站操作或其他应用程序使用。通知网站的使用者问题所在、问题的解决方法或应用程序的改变和更新。通过继续教育；读物；或参加专业会议、研讨会或小组会的形式，监视网站的发展趋势。

研究型专业

网站开发者。开发和设计网站应用程序和网站。创建和详细说明网站构建与技术参数。指导网站内容创建、增强和维修。建议和实施性能改进。进行或指导网站升级。制定网站内容的风格指导方针并形成文件。更新网域名称注册。设计和启用网站安全措施，如防火墙或信息加密。建立适当的服务器目录树。识别或保持与其他网站的来往链接，检查链接确保正常运行。创建网页内容的可搜索目录。支持从网站到本地目录的文件以便万一出现问题迅速恢复。存入网站应用程序或网站的辅助代码。用搜索引擎注册网站以提高网站通信量。回复使用者电邮的询问或建立自动回复系统。与管理层或使用者合作以制定电子商务策略并将这些策略与网站一体化。与网络人员或网站主办机构交流以处理影响网站的硬件或软件问题。评估或推荐服务器硬件或软件。制定或实施不间断的网站更新程序。根据计划安排，或在网站或产品发生任何更新后，进行网站测试。创建网站模型或原型，包括物理、接口、逻辑或数据模型。通过继续教育、阅读或参加专业会议、研讨会或小组会的方式保持了解最新网站科技或程序编制实践。识别测试或顾客反馈意见没有涵盖的问题并予以纠正或将问题提交适当人员予以纠正。研究、评估、选择网站构建或网站科技的备选方案并形成文件。设计、编辑或写出网页内容或指导他人写出内容。将技术因素，如服务器负荷、带宽、数据库效能以及浏览器和设备类型形成文件。用程序编写语言或脚本语言、内容创建工具、管理工具、数字媒体来设计、组建或维护网站。与管理层或开发团队协商以优先考虑需求、解决冲突、制定内容标准或选择解决方案。

5. 工程经理

性格类型：事业型 – 研究型 – 现实型

年收入：105,430 美元

年职位增长率：13.0%

年职位空缺数：15,000

最普遍的教育 / 培训程度：工作经验和学位

策划、指导和协调诸如建筑与工程领域的活动或这些领域的研究与发展工作。与管理层、生产和市场营销员工一起协商讨论建筑项目规范和程序。协调和指导工程项目，做出详细计划以完成目标并指导技术活动的一体化。进行技术、资源需求和市场需要分析以计划和评估工程项目的可行性。计划和指导设施与设备的安装、测试、操作、保养和维修。指导、审查和批准产品设计和改变。招聘员工；分配、指导和鉴定他们的工作；监督员工能力的培养和保持。起草预算、标书和合同并指导研究合同的谈判。制定和执行在部门、服务机构、实验室或公司里从事工程和技术工作的政策、标准和程序。审查和建议或批准合同和成本预算。履行行政职责，如审查和书写报告、批准支出、执行规定、决定材料或服务的购买事宜。向客户提出并解释建议、报告和调查结果。与客户协商或谈判以写出项目规格。在高层领导提供的轮廓范围内确立科学与技术总体目标。实施公路的规划、建设和保养。指导水的控制、处理和分布的项目工程。计划、指导和协调与其他员工共同进行的测量工作，证明测量工作并写出土地法定描述。与官员和公众协商并向他们提供报告以提供信息并征求项目支持。

计算机科学

性格类型：研究型－现实型－传统型

专业方面的有用事实

从科学的角度看，重点是计算机、计算机问题与解决以及计算机系统设计和使用者接口。

相关的《教学项目分类》大纲：计算机科学 11.0701；数据建模 / 仓储和数据库管理 11.0802

专业划分：商务程序编制；数据库程序编制；因特网的程序编制；科学程序编制；安全与灾难恢复；系统程序编制。

大学课程标准顺序：英文写作，微积分，经济学概论，商务统计与社科，计算机概论，一种语言程序编制（如 C，PASCAL，COBOL），演算法与数据结构，软件工程，操作系统，数据库系统，计算机语言理论，计算机功能机构，人工智能。

高中课程标准顺序：英语，代数，几何，三角，初级微积分，微积分，化学，物理，计算机。

工作概况

计算机科学不但教你特殊的语言，而且还教你语言创建所依据的原则、用来储存数据的结构物以及程序解决问题所依据的逻辑结构物。职业前景最好，因为诸如系统管理和信息安全这类工作不会轻易外包给海外劳工。

相关职位的有用平均值

◎ 年收入：82,718 美元

◎ 年职位增长率：37.8%

◎ 自雇者：2.5%

◎ 兼职者：10.9%

◎ 语言技能评分：69.9

◎ 数学技能评分：66.1

相关职位方面的其他细节

年职位空缺总数：142,000

兴趣领域：信息技术 11

工作技能——程序编制；系统分析；科技设计；故障排除；操作分析；质量控制分析。

工作价值——创造性；能力应用；权威性；工作条件；责任感；社会地位。

工作条件——室内，受环境控制；坐着。

相关职位

1. 计算机与信息科学家(研究)

性格类型：无可利用数据

年收入：93,950 美元

年职位增长率：25.6%

年职位空缺数：2,000

最普遍的教育 / 培训程度：博士学位

作为理论家、设计师或发明家，对基本的计算机与信息科学进行研究。解决计算机软硬件领域里出现的问题或开发出解决方案。评估项目计划书和建议书以评估可行性问题。指导部门的日常工作，协调与其他部门的项目活动。与使用者、管理层、销售商、技师磋商以确定对计算的需求和系统的要求。参与决定人员的配备，指导下属的培训。参与诸如虚拟现实、人机交互或机器人学领域里的多学科项目。会见经理、销售商以及其他人以请求合作并解决问题。维护网络的软硬件，指导网络安全的措施，监控网络以保证系统使用者的使用。制定性能标准并根据已有的标准评估工作。制定并解释机构的目的、政策和程序。批准、编制、监控和调整操作预算。设计计算机和使计算机运行的软件。分析涉及计算机软硬件的问题以制定出解决方案。运用理论的专业知识和新方法去创建或应用科技，如计算机新用途的适应法则。对商务、科学、工程或其他技术问题进行逻辑分析，使问题数学模型化以供计算机解决。分配或安排任务以分清工作的轻重缓急并达到目标。

2. 计算机与信息系统管理者

性格类型：事业型－传统型－研究型

年收入：101,580 美元

年职位增长率：25.9%

年职位空缺数：25,000

最普遍的教育 / 培训程度：工作经验和学位

计划、指导或协调诸如电子数据处理、信息系统、系统分析、计算机程序编制领域的活动。管理后援、安全和使用者帮助系统。与使用者、管理层、销售商和技师磋商以评估对计算的需求和对系统的要求。指导部门的日常工作，分析工作流程、建立优先次序、制定标准以及确定期限。分配并检查系统分析家、程序员以及其他与计算机相关的工作人员的工作。开发计算机信息资源，为数据安全与控制、战略计算以及灾难恢复做准备。审批所有系统图和程序然后启用。评估机构对科技的使用和需求情况并提出改进建议，如软硬件的升级。控制操作预算和开支。会见部门领导、经理、管理者、销售商以及其他人以请求合作并解决问题。制定和解释机构的目标、政策和程序。招聘、雇用、培训和监督员工或参与决定人员配备。审阅项目计划以计划和协调项目活动。评估数据处理建议书以评估项目的可行性和要求。编制和审阅操作报告或项目进度报告。购买必要的设备。

3. 计算机软件(应用程序)工程师

性格类型：现实型－研究型－传统型

年收入：79,780 美元

年职位增长率：48.4%

年职位空缺数：54,000

最普遍的教育 / 培训程度：硕士学位

开发、创建、修改普通计算机应用软件或专门的实用程序。分析使用需求并开发软件算法。设计软件或为客户使用而定制软件以最大优化操作效率。可能分析和设计应用区域内的数据库，独立进行数据库的开发或作为团队一员协调开发。与系统分析师、工程师、程序师以及其他人员协商以设计系统并得到项目限制和能力、性能要求和接口的信息。修改现有的软件以纠正误差，使其适应新硬件或提供性能。分析使用者的需求和软件要求以确定在时间和成本限制范围内的设计可行性。与顾客磋商软件系统设计和保养事宜。协调软件系统的安装并监视设备的运行以保证符合规格。设计、开发、修改软件系统，运用科学的分析和数学模型去预测和衡量设计的结果和后果。制定和指导软件系统的检验和批准程序、程序编制以及书面材料的形成。分析信息以计划、建议和确定计算机规格和配置以及外围设备的修改。监督程序员、技术专家、技师以及其他工程和科技人员的工作。获取和评估诸如所需报告格式、成本、保密需求因素的信息以确定硬件的配置。确定系统性能标准。培训使用者使用新修改的设备。储存、检索和操作用于系统能力和要求分析的数据。详细说明供电要求和配置。建议购买控制系统安装区内的灰尘、温度、湿度的设备。

4．计算机软件(系统软件)工程师

性格类型：研究型－现实型－传统型

年收入：85,370 美元

年职位增长率：43.0%

年职位空缺数：37,000

最普遍的教育/培训程度：硕士学位

研究、设计、开发和测试操作系统软件、编译器、网络分配软件以用于医疗、工业、军事、通信、航天、商务、科研以及普通电脑工作。设立操作规范，制定和分析软件要求。应用计算机学、工程学和数学分析的原理和技术。修改现有的软件以纠正误差，使其适合新硬件或提升接口，改善性能。设计和开发软件系统，运用科学的分析和数学模型预测和衡量设计的结果和后果。与工程技术人员磋商以评估软硬件之间的接口、制定规格和性能需求以及解决顾客的问题。分析信息以计划、建议和确定新系统的安装或现有系统的修改。制定和指导软件系统的检验和批准程序。指导软件的程序编制和文字材料的形成。与顾客或其他部门协商项目状况、建议以及诸如软件系统设计与保养的技术事宜。实施或指导顾客实施软件系统的保养。协调软件系统的安装。监视设备的运行以保证系统按规格运行。储存、检索和操作用于系统能力和要求分析的数据。与数据处理和项目经理协商以获取数据处理能力和限制的信息。起草有关项目规格、活动以及状况的报告和信函。评估诸如所需报告格式、成本限制、保密限制需求的因素以确定硬件的配置。向程序员、设计师、技术专家和技师以及其他工程技术和科技人员分配工作并指导监督。培训使用者使用新的或改造过的设备。利用微处理器开发控制信号；执行控制算法；衡量诸如温度、压力以及定位的过程变量。建议购买控制系统安装区内的灰尘、温度、湿度的设备。详细说明供电要求和配置。

5.（所有其他的）计算机专家

性格类型：无可利用数据

年收入：68,570 美元

年职位增长率：19.0%

年职位空缺数：15,000

最普遍的教育 / 培训程度：副学士学位

职业说明：

计算机系统工程师 / 建筑师。设计和制定解决复杂的应用问题、系统管理问题或网络关注的问题的解决方法。履行系统管理和整合职能。对开发的或软件包部件进行安全分析。实施持续的软硬件维护活动，包括安装或升级软硬件。运用手动或自动工具完成模型和模拟以分析和预测系统在不同条件下的性能。分析和明确信息系统的目的、范围、问题以及组织影响。开发有效果的系统控制器。按照使用要求配置服务器满足功能规范。核实系统构架的稳定性、互用性、可携带性、安全性以及可扩展性。培训系统操作或保养方面的系统使用者。为顾客或安装团队操作安全的系统提供指导方针。为开发系统或解决系统的故障提供技术指导或支持。监视系统运行以发现潜在问题。通过报告会、技术报告或白皮书交流项目信息。调查用于专门目的的系统部件的适应性，提出部件使用方面的建议。确认所需的系统数据、硬件或软件部件以满足使用者的需求。评估现有系统以确定有效性，提出改变的建议以达到组织架构的要求。评估最近或新兴科技以考虑成本、便携性、兼容性或使用性等因素。确立功能或系统标准以保证操作要求、质量要求，说清楚设计限制。将设计规格、安装说明以及其他与系统有关的信息形成书面材料。指导完整的计算机系统的分析、开发以及操作。指导操作系统、网络或应用软件以及计算机或网络硬件的安装。开发系统工程、软件工程、系统综合以及分布系统的结构。设计和实施软硬件的测试。

网络设计师。确定使用者要求和计算机网络的设计规格。计划和实施网络升级。制定与网络相关的文件编制。设计、建造或操作设备配置原型，包括网络硬件、软件、服务器或服务器操作系统。协调网络的操作、保养、维修或升级。调整网络规模以满足容量的需求。与供销商交流以收集产品方面的信息，提示他们未来的需求，解决出现的问题以及说明系统保养问题。协调新设备的安装。协调与相关网络的设计师一起进行的网络或设计活动。为员工和供应商设计、组织和举行产品知名度、技能转让以及产品教育的报告会。确定具体的网络硬软件要求，如平台、接口、频宽或常规模式。制订灾难恢复计划。与顾客、销售人员或市场营销人员交流以确定顾客的需求。向系统测试工程师解释设计规格。制订网络设备更换计划或预算。为员工或顾客编制设计报告和建议书。监督指导工程师和其他员工设计和启用网络解决方案。使用计算机辅助网络设计软件包以使网络设计最优化。制定或坚持项目报告制度。参与网络技术升级或扩展项目，包括软硬件安装和系统测试。研究和试验新的或修改的软硬件产品以确定性能和互用性。制定和执行网络问题解决方案。编制或监视项目时间表、预算或成本控制体系。监视和分析网络性能和数据输入/输出报告以发现问题、确认计算机资源的无效使用以及进行容量规划。评估网络设计以确定是否达到了顾客要求的效果。对完成项目所需时间和材料做出估计。制定或建议网络安全措施，如防火墙、网络安全审计或自动安全探查。

软件质量保证工程师和测试人员。制订和执行软件测试计划，以识别软件问题和其原因，制定或指定确定产品质量，或发布一切就绪指令的标准、方法或程序，更新自动测试程序，确保通用，进行软件与程序、硬件、操作系统或网络环境的兼容性测试。创建或保持已知测试缺陷的数据库。设计测试计划、设想、程序脚本或程序。设计或开发自动测试工具。通过检查确定故障源的配置文件、运转记录或程序编码的方式，启动故障排除程序。访问贝塔测试网站以评估软件性能。监视故障分辨的尝试并跟踪效果。把测试程序形成文件以确保可重复性和符合标准。评估或建议用于测试或故障跟踪的软件。识别程序与标准的偏差，提出修改建议以保证与标准一致。识别、分析程序功能、输出、联机屏幕或内容的问题并形成书面材料。安装和配置创建的软件生产环境以能够测试软件性能。安装、保养或使用软件测试程序。调查技术支持所及的顾客问题。审阅软件文件以保证技术精确性、符合性或完整性并规避风险。参与产品设计检查以提供有关功能要求、产品设计、时间表或潜在问题的信息。制定测试程序，包括数据库影响、软件设想、回归测试、负面测试、误差或故障再测试、可用性等方面。依照项目范围或交付日期，计划测试时间表或策略。向开发者提供关于软件可用性和功能性的意见反馈和建议。测试准备启用的系统修改内容。与外请人员或顾客合作评估或诊断问题并提出可能的解决方案。在软件安装或配置过程中，提供技术支持。对测试结果进行历史性的分析。协调使用者或第三方进行测试。使用故障跟踪系统，用文件表示软件缺陷并将这些缺陷报告给开发者。

网站管理员。管理网站环境设计、部署、发展、维修活动。进行网站和网站应用的测试和质量保证。收集、分析或用文件方式显示使用者的意见反馈以找出或解决问题根源。进行用户的测试或使用分析以确定网站的有效性或可用性。建立或保持对网站服务器或网站的监控工具。定期检查和分析操作系统或应用记录文件，以证实系统性能的正常。制定测试项目和程序。评估测试项目或程序的妥善性、充足性和有效性。定期地或在程序重大修改之后，对系统集成、性能、系统安全等问题进行测试。确定网页或服务器问题的根源并采取行动纠正这类问题。跟踪、编译和分析网站使用情况的数据。提出网站改进的建议并制定支持这些建议的预算。识别或处理互用性要求。评估服务器硬件或软件并提出建议。制定或实施不间断的网站更新的程序。及时地进行更新、升级以及修补程序以限制服务衰减。识别、规范和传达进入和安全层次。启用网站安全措施，如防火墙或信息加密。与网站开发人员合作以创建和操作内部和外部网站或管理诸如电子营销活动的项目。制定网站性能指标。纠正测试识别出来的问题或建议解决这些问题应该采取的行动。在网站启用或使用中提供培训或技术援助。后援或修改应用程序和相关数据，为灾难恢复做准备。定期地测试后援或恢复计划并解决任何问题。将应用程序和网站改变形成文件或改变程序。将安装或配置程序形成文件以便能够维修和重试。测试新的软件包供网站操作或其他应用程序使用。通知网站的使用者问题所在、问题的解决方法或应用程序的改变和更新。通过继续教育；阅读；或参加专业会议、研讨会或小组会的形式，跟踪网站的发展趋势。

网站开发者。开发和设计网站应用程序和网站。创建和详细说明网站构建与技术参数。指导网站内容创建、增强和维修。建议和实施性能改进。进行或指导网站升级。制定网站内容的风格指导方针并形成文件。更新网络域名注册。设计和启用网站安全措施，如防火墙或信息加密。建立适当的服务器目录树。识别或保持与其他网站的来往链接，检查链接确保正常运行。创建网页内容的可搜索目录。支持从网站到本地目录的文件以便万一出现问题迅速恢复。存入网站应用程序或网站的辅助代码。用搜索引擎注册网站以提高网站通信量。回复使用者电邮的询问或建立自动回复系统。与管理层或使用者合作以制定电子商务策略并将这些策略与网站一体化。与网络人员或网站主办机构交流以处理影响网站的硬件或软件问题。评估或推荐服务器硬件或软件。制定或实施不间断的网站更新程序。根据计划安排或在网站、产品任何更新后，进行网站测试。创建网站模型或原型，包括物理、接口、逻辑或数据模型。通过继续教育、阅读或参加专业会议、研讨会或小组会的方式保持了解最新网站科技或程序编制实践。识别测试或顾客反馈意见没有涵盖的问题并予以纠正或将问题提交适当人员予以纠正。研究、评估、选择网站构建或网站科技的备选方案并形成文件。设计、编辑或写出网页内容或指导他人写出内容。将技术因素，如服务器负荷、带宽、数据库效能以及浏览器和设备类型形成文件。用程序编写语言或脚本语言、内容创建工具、管理工具、数字媒体来设计、组建或维护网站。与管理层或开发团队协商以优先考虑需求、解决冲突、制定内容标准或选择解决方案。

6. 数据库管理者

性格类型：研究型－传统型－现实型

年收入：64,670 美元

年职位增长率：38.2%

年职位空缺数：9,000

最普遍的教育 / 培训程度：硕士学位

协调对数据库的更改；应用数据库管理系统的知识来测试和启用数据库。可能要计划、协调和启用安全措施以保护计算机数据库。制定标准和指导方针以指导软件的获取和使用以及保护有价值的信息。修改现有的数据库和数据库管理系统或指导程序员和分析师进行修改。测试程序或数据库，纠正误差以及做必要的修改。计划、协调以及启用安全措施以保护计算机文件的信息不受意外或非法的损害、修改或泄露。批准、安排、计划以及监督新产品和计算机系统改善的安装和测试，如新数据库的安装。培训使用者并回答提出的问题。用手工和计算器来确立和计算数据库参数的最优值。详细说明使用者的情况以及使用者进入数据库每个部分的标准。按照程序并使用笔、模板或计算机软件来开发描述数据元素以及怎样使用这些元素的数据模型。开发使不同产品一体化的方法以便这些产品能很好地结合，如定做商业数据库以适应特殊的需求。审阅描述数据库使用者需求的项目要求以估计完成项目所需的时间和成本。审阅用来改变数据库的数据库管理系统手册里的程序。作为项目小组成员开展工作以协调数据库发展以及确定项目范围和限制。选择并输入代码以监视数据库性能和创建生产数据库。识别和评估数据库系统方面的行业趋势，为更高的管理层提供信息和建议。撰写逻辑和物理数据库说明书并进行编码，以及为管理系统指定数据库的标志符或指导其他人进行说明书编码。审阅程序分析师制定的工作流量图以了解计算机要执行的任务，如更新记录。按照数据词典的定义修改公司的数据定义。

电机工程

性格类型：研究型－现实型－事业型

专业方面的有用事实

毕业生能够运用数学和科学原理对电气、电子以及相关的通信系统和其组成部进行设计、开发和操作评估，这些组成部分包括电气发电系统和对诸如超导、电波传播、能源储存与收回、接受与放大的问题进行的分析。

相关的《教学项目分类》大纲：电气、电子与通信工程 14.1001

专业划分：航天应用；广播；通信；计算机；控制；发电/电力传输。

大学课程标准顺序：英文写作，技术写作，微积分，微分方程，计算机科学概论，普通化学，普通物理，工程学概论，电路概论，工程电路分析，信号与系统，半导体器件，数字系统，逻辑设计，电磁场，通信系统，控制系统，高级设计方案。

高中课程标准顺序：英语，代数，几何，三角，初级微积分，微积分，化学，物理，计算机。

工作概况

电机工程师能够将物理、化学以及材料学的原理运用到发电、电传输和电的使用上。他们可能开发巨型发电机或小块芯片。进入本行业通常需要硕士学位。管理层或许是以后职业生涯的一种选择。电不可能很快被一种能源代替，而且新的电子器件正在不断地被开发出来，所以电机工程师的职业前景看好，尽管有外来的竞争。

相关职位的有用平均值

◎ 年收入：89,095美元

◎ 年职位增长率：11.7%

◎ 自雇者：2.2%

◎ 兼职者：9.9%

◎ 语言技能评分：74.2

◎ 数学技能评分：75.9

相关职位方面的其他细节

年职位空缺总数：38,000

兴趣领域：科学研究、工程学和数学 15

工作技能——科技设计；理科；操作分析；安装；故障排除；数学。

工作价值——创造性；能力应用；权威性；自主性；责任感；社会地位。

工作条件——室内，受环境控制；坐着。

相关职位

1. 电气工程师

性格类型：研究型－现实型－传统型

年收入：75,930 美元

年职位增长率：11.8%

年职位空缺数：12,000

最普遍的教育/培训程度：硕士学位

设计、开发、测试或监督用于商业、工业、军事或科学的电气设备、部件或系统的制造和安装。与工程师、顾客和其他人协商讨论现有或潜在的工程项目和产品。设计、启用、保养以及改善用于商业、工业和家庭的电气仪器、设备、设施、部件、产品和系统。操作计算机辅助工程并设计担负工程任务的软件和设备。指导和协调制造、建筑、安装、保养、支持、文件制作以及测试活动以保证符合规格、规范和顾客要求。进行详细的计算以算出和建立制造、建筑、安装标准和规格。检查完工的安装工作并观察操作情况以保证符合设计和设备规格以及符合操作和安全标准。计划和执行研究方法和程序以将电气理论的法则应用到工程项目上。编制用于购买材料和设备的规格。监督以及必要时培训项目组成员。调查和测试销售商和竞争对手的产品。监督项目生产的各种努力以保证项目在预算内圆满按时完成。编制和研究技术图纸、电气系统的规格以及地形图以保证安装和操作符合标准与要求。调查顾客或大众的投诉，确定问题的实质和程度，建议补救措施。规划发电厂、配电线路和配电站的布局。协助制定新设备和主要维修的基本工程项目规划。制定预算，估计劳动力、材料和建设成本。编制数据和撰写有关现有和潜在的工程研究与项目的报告。收集有关商业和住宅开发、人口以及电力系统互连方面的数据以确定电气系统的操作效率。搞野外调查，研究地图、图形、图表和其他数据以识别和纠正电力系统的问题。

2.（计算机除外的）电子工程师

性格类型：研究型－现实型－传统型

年收入：81,050 美元

年职位增长率：9.7%

年职位空缺数：11,000

最普遍的教育 / 培训程度：学士学位

利用电子理论和材料属性的知识，研究、设计、开发和测试用于商业、工业、军事、科学的电子部件和系统。设计用于电信、航天制导和推进控制、声学或仪器与控制等领域的电子电路和部件。设计用于商业、工业、医疗、军事或科学的电子部件、软件、产品或系统。在设备标准方面，向员工或顾客提供技术支持，协助特殊的、困难的在建工程。操作计算机辅助的工程并设计实施工程任务的软件和设备。分析系统要求、容量、成本以及顾客需求以确定项目的可行性和制订系统计划。与工程师、顾客、销售商或其他人协商讨论现有和潜在的工程项目或产品。检查和评估机构内外部的其他人的工作以保证在解决复杂的工程问题方面的有效性、技术妥善性和兼容性。确定材料和设备的需求并订购物料。检查电子设备、仪器、产品和系统以保证符合规格、安全标准以及使用的规范与条例。评估操作系统、原型以及建议书并根据环境、服务、成本和系统容量等因素提出维修或修改设计的建议。编制文件材料，包括如下信息：所有权人的软硬件的规格和描述的保密、产品开发和启用时间表、产品成本以及产品性能弱点方面的信息。指导和协调有关电子设备、产品和系统的制造、建设、安装、维修、操作和保养方面的活动。制定和实施用于电子产品、部件、设备以及系统的操作、保养和测试程序。计划和制定用于部件、产品和系统中以改进技术性能的电子财产的使用程序和修改的条款。计划和实施将电子理论法则应用到工程项目上的研究方案、研究方法以及程序。编制用于设备、设施、产品和系统的建设、搬迁和安装的工程草图和规格。

3. 工程经理

性格类型：事业型－研究型－现实型

年收入：105,430 美元

年职位增长率：13.0%

年职位空缺数：15,000

最普遍的教育/培训程度：工作经验和学位

策划、指导和协调诸如建筑与工程领域的活动或这些领域的研究与发展工作。与管理层、生产和市场营销员工一起协商讨论建筑项目规范和程序。协调和指导工程项目，做出详细计划以完成目标并指导技术活动的一体化。进行技术、资源需求和市场需要分析以计划和评估工程项目的可行性。计划和指导设施与设备的安装、测试、操作、保养和维修。指导、审查和批准产品设计和改变。招聘员工；分配、指导和鉴定他们的工作；监督员工能力的培养和保持。起草预算、标书和合同并指导研究合同的谈判。制定和执行在部门、服务机构、实验室或公司里从事工程和技术工作的政策、标准和程序。审查和建议或批准合同和成本预算。履行行政职责，如审查和书写报告、批准支出、执行规定、决定材料或服务的购买事宜。向客户提出并解释建议、报告和调查结果。与客户协商或谈判以起草项目规范。在高层领导提供的轮廓范围内，确立科学与技术总体目标。实施公路的规划、建设和保养。指导水的控制、处理和分布的项目工程。计划、指导和协调与其他员工共同进行的测量工作，证明测量工作并写出土地法定描述。与官员和公众协商并向他们提供报告以提供信息并征求项目支持。

医学

性格类型：研究型

专业方面的有用事实

毕业生能够独立从事医学专业实践，包括人体疾病、伤害和其他毛病的预防、诊断和治疗。

相关的《教学项目分类》大纲：医学 51.1201；骨科学 51.1901

专业划分：急诊医学；家庭医学；内科医学；妇产科；小儿科；精神科；放射线科；外科。

大学课程标准顺序：英文写作，心理学概论，大学代数，微积分，社会学概论，口语交谈，普通化学，普通生物学，计算机科学概论，有机化学，人体解剖和生理学，普通微生物学，遗传学，生物化学概论，病理学，药物学，变态心理学，医疗面谈技术，病人检查和评估，检验科程序，卫生保健伦理学，内科临床经验，急诊科临床经验，妇产科临床经验，家庭医学临床经验，外科临床经验，小儿科临床经验，老年病科临床经验。

高中课程标准顺序：英语，代数，几何，三角，初级微积分，生物学，计算机科学，演讲，化学，外语，物理。

工作概况

医学需要长时间的教育——4 年大学，4 年医学院，根据专业，还有 3 到 8 年的实习医生和住院医生的经历。一旦你进入医学院，实践性学习风格变得与理论学习一样重要。医学院的入学竞争非常激烈。尽管医学预科常常被当做一个专业，但是许多学生要达到医学院的入学要求而主修的专业却是一个非科学的学科。或许这有助于表明你是个全面的人，而且一旦你没有被医学院录取还能够从事另一个职业。现在医生比过去更加可能成为联合开业或卫生维护机构的领薪水的雇员。就业机会在农村和低收入地区预期最好。

相关职位的有用平均值

◎ 年收入：144,916 美元

◎ 年职位增长率：24.0%

◎ 自雇者：11.5%

◎ 兼职者：25.6%

◎ 语言技能评分：81.3

◎ 数学技能评分：57.9

相关职位方面的其他细节

年职位空缺总数：287,000

兴趣领域：保健科学 08

工作技能——理科；社会洞察力；阅读理解；复杂问题解决；判断与决策；说服力。

工作价值——社会公益服务；社会地位；认可度；能力应用；责任感；成就感；

工作条件——接触疾病或传染病；接触放射线。

相关职位

1. 麻醉师

性格类型：研究型 – 现实型 – 社会型

年收入：145,600 美元以上

年职位增长率：24.0%

年职位空缺数：41,000

最普遍的教育 / 培训程度：专业学位

在外科手术或其他医疗流程中使用麻药。在医疗流程中使用麻药或镇静剂，采用局部、静脉注射、脊髓或尾部麻醉的方法。在麻醉之前、之中以及之后对病人进行监视并处理不良反应或并发症。提供和保持生命补给和呼吸道处理，帮助病人做好急诊外科手术的准备。记录整个医疗过程中的麻药用量和方式以及病人的状况。在外科手术、助产以及其他医疗流程中，对病人检查；得到病史；以及诊断化验以确定用药风险。将病人放置在手术台上，以使病人感到最大限度的舒适，使外科手术达到最大的可能性。决定门诊病人在手术后何时已经苏醒过来或已经稳定，完全可以被送到另一个房间或病房或送回家。在手术过程中与外科医生协调麻药的使用。与其他医疗专业人士协商以确定麻药或镇静剂的使用方式和方法以使病人感觉不到疼痛。协调和指导护士、医药技术人员以及其他保健人员的工作。预约化验室化验、X 光透视以及其他诊断流程。管理麻醉服务，将其与其他医疗活动协调起来并制订计划和规程。在许多环境下提供医疗护理和会诊，开药方和其他治疗并介绍病人进行外科手术。向学生和工作人员讲解麻药使用的方式和方法、并发症的预兆以及处理不良反应的应急方法。安排和维持手术室的使用，包括手术室、清洗室和候诊室以及麻醉和消毒设备。向个人和团体讲解保持健康预防疾病的各种方法。搞医疗研究以协助控制与治疗疾病、调查新的药物以及开发与试验新药技术。

2. 家庭医生和全科医师

性格类型：研究型 – 社会型 – 事业型

年收入：145,600 美元以上

年职位增长率：24.0%

年职位空缺数：41,000

最普遍教育 / 培训程度：专业学位

诊断、治疗和帮助预防普通居民常发生的疾病和伤害。开具医务治疗、非药物疗法、药物治疗、预防接种以及其他专门的医疗护理的处方或管理这些活动以治疗或预防身体疾病、其他疾病或各种伤害。预约、实施、解释各种化验并分析记录、报告和体检信息以诊断病情。监视病情和发展，必要时重新评估治疗方法。说明医疗做法，与病人讨论化验结果或处方的治疗方法。收集、记录和保持病人信息，如病例、报告单、体检结果等。向病人或社区成员提供有关饮食、活动、卫生以及疾病预防方面的建议。必要时，将病人介绍到医疗专家或其他医师那里。指导和协调护士、学生、助理、专家、非药物治疗师以及其他医务人员的业务工作。协调与护士、社会工作者、康复理疗师、药剂师、心理学家以及其他卫生保健提供者的工作。接生婴儿。对病人实施手术，以消除、修补、或改善有病和受伤害身体部位或系统的运行功能。计划、执行或管理医院、企业或社区内的身体伤害或疾病的治疗、预防或信息发布的卫生规划或标准。为政府或管理层准备出生、死亡和疾病统计报告；劳动力评估报告；个人医疗状况报告。搞研究并进行学习解剖学，开发或试验预防或控制疾病和伤害的药物、治疗方法或流程。

3.（普通）内科医生

性格类型：研究型－社会型－事业型

年收入：145,600 美元以上

年职位增长率：24.0%

年职位空缺数：41,000

最普遍的教育 / 培训程度：专业学位

对内部器官系统的疾病和伤害进行诊断并提供非外科的治疗。主要为患有与内部器官相关的各种毛病的成年人提供医疗护理。治疗内部器官的失调，如高血压；心脏病；糖尿病；以及肺、脑、肝和胃肠道的毛病。分析、记录、报告、化验结果或体检信息以诊断病人的病情。开具药物治疗、非药物疗法以及其他专门的医疗护理的处方或管理这些活动以治疗或预防身体疾病、其他疾病或伤害。为诊所或医院里的成人患者提供和管理长期、综合的医疗护理，包括对疾病的诊断和非外科的治疗。管理与治疗青少年、成年和老年人的常见的健康问题，如传染病、流感、肺炎以及严重的、慢性的和复杂的疾病。监视病情和发展，必要时重新评估治疗方法。收集、记录和保存病人的信息，如病例、报告单以及体检结果等。在不同疾病同时发生时或在诊断可能模糊不清的状况时做出诊断。说明医疗流程并与病人谈论化验结果或处方的治疗方法。向病人或社区成员提供有关饮食、活动、卫生以及疾病预防方面的建议。必要时，将病人介绍到专家或其他医师那里。给病人接种免疫以使他们避免可预防的疾病。向外科医生提示病人的风险状况并建议适当地介入以使风险最低化。指导和协调护士、学生、助理、专家、非药物治疗师以及其他医务人员的工作。向负责特护病人的其他医生提供咨询服务。对病人实施手术以消除、修补或改善有病或受伤害身体部位或系统的运行功能。计划、执行或管理医院、企业或社区内的身体伤害或疾病的治疗和预防的卫生规划。搞研究以开发、试验预防或控制疾病和伤害的药物、治疗方法或流程。为政府或机构准备出生、死亡和疾病统计报告；劳动力评估报告；个人医疗状况报告。

4. 产科医生和妇科医生

性格类型：研究型 – 事业型 – 社会型

年收入：145,600 美元以上

年职位增长率：24.0%

年职位空缺数：41,000

最普遍的教育 / 培训程度：专业学位

诊断、治疗和帮助预防妇女的疾病，特别是影响生殖系统和分娩过程的疾病。向产前、产中和产后期间的妇女提供护理和医治。说明医疗流程与病人谈论化验结果或处方的治疗方法。治疗女性器官的疾病。监视病情和发展，必要时重新评估治疗方法。必要时实施剖腹产术或其他外科手术以保护病人的健康和分娩的安全。开具药物治疗、非药物疗法以及其他专门的医疗护理的处方或管理这些活动以治疗或预防身体疾病、其他疾病或伤害。分析、记录、报告、化验结果或体检信息以诊断病人的病情。收集、记录和保存病人的信息，如病例、报告单以及体检结果等。向病人或社区成员提供有关饮食、活动、卫生以及疾病预防方面的建议。必要时，将病人介绍到医疗专家或其他医师那里。与其他内科医生磋商或向他们提供咨询服务。指导和协调护士、学生、助理、专家、非药物治疗师以及其他医务人员的工作。计划、执行或管理医院、企业或社区内的身体伤害或疾病的治疗和预防的卫生规划。起草政府和机构的有关出生、死亡和疾病统计报告；劳动力评估报告；个人医疗状况报告。搞研究以开发、试验预防或控制疾病和伤害的药物、治疗方法或流程。收集、记录和保存病人的信息，如病例、报告单以及体检结果等。向病人、家长或监护人以及社区成员提供有关饮食、活动、卫生以及疾病预防方面的建议。

5.（普通）儿科医生

性格类型：研究型 – 事业型 – 社会型

年收入：138,130 美元

年职位增长率：24.0%

年职位空缺数：41,000

最普遍的教育 / 培训程度：专业学位

诊断、治疗和帮助预防儿童的疾病和伤害。检查病人或预约、办理以及说明诊断化验以获得病情的信息并确诊。定期给儿童体检以评估他们的发育和成长。开具医务治疗、非药物疗法、药物治疗、接种疫苗以及其他专门的医疗护理的处方或管理这些活动以治疗或预防婴儿和儿童的身体疾病、其他疾病或伤害。收集、记录和保存病人的信息，如病例、报告单以及体检结果等。向病人、家长或监护人以及社区成员提供有关饮食、活动、卫生以及疾病预防方面的建议。治疗患有小病、有急性和慢性健康问题以及发育和成长问题的儿童。解释医疗流程，与病人和家长或监护人讨论化验结果或处方的治疗方法事宜。监视病情发展，必要时重新评估治疗方法。计划和执行医疗护理规划以帮助儿童和青少年的身心发育和成长。必要时，将病人介绍到医疗专家或其他医师那里。指导和协调护士、学生、助理、专家、非药物治疗师以及其他医务人员的工作。向其他内科医生提供咨询服务。计划、执行并管理医院、企业或社区内的身体伤害疾病治疗、预防，或发布的卫生规划或标准信息。对病人实施手术以消除、修补或改善有病或受伤害身体部位或系统的运行功能。搞研究以学习解剖学，并开发或试验预防或控制疾病和伤害的药物、治疗方法或流程。为政府或机构准备出生、死亡和疾病统计报告；劳动力评估报告；个人医疗状况报告。

6. 精神科医生

性格类型：研究型 – 现实型 – 社会型

年收入：145,600 美元以上

年职位增长率：24.0%

年职位空缺数：41,000

最普遍的教育 / 培训程度：专业学位

诊断、治疗和帮助预防精神失调。分析和评估病人的数据和化验结果以诊断精神失调的性质和程度。开具精神治疗或药物治疗的处方，对治疗精神、情绪或行为失调进行指导和管理。与内科医生、心理学家、社会工作者、精神病护士或其他专业人士合作以讨论治疗计划和进展。收集和保存病人信息和记录，包括从病人、亲属和其他专业人士那里得来的社会史和病史。去诊所看病期间，对门诊病人和其他病人进行劝说指导。设计个性化的护理计划，使用各种治疗方案。给病人做或检查病人的实验或诊断化验以提供有关全面身体状况和精神失调的信息。通告监护人、亲属和其他重要人员有关病人的状况和治疗情况。

检查和评估其他精神病学家和医学专业人员的治疗流程和结果。教学、搞研究以及发表调查成果以提高对精神、情绪和行为状态和失调的了解。向政府和心理健康机构编制和呈交案例报告。担任促进和保持社区心理健康服务机构和转交系统的委员会成员。

7. 外科医生

性格类型：研究型－现实型－社会型

年收入：145,600 美元以上

年职位增长率：24.0%

年职位空缺数：41,000

最普遍的教育 / 培训程度：专业学位

用侵入性的方法，如手工操作或用器械对疾病、外伤以及畸形部位进行治疗。分析病人的病历、药物反应、身体状况以及体检结果以证实手术的必要性并确定最佳实施方案。对病人实施手术以矫正畸形、修补外伤、避免和治疗疾病，以及改善或恢复病人的功能。手术过程中遵循已有的手术技术。对手术前后的治疗和流程下医嘱，如饮食、镇静药和抗生素使用以及病人手术区的处理和准备工作。给病人体检以提供医疗状况和手术风险的信息。诊断身体疾病和伤残的状况，提供在诊所、医院病房以及手术室的治疗方案，如药物和手术。指导和协调护士、助理、专科医生、住院医生以及其他医务人员的工作。向其他内科外科医生提供咨询和手术援助。必要时，将病人介绍到医学专家或其他医师那里。检查器械、设备以及手术室以保证无菌。起草案例史。管理手术服务，包括计划、安排和协调、确定流程以及用品和设备的购买。做研究，以开发和试验能够改善手术流程和结果的手术技术。

微生物学

性格类型：研究型－现实型

专业方面的有用事实

重点是对单细胞生物体和菌落以及亚细胞遗传物质和其与人类及其他生命的生态相互作用的科学研究

相关的《教学项目分类》大纲：医学微生物学和细菌学 26.0503；普通微生物学 26.0502；真菌学 26.0506；寄生虫学 26.0505；病毒学 26.0504；

专业划分：藻类；细菌；真菌；免疫学；病毒学。

大学课程标准顺序：英文写作，微积分，计算机科学概论，普通化学，普通生物学，有机化学，普通物理，普通微生物，遗传学，生物化学概论，免疫学，细菌生理学，细菌遗传学。

高中课程标准顺序：英语，代数，几何，三角，初级微积分，化学，物理，计算机，微积分。

工作概况

微生物学或细菌学硕士学位可能是从事检验科工作或工业或政府里的非研究类工作的路径要求。也是进入医学院的好铺垫。寻求研究或大学教学职位，需要研究生学位。

相关职位的有用平均值

◎ 年收入：72,437 美元

◎ 年职位增长率：26.1%

◎ 自雇者：0.6%

◎ 兼职者：13.8%

◎ 语言技能评分：81.1

◎ 数学技能评分：72.1

相关职位方面的其他细节

年职位空缺总数：21,000

兴趣领域：科学研究、工程学和数学 15

工作技能——理科；写作；阅读理解；复杂问题解决；财政资源管理；主动学习。

工作价值——创造性；社会地位；能力应用；责任感；权威性；自主性。

工作条件——室内，受环境控制；接触疾病或传染病。

相关职位

1. 医学科学家（不包括流行病学家）

性格类型：研究型 – 现实型 – 社会型

年收入：61,680 美元

年职位增长率：34.1%

年职位空缺数：15,000

最普遍的教育 / 培训程度：博士学位

从事与了解人类疾病和提高人类健康水平相关的研究。从事临床调查或其他研究、发表成果、撰写技术论文或从事相关活动。研究并制定医疗应用、数据分析和成果呈现的方法、手段和程序。策划和指导调查人类或动物疾病、预防方法以及疾病治疗的研究报告。严格遵守有毒材料处理的安全程序，避免污染。在不同层面上对药物、气体、杀虫剂、寄生虫、微生物的效果进行评估。向医生、居民、学生以及技师传授医学原理和医疗与实验室程序。准备并分析器官、组织和细胞样本以判明毒性、细菌或微生物，或者研究细胞结构。制定药物剂量、免疫方式、药物生产以及药物合成程序的标准。调查疾病或寄生虫的成因、发展、生命周期或传播方式。与卫生部门、行业人士、医生以及其他人员磋商制定卫生安全标准和公共卫生改进规划。研究动物和人类健康和心理变化过程。就有关物理、生物和化学的医疗应用事宜，与医师、教育家、研究员以及其他人进行协商并提出建议。使用设备如原子吸收频谱仪、电子显微镜、血细胞流量计数器。

2. 微生物学家

性格类型：研究型 – 现实型 – 传统型

年收入：57,980 美元

年职位增长率：17.2%

年职位空缺数：1000

最普遍的教育 / 培训程度：博士学位

调查微生物，如细菌、藻类或真菌的生长、结构、发展以及其他特征。包括医学微生物学家，他们研究有机物和疾病之间的关系或抗生素对微生物的作用。在规定的媒介里分离和培养细菌或其他微生物，控制湿度、通风、温度和营养。对水、食品以及环境进行检验以发现有害微生物并获得有关污染和污染源的信息。用显微镜检查生理上、形态上以及文化上的特征，以识别和分类人类、水以及食品标本的微生物。为卫生部门、社区环境卫生规划以及为需要诊断和治疗信息的内科医生提供化验服务。观察植物、更高级的动物以及其他微生物的活组织上的微生物的作用和死的有机物上的微生物的作用。调查微生物和疾病之间的关系，包括流行病的控制和抗生素对微生物的作用。监督生物技术人员、技师以及其他科学家。研究细菌和其他微生物的生长、结构、发展以及总体特征以了解它们与人类、植物和动物健康的关系。依据研究结果，起草技术报告和建议书。研究人类、动物和植物组织、细胞、病原体和毒素的结构和功能。使用各种特殊设备，如电子显微镜、气相色谱仪、高压液相色谱仪、电泳器、温度循环器、荧光—激活细胞分类器以及磷酸成像器。对酸、醇和酶类物质进行化学分析。研究细菌和微生物的使用以开发维生素、抗生素、氨基酸、乙醇、糖以及聚合物。

3. 自然科学管理者

性格类型：研究型 – 事业型 – 现实型

年收入：100,080 美元

年职位增长率：13.6%

年职位空缺数：5,000

最普遍的教育 / 培训程度：工作经验和学位

计划、指导或协调生命科学、物理科学、数学、统计学等领域的活动以及这些领域的研发。与科学家、工程师、管理者以及其他人协商以计划和审阅项目并提供技术援助。发展客户关系，与客户交流以解释建议书，呈现研究结果，建立技术规格或谈论项目状况。计划和指导研究、开发以及生产活动。起草项目建议书。设计和协调问题分析、解决建议和测试的阶段连续性。检查项目活动并起草和审阅研究、测试、操作报告。聘用、监督和评估工程师、技师、研究员以及其他员工。在领导提供的范围内确定科研和技术目标并制订详细计划完成这些目标。制定和执行用来保证符合规定和提高经营的建筑、科学和技术工作的政策、标准和程序。开发创新技术并为其实施培训人员。对植物和动物资源和栖息地实施管理，研究土地的使用；监视动物数量；为动物提供庇护、资源和医疗救治。进行本专业领域的研究。招聘人员并监督员工能力的培养和保持。在获取专利或达到其他法律要求方面提供建议和协助。起草和管理预算，批准和审阅开支以及起草财务报告。出席专业会议增进行业知识。

药剂学

性格类型：研究型 - 传统型 - 现实型

专业方面的有用事实

毕业生能够在与处方医生和其他医疗保健专业人士磋商的情况下独立从事或受雇从事药品与药物的配制和分发，能够从事药店经营管理和为患者提供咨询的工作。

相关的《教学项目分类》大纲：药学 2001-51（药学博士 [美国]，药学博士或药学理学士 / 药学士 [加拿大]）

专业划分：药物化学；药物学，药政管理。

大学课程标准顺序：英文写作，心理学概论，微积分，社会学概论，口头沟通概论，普通化学，普通生物学，有机化学，生物化学概论，人体解剖与生理学，药物计算学，药理学，制药学，微生物学与免疫学，病人评估与教育，药物化学，治疗学，药学法律与伦理学，药物动力学，电参数检查。

高中课程标准顺序：英语，代数，几何，三角，生物，计算机，演讲，化学，微积分，物理，外语。

工作概况

药剂师按照医生和其他保健医务人员开具的处方配药，并给患者如何使用药物的建议。药剂师必须了解药品的化学和物理属性、这些药品在人体中的作用和这些药品与其他药品和物质的相互作用。药学院至少需要 4 年时间完成学业，而且通常需要在读大学之前至少 1—2 年的工作经历。一些药剂师继续深造攻读研究生，准备从事研究、行政管理或大学教学工作。一些人从事制药公司的销售工作或者从事管理式医疗机构的市场营销研究工作。鉴于人口老龄化以及医疗护理从手术刀转向药片，所以药剂师工作前景被看好。

相关职位的有用平均值

◎ 年收入：94,520 美元

◎ 年职位增长率：24.6%

◎ 自雇者：1.7%

◎ 兼职者：29.9%

◎ 语言技能评分：72.1

◎ 数学技能评分：62.1

相关职位方面的其他细节

年职位空缺总数：16,000

兴趣领域：保健科学 08

工作技能——科学，阅读理解；指导；判断思维；演讲；写作。

工作价值——权威性；社会公益服务；社会地位；能力使用；成就感。

工作条件——接触疾病或传染病；室内，受环境控制。

相关职位

药剂师

性格类型：研究型－传统型－现实型

年收入：94,520 美元

年职位增长率：24.6%

年职位空缺数：16,000

最普通的教育/培训程度：专业学位

按照内科医生、牙科医生或其他授权的开业医师开具的处方，合成和配制药剂。审查药方以保证准确性、确定所需成分和鉴定适用性。审阅医药处方以保证准确性、弄清所需成分以及鉴定其适应性。提供有关药品相互作用、副作用、用量和适当的药物储存方面的信息和建议。分析开处方的趋势以监控病人的配合程度并避免用药过量或有害的相互作用。订购药物用品、医疗用品和药品，保持库存量并妥善储存和处理。保存记录如药房文件；病历；收费系统文件；库存细目；放射性核控制记录和毒药、麻醉剂和控制药物的登记。提供专项服务，帮助患者控制好下列情况，如糖尿病、哮喘、戒烟或高血压。建议顾客可选择的药物品牌、医疗设备和卫生保健用品。与其他卫生保健专业人士合作以对药品和给药方案的质量和效果进行计划、监控、审查、鉴定，提供药物应用和特点的建议。按照医生和牙医的处方亲自对药物成分进行计算、称重、测量和混合在一起以合成并配成药物或者监督全过程。开展促健康防疾病活动，如培训人员使用高血压或糖尿病监控仪等器材。适时嘱咐患者转诊于其他健康专业人士和机构。准备好消毒液和输液以用于外科手术、急诊室或病人家里。按照政策和法律要求，计划、实施和保持药物混合、包装和贴标签的程序，确保质量、安全和适当处理。对放射药剂进行化验、查证分解率和计算产生预期结果所需量以确保合适的剂量。管理药房业务，雇用和监督员工、履行行政管理职责和购销非药物商品。在医院、诊所或卫生管理机构上班，按处方配药、充当医疗队顾问或专门从事特药治疗领域如肿瘤或核药物疗法。

医师助理

性格类型：研究型－社会型

专业方面的有用事实

毕业生能够在一名医师的监督下行医，包括诊断和治疗。

相关的《教学项目分类》大纲：医师助理 0921-51

专业划分：急诊医学；家庭医学；内科医学；小儿科。

大学课程标准顺序：英文写作，大学代数，普通化学，普通生物学，心理学概论，人体生长与发育，普通微生物学，人体生理学，人体解剖学，药物学，医疗面谈技巧，病人检查和鉴定，临床检验程序，卫生保健伦理学，内科临床经验，急诊临床经验，妇产科临床经验，家庭医学临床经验，精神病学临床经验，外科临床经验，小儿科临床经验，老年病临床经验。

高中课程标准顺序：英语，代数，几何，三角，基础数学，生物学，计算机，演讲，化学，外语。

工作概况

医师助理在医师监督下工作，但是，有些时候，医师每周只来几天，在这种情况下，医师助理照料患者。他们担负起诊断、治疗和预防职责，这些通常为医师所为。标准教育大纲培养出来的学生为学士学位。完成学业通常只需要两年时间，但是，一般说来，新生必须具备至少两年的大学前教育，而且常常必须具备健康保健方面的工作经历。就业机会被看好。

相关职位的有用平均值

◎ 年收入：74,980 美元

◎ 年职位增长率：49.6%

◎ 自雇者：1.3%

◎ 兼职者：23.1%

◎ 语言技能评分：76.1

◎ 数学技能评分：59.6

相关职位方面的其他细节

年职位空缺总数：10,000

兴趣领域：保健科学 08

工作技能——理科；指导；写作；阅读理解；判断思维；复杂问题解决。

工作价值——社会工作；权威性；成就感；能力使用；社会地位；同事。

工作条件——室内；接触疾病或传染病；受环境控制。

相关职位

医师助理

性格类型：研究型－社会型－艺术型

年收入：74,980 美元

年职位增长率：49.6%

年职位空缺数：10,000

最普通的教育／培训程度：学士学位

在医师的监督下，提供通常由医师履行的卫生保健服务。进行全面体检，提供治疗，为病人提出建议。有些时候，可能开药方。必须具有医师助理认证资格。给病人体检，获取他们身体状况的信息。对病人的管理和治疗作出暂定的诊断和决定。对偏离正常值的化验结果做出诊断性解释。获取、编辑、记录病人的医疗数据，包括健康史、病程记录、体检结果等。安排或预定诊断性化验如X光检查、心电图、实验室化验。在医师同意的情况下开具治疗或用药处方。具体操作治疗如注射、免疫接种、缝合与包扎伤口和传染病的控制。针对处方治疗方案、正常生长与发育、计划生育、日常生活的情感问题、健康保养等事宜，向病人提供指导和建议。协助医师进行外科手术或复杂的医疗程序。走访和观察住院或家庭出诊的病人，更新图表、安排治疗顺序、向医师汇报。订购医疗和实验室用品和设备。

艺术型专业

艺术

性格类型：艺术型

专业方面的有用事实

重点在视觉艺术的入门学习和欣赏上，毕业生能够一般性地担负起视觉和造型媒体创作艺术家的职责。

相关的《教学项目分类》大纲：普通艺术 / 艺术研究 0701–50；陶瓷艺术与制陶业 0711–50；绘画 0705–50；纤维、纺织与编织艺术 0702–50；普通美术 / 画室艺术 0702–50；媒介物 / 多媒体 0710–50；金属与珠宝艺术 0713–50；绘画 0708–50；版画复制 0710–50；雕塑 0709–50

专业划分：艺术教育；制陶业；绘画；筛网印花；雕塑；画室艺术。

大学课程标准顺序：英文写作，外语，艺术与文化，素描，颜色与图案，二维图案，三维图案，艺术史：史前到文艺复兴，艺术史：文艺复兴到现代，人体素描，一种媒介（如：绘画，雕塑，陶瓷制品），艺术实习。

高中课程标准顺序：英语，外语，文学，历史，艺术。

工作概况

只有少数出类拔萃且有积极性的艺术家能够靠制作和销售自己的艺术品为生。但是，很多其他艺术教育毕业生从事教育工作——当家庭、中小学和大学教师，教艺术和艺术史。在大学教课需要硕士学位。一些毕业生把他们的艺术技能用于工艺品或商业用途上，如插图或卡通。

相关职位的有用平均值

◎ 年收入：55,182 美元

◎ 年职位增长率：12.2 %

◎ 自雇者：58.4 %

◎ 兼职者：32.0%

◎ 语言技能评分：63.1

◎ 数学技能评分：57.0

相关职位方面的其他细节

年职位空缺总数：29,000

兴趣领域：文学与传播 03

工作技能——劝导；演讲；主动聆听；指导；阅读理解；学习策略。

工作价值——创造性；权威性；能力应用；成就感；自主性；责任感。

工作条件——室内，受环境控制；坐着。

相关职位

1. 艺术指导

性格类型：艺术型 – 事业型 – 现实型

年收入：68,100 美元

年职位增长率：11.5 %

年职位空缺数：10,000

最普遍的教育 / 培训程度：工作经验和学位。

制定设计概念和作品成型的方法，指导从事艺术品制作、布图设计以及为杂志、书籍、报纸、包装等视觉传播媒体进行文案撰写的员工。制定基本的布图设计或作品成型的方法，详细说明材料的具体情况，如风格与样型尺寸、照片、图案、动画、视频和音频。审查和批准员工研制出来的印本校样以及艺术品和复制品用料。管理自己的账目和项目，在预算内操作，将要求列入时间表。与创作、艺术、文案、生产等部门的领导协商，讨论客户的要求和作品成型的概念并协调创作活动。拿出最终的图版，提供客户确认。与客户协商以确定目的、预算、背景资料、作品成型方法、风格和一些技术问题。雇用、培训、指导将设计概念转化为艺术设计方案的员工或者制作印刷图版的员工。与创作总监合作制定设计方案，审查案例材料以确定其是否合乎标准和规格。参与摄影与洗印活动，确保得到所需产品。创作定制的插图或其他图形元素。标记、粘贴、完成图版，写出排印说明，准备好排字或印刷的材料。与印刷厂和评估师

艺术型专业

谈判，确定具体操作方式。将多媒体游戏、产品和器件的设计接口概念化并提供帮助。为电视剧制作写出详细的脚本，说明故事展开的顺序和时间安排。

2. 手工艺艺术家

性格类型：无可利用数据

年收入：24,090 美元

年职位增长率：10.6%

年职位空缺总数：1,000

最普遍的教育 / 培训程度：长期在职培训

用焊接术、编织术、陶瓷制造术、缝纫手艺等各种技术进行创作或复制手工艺物件以出售和展览。采用各种方法和材料，创作出功能性或装饰性的手工物件。用手工具、电动工具或机械对物料进行切割、成型、安装、连接、塑造或进行其他用途的加工。参加工艺品展览会以推销产品。根据强度、颜色、质地、调合度、重量、大小、韧性和其他特征选择使用的材料。开发工艺品使用新概念或创新思维。设定材料、尺寸、成品的规格。与顾客协商以评估顾客需求或得到意见反馈。制作模型或模板以指导工艺品生产。创造未成工艺物件的原型或模型。对未成工艺物件画素描或绘图。使用网络广告和宣传手册等媒体对产品和艺术作品进行广告宣传。制定产品的包装、显示和定价战略。研究工艺品趋势、场地和顾客购买模式以激发设计和市场营销战略的灵感。用计算机专用软件开发图案设计方法。

3. 美术艺术家（包括画家、雕刻家和插图画家）

性格类型：艺术型 – 现实型 – 事业型

年收入：41,970 美元

年职位增长率：10.2 %

年职位空缺数：4,000

最普遍的教育 / 培训程度：长期在职培训

用绘画和雕塑等不同的手段和技术进行艺术品原创。用笔墨、水彩、木炭、油画颜料或计算机软件等材料进行艺术品原创。整合和开发视觉元素如线条、空间、体积、透视图以产生想要的效果，对理念、情感或情绪进行的图解。与客户、编辑、作家、艺术总监和其他有关各方共同协商拟制艺术品的性质和内容。向客户提交艺术品的雏形或成品或项目计划以得到认可，必要时加进一些改变。保持艺术品的代表作选辑以展示风格、利益和能力。创作出可以作为装饰或者能表达或替代口头或文字信息的成品艺术品。对单个或混合的原材料和已制成的材料和产品进行切割、弯曲、锻压、排列、固定，组成艺术作品。监控各种活动、趋势和其他情况；研究特殊题材领域；参加艺术品展览；阅读艺术品发行物以开拓理念和随时了解艺术界的活动。学习不同的技术以学会如何将这些技术应用到艺术创作中。从素描、蓝图、记忆、模型或参考材料入手，绘制建筑物、制成品或模型的图纸、插图和素描的透视图。使用磨料和工具对黏土、石头、木头或金属等材料进行定型、雕刻和制作，创作出雕塑、塑像和其他三维艺术品。综合利用手画、机械装配工具和电脑成像手段，创作出临摹物体或照片的素描、轮廓或肖像。研究作品体现出来的风格、技术、色彩、质地和所用的材料，恢复作品原貌，确保复原过程中的一致性。制定项目审批预算，估算时间界线和材料成本。用水彩、马克笔、透明颜料等各种工具将素描线和背景进行着色和填充，必要时，标上指定的颜色。如果必要，与工程师、机械师以及其他技术专家一起组装创作品。

4. 多媒体艺术家和动画家

性格类型：无可利用数据

年收入：51,350 美元

年职位增长率：14.1%

年职位空缺数：14,000

最普遍的教育 / 培训程度：学士学位

用胶片、录像机、电脑或其他电子工具和媒介，创作出特技效果、动画或其他视觉影像以用于电脑游戏、电影、音乐录像和商业广告等产品或创作品中。用独立的判断力、创造力和电脑设备，设计复杂的图案和动画。用电脑动画或建模程序，创作描述动作物体或图解一个过程的二维和三维图像。通过操控光、色彩、质地、影子、透明度，或者通过操控静态图像造成动作的幻觉，使物体和人物显得逼真。给动画加上故事情节，进行导演、制片和剪辑，以创作出连贯动画的脚本并筹划主要场景和人物。汇编、排版、扫描、并制作数码照相印版或底片和印刷的样稿。用电脑软件和手绘技术，按严格的截止时间对动画故事进行创作，设计并写成剧本。为产品标签、包装箱、直接邮件或电视设计出基本图案，绘制图纸和插图。创作出纸笔图像，用电脑扫描、剪辑、着色、定型或制成动画。写简介、做宣传小册子、写多媒体报告、制作网页、确定宣传品、画技术图解、做电脑插图用于产品、技术手册、产品说明书、时事通讯和幻灯片中。用模型模拟完成的动画序列中物体的行为。按脚本的要求创作并加入特技效果，混合化学成分，用木头、金属、石膏和黏土制作所需部件。参与多媒体活动的设计和制作，处理预算和时间安排事宜，协助担负制作协调、背景设计、进度跟踪等职责。用光学扫描等技术，通过建模方式将真正的物体转化成动画物体。执行和保持配置控制系统。

传播学

性格类型：艺术型－事业型

专业方面的有用事实

重点是对各种形式、媒体和环境的人际交往进行科学性、人文性和批评性的研究。

相关的《教学项目分类》大纲：传播学 0101–09；交流与修辞

专业划分：商务通信；演讲 / 修辞。

大学课程标准顺序：演讲，心理学概论，英文写作，通信理论，大众传媒概论，论证与判断思维，人际沟通，修辞学传统与技巧。

高中课程标准顺序：英语，演讲，外语，应用通信，社会科学。

工作概况

有时，在大众传媒或戏剧系里也有这一专业，但是，该专业的设置不是教电视制作或表演技能，而是教如何依靠口头和非口头元素进行有效的交流。学生从事各种媒体的实践并学会如何既显示演讲者或作者预期的形象又表达主题，吸引听众或读者。传播和演讲专业的毕业生可能会去从事销售、公关、法律或教学工作。

相关职位的有用平均值

◎ 年收入：48,357 美元

◎ 年职位增长率：21.3%

◎ 自雇者：26.8%

◎ 兼职者：30.1%

◎ 语言技能评分：69.9

◎ 数学技能评分：32.4

相关职位方面的其他细节

年职位空缺总数：62,000

相关领域：文学与传播 03；政府与公共行政 07

工作技能——写作；劝导；阅读理解；主动聆听；判断思维；社会洞察力。

工作价值——创造性；认可度；能力应用；成就感；自主性；责任感。

工作条件——坐着；从事反复性动作。

相关职位

1．法庭记录员

性格类型：艺术型 – 传统型 – 社会型

年收入：45610 美元

年职位增长率：45.610%

年职位空缺数：3000

最普遍的教育 / 培训程度：大学职业培训

逐字逐句地和使用设备来记录、储存、恢复、抄写预审和庭审内容或其他信息。包括操作电脑化速记字幕设备，为有听力障碍的观众提供现场字幕或预先录制的广播的速记字幕员。用速记法做笔记或使用表音符号速记机或将字母打印在纸带上的速记机。按法官、律师或公众的要求，提供法庭记录的抄本。用电脑录音设备、电子速记机或速记电子模板，逐字逐句地记录法庭、立法会、委员会议的内容和其他程序的内容。按照法定格式抄写录音内容。询问说话者以搞清听不见的陈述。将一份清晰的诉讼记录抄本存档于法庭书记的办公室。归档和储存开庭的速记笔记。对开庭期间提出的阅读已经录音的诉讼内容的要求做出回应。为律师记录口供和其他诉讼内容。与原诉讼内容录音进行核对，证实抄本的准确性；与法官核对，证实裁定的准确性。在电脑磁盘或只读光盘驱动器上做好标记；然后经电脑转换并展示成文本形式。

2．公共广播系统播音员和其他播音员

性格类型：社会型 – 艺术型 – 事业型

年收入：24,990 美元

年职位增长率：3.8%

年职位空缺数：2,000

最普遍的教育 / 培训程度：长期在职培训

在体育赛事或其他公共活动时进行播音。可能在婚礼、集会、俱乐部或其他人员聚集场所担当司仪或电台音乐节目主持人。迎接来宾和担当宴会、新店开张和其他活动的司仪。审查要在公共广播系统上播出的任何音乐。通知赞助商即将到来活动的具体地点。会见会务总监以审查日程安排和交换有关细节的信息，如国歌演奏人员和首发阵容。宣布节目内容和替换的表演者或赞助人员的其他变化。阅读准备好的脚本，描述表演过程中演示的动作或技巧。即兴评论人们关注的项目，如：一个事件的背景和历史或者参加者的以往记录。发生紧急情况时，指挥人群行动并使他们安静下来。学会说参加项目的运动员、教练员、机构人员、官员和其他个人的名字。研究活动地点的布局，旨在应急时能够提供准确的指引。每次活动开始前审查和宣布人群控制程序。提供事件活动当场连续评述，如实况描述或解释官方决定。整理团队信息，如统计数据和比赛记录，确保比赛中随时使用。提供关于对记分员报道的信息。

3. 公共关系专家

性格类型：事业型 – 艺术型 – 社会型

年收入：47,350 美元

年职位增长率：22.9%

年职位空缺数：38,000

最普遍的教育 / 培训程度：学士学位

通过书写或选择有利的宣传材料，并通过各种传播媒体发布出去的方法，进行促进或营造对个人、团体，或机构的亲善关系。可能准备并安排展示和作演讲。起草或编辑内外部观众阅读的机构出版物，包括员工时事通讯和股东报告。答复媒体提出的信息要求或指定另一位适当的发言人或信息源。与社区、消费者、员工、公益团体的代表建立和保持合作关系。策划和指导信息程序的开发与交流，保持公众和股东对机构的成就和议事日程有良好的感觉。与制作和辅助人员协商制作或协调制作广告和搞促销活动。安排公共露面、演讲、有奖活动或展览，以提高客户对产品和服务的认知度并促进商誉度。研究具体目标、促销策略、编制需求，以制定影响公众舆论或推销理念、产品和服务的公关战略。与广告宣传机构或员工磋商以安排各种媒体对产品、机构或个人开展促销活动。与其他经理商量，确定发展趋势和主要群体的利益和关注点，或者对商务决定提供建议。指导客户代表与公众和员工进行有效地沟通。准备并发表演讲以促进公共关系目标。按需求购买广告宣传的空间和时间以推销客户的产品或提升议程。计划与实施市场和公众舆论的调研以检验产品或确定产品成功的可能性，将结果传递给客户或管理层。

4. 技术作家

性格类型：艺术型－研究型－传统型

年收入：58,050 美元

年职位增长率：23.2%

年职位空缺数：5,000

最普遍的教育 / 培训程度：学士学位

书写技术材料如设备手册、附录或操作与保养说明书。可能协助版面设计工作。按照有序、清晰、简洁、时尚、术语的设定标准整理材料并完成书写任务。保持书写工作和修改情况的记录和文档。对其他撰稿人或机构人员书写的材料进行编辑、标准化或修改。与顾客代表、销售商、工厂主管或出版商协商，确立技术规格和确定准备出版的主题材料。检查已出版的材料，提出在范围、格式、内容和重印及装订方法方面的修正或改变建议。选择解释说明材料的照片、图示、素描、图形和图表。研究图示、规格、实体模型和产品样品，整合与描述技术、操作程序和生产顺序和细节。采访生产和工程人员，阅读学术期刊和其他材料，熟悉产品技术和生产方法。观察生产、开发、试验活动以确定操作程序和细节。安排材料的录入打印、复制和分发。协助筹划出版物的材料。分析具体领域的发展以确定先前出版材料的修正需求，还要分析新材料的发展。审查制造商和其他的交易目录、图纸以及与设备操作、保养和服务有关的其他数据。绘制说明规定的材料或装配顺序的示意图。

5. 作家和作者

性格类型：艺术型－事业型－社会型

年收入：48,640 美元

年职位增长率：17.7%

年职位空缺数：14,000

最普遍的教育 / 培训程度：学士学位

职业说明：

广告文稿撰写人。撰写用于出版物或广播媒体的广告宣传文稿，促进产品的销售和服务。撰写用于出版、广播及网络媒体的广告宣传文稿，促进产品的销售和服务。向客户提出草稿和想法。与客户讨论产品、广告宣传的主题与方法和广告文稿中应该进行的改动。与销售、媒体、市场营销代表磋商，获取产品或服务的信息并讨论广告宣传文稿的风格和长短。根据产品和媒介的情况，变换信息的言词和语气。必要时，编辑或重写现有文稿并呈交监督人批准。要用顾客语言和按顾客水准撰写以便广告客户的销售信息更容易被接受。撰写文章、公告、促销信、演讲及其他有关告知性、市场营销和促销的材料。为产品起名和撰写用在包装、宣传小册子和其他促销材料上的口号。审查广告宣传动态、消费者调查和其他有关产品与服务营销的数据，以确定产品促销的最佳方式。为广大客户承办广告宣传活动，与广告宣传机构的创意与艺术总监共同努力以确定呈现广告宣传信息的最佳方式。搞调查和采访，以确定应该推销产品的哪个卖点。

诗人、抒情诗人和创意作家。为出版物或表演进行文字作品的进行原创，如原稿、随笔、散文、诗词或歌词。修改文字材料以达到个人标准和满足客户、出版商、导演或制作人的需求。选择主题和适当形式以表达个人感情和经历或想法，或叙述故事或事件。对项目准备工作或概要进行计划并相应地整理素材。使作品开本适当，准备出版并送到出版商或制作者那里。履行适当程序得到完整作品的版权。撰写小说或非小说散文如短篇小说、中长篇小说、传记、文章、描述性或判断性分析、随笔等。开发主题、情节、特性描述、心理分析、历史环境、动作、对话等因素，以创作素材。搞研究以获取真实的信息和真正的细节，采用报纸报道、日记和采访等消息来源。撰写叙事、戏剧、抒情或其他类型的诗词出版。出席新书上市和宣传活动或举办公众朗读会。为音乐作品填词，包括歌剧、音乐剧和合唱作品的歌词。改编文字，适应作曲家和歌唱家的音乐需求。教写作课。为出版或表演撰写幽默材料，如喜剧节目、幽默搞笑、戏剧表演。与其他撰稿人合作搞具体项目。

戏剧艺术

性格类型：艺术型－事业型－社会型

专业方面的有用事实

重点是戏剧作品和其表演的一般性研究。

相关的《教学项目分类》大纲：普通戏剧与戏剧艺术 0501–50

专业划分：表演；设计与技术；导演。

大学课程标准顺序：英文写作，外语，戏剧历史，表演技巧，戏剧文学，演出技巧，剧场技术（例如布景、服装、灯光），剧场实习课。

高中课程标准顺序：英语，外语，文学，演讲。

工作概况

戏剧是最古老的艺术形式之一，如今还在娱乐观众。如所有表演艺术行业一样，教师的机会好于演员。在大学一级教课通常需要硕士学位。剧场的技术方面——背景设计、灯光、服装设计、化妆——也为非表演者提供工作。学术课程里有许多通过学生的表演而学习的机会。

相关职位的有用平均值

◎ 年收入：56,310 美元

◎ 年职位增长率：16.4%

◎ 自雇者：30.4%

◎ 兼职者：23.3%

◎ 语言技能评分：66.0

◎ 数学技能评分：35.9

相关职位方面的其他细节

年职位空缺总数：22,000

相关领域：文学与传播 03

工作技能——人事资源管理；演讲；时间管理；监视；主动聆听；社会洞

察力。

工作价值——权威性；创造性；能力应用；自主性；认可度；责任感。

工作条件——室内，受环境控制；坐着。

相关职位

1. 演员

性格类型：艺术型－事业型－社会型

年收入：无可利用数据

年职位增长率：16.1%

年职位空缺数：11,000

最普遍的教育/培训程度：长期在职培训

在舞台、电视、广播电台、录像或电影作品中扮演角色，为了娱乐、传达信息或说明情况。用语言、手势、身体动作解释严肃或喜剧角色以娱乐观众或向他们传达信息。可能要又唱又跳。研究和排练脚本中的角色，按照导演所示进行表演、学会和记住台词、特技动作和提示。与导演、其他演员和剧作家紧密协作，找出最适合那个角色的表演。了解剧本中的人物和他们的相互关系，展开角色的表演。与整个剧组的其他演员合作。用身体动作、面部表情和姿态，表演出情感、动作和情境的幽默或庄重的不同意义。参加角色试演和试演试镜。用语言、姿态和身体动作扮演和表演角色，向广播电台、电影、电视或现场的观众提供娱乐，传达信息和说明情况。与负责灯光、服装、化装和道具的其他成员一道工作。在戏剧或戏剧表演中或唱或跳。在很少或没有舞台道具可用的情况下，读剧本或书稿，给动作作旁白或传达信息或娱乐观众。用类似戏剧或电影访谈的方式推销作品。为戏剧、戏剧、木偶剧、故事或其他表演撰写原创和改编素材。为电影、电视或舞台作品准备和表演特技动作。讲笑话；表演滑稽舞、唱歌、演小品、模仿其他人的怪动作和声音；扭曲面部；使用其他技术手段娱乐观众。操纵弦、线、杆或手指使木偶或模仿物活动起来，并与话语、歌曲或录制的节目同步。打扮和化妆成滑稽小丑，表演喜剧节目，娱乐观众。表演原创和固有的魔术戏法，搞笑和迷惑观众，偶尔让观众成员参与表演。用手工工具和机器，制作木偶和口技者用的假人，缝制辅助的服装。

2. 制作人和导演

性格类型：艺术型 – 事业型 – 社会型

年收入：56,310 美元

年职位增长率：16.6%

年职位空缺数：11,000

最普遍的教育 / 培训程度：工作经验和学位

职业说明：

导演——舞台、电影、电视、广播导演。解读剧本、组织排练和指导舞台、电影、电视或无线电广播节目演员和技术人员的活动。指导公众娱乐或教育的现场广播、电影和录音或非广播的节目制作。监督和调整摄像、灯光、设计、音响工作人员的工作。学习和研究剧本以确定应该怎样导演。剪辑胶片和磁带，将各组成部分整合成期望的顺序。在胶片编辑和加入电影原声的后期制作期间，与电影和音响编辑合作。与技术总监、经理、全体工作人员、撰稿人协商，探讨制作的细节，如摄影、剧本、音乐、背景、服装等。策划每个镜头或场景的取景、作曲、摄像移动、音响和演员动作。向演员传达表演方式、特性描述和每个场景需要的动作，最大限度地减少预演和预备动作。根据时间管理演员与布景到场情况，制定演出节奏和场景顺序。选择拍摄环境和地点，确定在这些环境中如何取景。确认制作所需设备和元素，如布景、灯具、道具、服装、编舞、音乐。编撰剧本、节目注释和其他与制作有关的素材。履行制作者职责，如得到财政支持、建立与管理预算账户、招聘演员和工作人员。选择作品的剧本或脚本，确定素材应该怎样释义和表演。编辑提示词和短语；安排演出期间的提示人、演艺人员和技术人员。与撰稿人、制作人或演员磋商有关脚本改变或“工作坊”脚本事宜，通过与撰稿人和演员的排演，最终定稿。与制作人合作以聘用艺术总监、电影摄影师、服装设计师等全体工作人员。每天审查拍完的影片以检查工作进度并计划下一步的拍摄。解释舞台—场景布置图以确定舞台布局和监督设备与风景的布置。和制作人一起对角色试演或与已确定适于扮演具体角色的演员谈判合同。

制作人。策划和协调无线电广播、电视、舞台或电影制作的各个方面，如选择脚本；协调编写、导演、编辑工作；安排融资。将协调撰稿人、导演、经理和其他人员活动的工作贯穿制作的全过程。监控后期制作流程，以确保准确完成所有细节。履行管理工作职能，如做预算、制定时间表、做计划和搞销售。确定作品规模、内容和预算，制定细目，如作品时间表和管理方针。编写与编辑脚本或向编剧家提供写脚本的故事轮廓。召开员工会议，讨论制作进度并保证达到制作目的。解决制作过程中出现的人事问题，必要时充当异议双方的联络人。为特殊场合如节假日或各种仪式制作节目。从记者收集的信息中编辑和撰写新闻报道。撰写和呈交项目合同竞标书。招聘导演、主要演员和主要制作员工。为作品筹措资金。选择要制作的剧本、脚本、书籍或创意。审查胶片、录音或排演情况以保证符合制作和广播标准。履行行政管理职能，如准备操作报告、分发排演通知单和脚本副本、安排排演住处。获得和分发完成作品所需服装、道具、音乐、工作室设备。通常依照集体谈判协议与艺术效果人员谈判合同。保持了解演员和技术人员工会或协会规定的最低工资和工作条件。计划和协调音乐录音的制作、音乐的选择和对演员的指导。与各方谈判，包括独立的制作人以及成品经销商和播放者。制订成品销售计划，与销售同事合作以监督产品的分销。确定和指导广播节目的内容。

节目部主任。指导和协调从事制定无线电台或电视台节目内容和体育或新闻节目内容的工作人员。根据播放时间长短，可用时间以及诸如社区需求、收视率数据和观看人数统计等其他因素，策划和安排节目播放和事件报道。监控和审查节目的播放以确保符合时间安排、坚持指导方针和节目具有水准。指导和协调从事播放新闻、体育节目或节目编排的工作人员。检查播出节目的记录是否准确，是否符合规章制度，并解决节目记录不准确的问题。制定工作进度表，把工作分配给员工。协调新闻和节目编排等部门之间的业务工作。根据观众调查表和反馈意见等信息评估新的和现有节目编排的适用性，评估是否需要改变。制定节目编排和播放预算，监控花费，确保不超出预算界限。与导演和制作人员磋商以讨论制作与选派演员问题、预算、政策、新闻报道等事宜。选择、获得和保存节目、音乐、影片和其他所需素材并得到必要时使用这些素材的法律许可。监控关于每日节目时间表、节目内容、特别消息或节目更改等通知的网络传输。推广现有节目和特别节目。准备拷贝、编辑磁带以便素材随时播放。为台站能够制作的节目和体现出来的特征而开发各种理念。参与集资活动的策划和实施。审查有关节目和播放时间的信息以确保准确性，必要时，向当地媒体站点提供这种信息。阅读新闻、阅读或录制公益和促销公告，而且按照规定，作为一名成员参与实况转播。操作与保养广播和音像制作设备。指导远程设施的设置，安装或撤销远程台站的节目。

演员主任。试演和面试演员以挑选扮演舞台、电视、广播或电影作品中角色的最佳人才。审查表演者的信息，如照片、简历、声音磁带、影像资料、工会会员身份，以决定让谁试演。阅读脚本并与制作人协商以确定特定作品所需表演者类型和数量。挑选角色表演者或呈报合适表演者名单供制作人或导演最终选择。充当导演、演员、经纪人之间的联络人。试演和面试演员以使其特征与具体角色相配或增加可用表演人才的储备。保存人才档案，包括表演者的专长、以前的表演和可用性等信息。为演员试演提供脚本和有关角色和角色分配要求的信息。关心或观看作品以保持了解可用的演员。与表演者、与经纪人或在表演者和经纪人或制作公司之间谈判合同协议。联系经纪人和演员以提供试演通知和表演机会并确定试演时间。雇用和监督能帮助找到具有指定特征和天赋的人的工作人员。为未来的表演者安排或设计试镜头或试演。直接联系或通过经纪人找到群众演员或临时演员和背景场景以及演员替身或演员摄影替身。

技术指导或经理。协调磁带录音、编辑、工程、维修等技术部门的活动，以制作无线电或电视节目。指导新闻广播和其他作品的技术方面，检查和转换视频来源并负责实况转播产品，包括拍摄镜头和制图。测试设备以保证正常运行。监控广播以保证节目符合电台或网络政策和规定。通过监视器观察图片，在遮蔽和构图方面指导摄影和视频员工。充当工程与制作部门之间的联络人。监督从事无线电和电视节目的制作和技术控制人员并向他们分配职责。制定制作人和工程与维修人员使用工作室和编辑设施的时间表。与制片主任协商以制定和保持公平和可实现的节目技术策略。操作设备以制作节目或播放来自远距离的实况节目。培训工作人员使用转换器、摄像机、监视器、麦克风、灯具等设备。使用转换器、视频幻灯片投影仪、视频效果发生器等设备，对演播室里或现场多镜头采制的视频素材进行转换。确定并实行视频转换和特效,如褪色、溶解、剪切、基本色调、贴布，必要时用电脑处理图片。与促销主管合作，搞无线电广播站促销活动。与摄影导演和视频操作者谈论滤光镜的选择、镜头的选择以及拍摄物体的视觉效果。制作中，听从制作经理和总监的指示，如摄影剪切、效果、制图、取景。

英语

性格类型：艺术型

专业方面的有用事实

重点是英语语言，包括其历史、结构和相关交流技能以及讲英语的民族的文学和文化。

相关的《教学项目分类》大纲：普通英语语言与文学 0101–23

专业划分：创意写作；英语教育；语言；文学。

大学课程标准顺序：英文写作，文学研究概论，外语，英国文学调查，美国文学调查，一位主要作家（如：莎士比亚、浪漫派诗人），一个流派（如：戏剧、短篇小说、诗词），创意写作，英语语言历史，对比文学。

高中课程标准顺序：英语，外语，文学，历史，演讲，社科。

工作概况

英语专业不仅了解一种伟大的文学传统，而且还要开发一流的写作与判断思维技能，这在各种职业生涯中很有价值。除了教学，他们中的很多人从事商务、法律、图书馆学，通常都具有相称的硕士学位或法学学位。据说他们在计算机程序设计方面能成为优秀的培训者。在各种职业中，他们人文主义的技能常常使其比那些学更具体的定向职业课程的人进步得快。

相关职位的有用平均值

◎ 年收入：43,702 美元

◎ 年职位增长率：12.8%

◎ 自雇者：36.6%

◎ 兼职者：30.7%

◎ 语言技能评分：77.6

◎ 数学技能评分：38.1

相关职位方面的其他细节

年职位空缺总数：34,000

相关领域：文学与传播 03

工作技能——指导；写作；学习策略；社会洞察力；劝导；阅读理解。

工作价值——权威性；社会工作；创造性；成就感；能力应用；自主性。

工作条件——室内，受环境控制；坐着。

相关职位

1. 编辑

性格类型：艺术型－事业型－社会型

年收入：46,990 美元

年职位增长率：14.8%

年职位空缺数：16,000

最普遍的教育／培训程度：学士学位

履行各种编辑职能，如版面设计、索引编入和文字材料内容的修改，为最终的出版做准备。起草、改写和编辑文稿以改进可读性或监督做这项工作的其他人。阅读文稿或校样以发现并更正拼写、标点、句法方面的错误。运用版面设计原理知识，根据空间参数和文稿重要性来分配故事正文、图片和插图的印刷空间。根据出版风格、编辑政策和出版要求，策划出版物的内容。使用标准的参考资料验证事实、日期和统计数据。审查和批准排字车间在出版物制作前呈交的校样。考虑读者或观众的需求创作故事。监督出版物制作，包括插图、设计、电脑排字和印刷，确保按期完成并符合预算要求。与管理层和编辑人员商量有关开发新小说的部署和重点问题。将主题、项目和故事分配给各个撰稿人或报道记者。阅读、评价、编辑原稿或其他呈交上来要出版的素材，与作者磋商有关内容、风格或结构方面改变或出版问题。监控新闻采访活动以保证利用所有的新闻来源，如新闻稿、电话联系人、无线电、电视、通讯社和其他记者。经常与艺术家、排字员、设计人员、市场营销主任、生产经理会面，讨论项目并解决问题。监督和协调记者和其他编辑的工作。使原稿能够接受或向出版商提出修改建议。根据对新闻条目重要意义和兴趣价值的评估，选择发自通讯社的地方、州、国家和国际新闻条目。面试聘用撰稿人和记者并负责合同、版税和支付给作者或自由撰稿人的稿酬谈判。指导报纸、杂志和其他出版机构的政策以及各部门。办理版权许可。阅读素材以确定索引条目并按字母顺序或按题目排列，表明页数或章节的位置。

2. 记者和通讯员

性格类型：艺术型 – 研究型 – 事业型

年收入：33,470 美元

年职位增长率：4.9%

年职位空缺数：4,000

最普遍的教育 / 培训程度：工作经验和学位

通过采访、调查或观察，收集和分析有报道价值的事件的真实情况。报告和撰写报纸、新闻杂志、无线电或电视的报道题材。为出版物或广播节目进行新闻稿件的撰写和报道，描述事件背景和细节。安排采访能够提供特别新闻报道信息的人。按照编辑风格和格式编排的指导方针，审查文稿，改正内容、语法和标点错误。审查和鉴定对事件本身作的注释以与相关的事实和细节分开。确定新闻报道的重点、长度和格式并相应地整理素材。研究和分析与新闻题材有关的背景信息，以便能够提供完整和准确的信息。通过研究、采访、经历和出席政治、新闻、体育、艺术、社交及其他聚会的方式，收集关于事件的信息。调查重大新闻进展情况，如灾害、犯罪和唤起读者共鸣的报道。研究和报道专业领域，如医疗、科学技术、政治、外交事务、体育、艺术、消费者事务、商务、宗教、犯罪或教育。查看参考资料，如书籍、新闻稿件、公共记录，以获取相关事实。接受工作任务或评估线索和内部消息以形成新闻报道的想法。与编辑谈论议题以确立优先考虑的事宜和定位。修正稿子，得到编辑认可或符合时间或空间要求。拍摄新闻事件照片或进行录像或请求指派摄影师提供此类新闻报道。分析和解释新闻、时事、个人经历，形成专栏或评注的观点和素材。使用卫星电话、电话、传真机或调制解调器传输新闻报道或从远距离地点报道信息。通过广播媒体进行现场或录制的评论。进行磁带录音或胶片拍摄的采访或叙述。编辑或协助编辑要播放的视频。撰写专栏文章、社论、评论或综述以说明事件或发表观点。以知识、判断和经验为基础，撰写文学、音乐和其他作品的综述。

3. 作家和作者

性格类型：艺术型 – 事业型 – 社会型

年收入：48,640 美元

年职位增长率：17.7%

年职位空缺数：14,000

最普遍的教育 / 培训程度：学士学位

职业说明：

广告文稿撰写人。撰写广告宣传文稿，用于出版或广播媒体，促进产品和服务销售。撰写广告宣传文稿，用于出版、广播及网络媒体，促进产品和销售服务。向客户提出草稿和想法。与客户讨论产品、广告宣传主题和方法以及广告宣传文稿应该做的任何改动。与销售、媒体及市场营销代表磋商，获取产品或服务信息并讨论广告宣传文稿的风格和长短。根据产品和媒介情况，变换信息言词和语气。必要时，编辑或重写现有文稿并上交文稿请负责人审批。要用顾客语言习惯和水准撰写，以便广告客户的销售信息更容易被接受。撰写文章、公告、促销信、演讲及其他有关告知性、市场营销和促销材料。为产品起名，撰写用在包装、宣传小册子和其他促销材料上的口号。回顾广告宣传趋势、消费者调查和其他有关产品与服务营销数据，以确定产品促销的最佳方式。为广泛客户承办广告宣传活动，与广告宣传机构的创意与艺术总监共同努力确定展示广告宣传信息的最佳方式。搞调查、做采访，以确定产品哪个卖点应该推销。

诗人、抒情诗人和创意作家。为出版或表演进行文字作品进行原创，如原稿、随笔、散文、诗词或歌词。修改文字材料以达到个人的标准和满足客户、出版商、导演或制作人的需求。选择主题和适当形式表达个人感情和经历或想法，或叙述故事或事件。对项目安排或概要做计划并相应地整理素材。为以适当形式出版作品做好准备，并送至出版商或制作者那里。履行适当程序得到完整作品的版权。撰写小说或非小说散文，如短篇小说、中长篇小说、传记、文章、描述性或判断性分析和随笔。形成主题、情节、特性描述、心理分析、历史环境、动作、对话等因素，以创作出素材。与客户、编辑、出版商或制作者协商以讨论对文字素材的修改。进行研究以获取真实信息和真正细节，采用报纸报道、日记和采访等消息来源。撰写叙事、戏剧、抒情或其他类型诗词出版。出席新书上市和宣传活动或举办公众朗读会。为音乐作品填词，包括歌剧、音乐剧和合唱作品歌词。改编文本以适应作曲家和歌唱家的音乐需求。教写作课。为出版或表演撰写幽默材料，如喜剧节目、幽默搞笑、戏剧表演。在具体项目上与其他撰稿人合作。

电影研究

性格类型：艺术型－事业型－社会型

专业方面的有用事实

电影研究重点是研究影/视艺术的历史、发展、理论和批评以及电影摄制和电影制作的基本原理。

相关的《教学项目分类》大纲：电影艺术和影/视制作 0602-50；电影研究 0601-50

专业划分：电影批评；导演/制作；剪辑；电影剧本创作。

大学课程标准顺序：英文写作，外语，现代世界历史，心理学概论，叙事手法的电影，电影历史，电影风格与流派，主要电影导演，文学与媒体，电影理论与批评，性别与电影，研讨会（研讨报告）。

高中课程标准顺序：英语，外语，文学，历史，摄影。

工作概况

电影是最新的艺术形式之一，既有大众文化又有高艺术成分。美国影视业持续增长，越来越多的支配世界市场。但是在本行业，对富有创造性的工作的竞争非常激烈。一些电影专业毕业生从事电影制作或教育影片制作或成为批评家。电影是学术课程的重点，学生很感兴趣，通常能够适应；因此，他们或许撰写很多有关电影的文章或做大量制作电影的实践工作。

相关职位的有用平均值

◎ 年收入：51,199 美元

◎ 年职位增长率：16.4%

◎ 自雇者：26.6%

◎ 兼职者：26.0%

◎ 语言技能评分：64.6

◎ 数学技能评分：39.0

相关职位方面的其他细节

年职位空缺总数：18,000

兴趣领域：文学和传播 03

工作技能——人事资源管理；时间管理；演讲；监控；协调；主动聆听。

工作价值——权威性；创作性；责任感；自主性；认可度；能力应用。

工作条件——室内，受环境控制；坐着。

相关职位

1. 电视、录像、电影摄影师

性格类型：艺术型 – 现实型 – 事业型

年收入：40,060 美元

年职位增长率：14.2%

年职位空缺数：4,000

最普遍的教育 / 培训程度：中期在职培训

操作电视、录像或电影摄像机以拍摄图像或场景用于不同目的，如电视播放、广告宣传、录像制作或电影。操作电视或电影摄像机以记录电视播放、广告宣传或电影所需的场景。组成每个镜头，形成画面，应用灯光、镜头、胶片、滤光片和摄像机设置技术，达到导演想要的效果。操作变焦镜头，根据规格和排演指令改变图像。使用几种不同底座的任何一种摄像机，如固定式、轨道式或吊管机上。测试、清洗和保养设备，确保正常工作状态。调整摄像机、印片机和相关设备的位置和控制装置以变换焦距、曝光和照明。使用电子新闻采访或制片设备，收集和编辑外景拍摄场地的影片长度以送到电视台播放。与导演、音响和照明技师、电工及其他班组成员协商，谈论工作分工并确定拍摄顺序、预期效果、摄像机运转和照明要求。观察布景或外景拍摄地以发现潜在问题并确定拍摄和照明要求。在摄像机设置、角度、距离、移动、参数和起止拍摄的提示方面，指导摄像师。利用拍摄技术、要求和计算的知识，选择和组装摄像机、附件、设备和拍摄期间要使用的胶片材料。标注和记录曝光胶片的内容并注意报表上的细节。阅读图表，计算比率以确定照明、快门角度、滤光因素、摄像距离等参数。设置摄像机、光学印片机和相关设备以制作照片和特效。观看胶片解决曝光控制、被拍摄对象和摄像机的移动、被拍摄对象距离、相关参数等问题。给摄像机暗盒重装未用过的胶片。阅读和分析工作指令和规格，确定被拍摄对象素材的位置、工作程序、操作顺序和机器设置。接收原始胶片原料，保持胶片的库存量。

2. 影视编辑

性格类型：艺术型 – 事业型 – 研究型

年收入：46,670 美元

年职位增长率：18.6%

年职位空缺数：3,000

最普遍的教育 / 培训程度：学士学位

编辑电影音轨、胶片和视频。剪辑在场景中具体时间不同角度的拍摄片段，使每一删剪尽可能连贯流畅。研究脚本，熟悉作品的概念和要求。使用编辑设备编辑胶片和录像带以插入音乐、对话和音效；将胶片编成片段；纠正差错。挑选并组合每个场面效果最佳的那些镜头，形成一段符合逻辑连续顺畅的故事。在画面上标注特殊镜头或声音要开始或结束的地方。确定完成制片必要的具体音频和视觉效果及音乐。核实拍摄素材的主要数字和时间编码。按照脚本或导演和制片人的指示，将未加工片段整理并串成一个连续的整体。在银幕或监视器上审查合成的影片或编辑完的录像带，以确定是否需要一些更正。安排用电脑处理的图形效果。反复地审查镜头，以便熟悉，然后合成最终产品。设置并操作电脑编辑系统、电子标注系统、视频转换设备和数字视频效果部件，以生产最终产品。录下需要的声音片断或从音效图书馆处得到。与制片人和导演协商有关设计或编辑方式事宜，旨在提高作品的戏剧性或娱乐价值。与音频、视频、音乐、光学或特效部门人员紧密合作，巧妙地处理情节、配乐、声响和图形，使各部分形成一个连续的整体。监督和协调从事影片编辑、合成和录音人员的工作。修剪影片的段数以达到要求的长度并以最大效果表现故事的顺序进行合成。开发影片后期制作的模型。拼合声音以形成影片音轨。为导演和制作成员放映影片。与音乐编辑合作，选择合适的音乐段落并形成作品的配乐。与音效编辑讨论图片的音响需求。

3. 制片人和导演

性格类型：艺术型 – 事业型 – 社会型

年收入：56,310 美元

年职位增长率：16.6%

年职位空缺数：11,000

最普遍的教育 / 培训程度：工作经验和学位

职业说明：

导演——舞台、电影、电视、无线电广播导演。解读剧本、组织排练和指导舞台、电影、电视或无线电广播节目演员和技术人员的活动。指导公众娱乐或教育的现场广播、电影和录音或非广播的节目制作。监督和调整摄像、灯光、设计、音响工作人员的工作。学习和研究剧本以确定应该怎样导演。剪辑胶片和磁带，将各组成部分整合成期望的顺序。在胶片编辑和加入电影原声的后期制作期间，与电影和音响编辑合作。与技术总监、经理、全体工作人员、撰稿人协商，探讨制作的细节，如摄影、剧本、音乐、背景、服装等。策划每个镜头或场景的取景、作曲、摄像移动、音响和演员动作。向演员传达表演方式、特性描述和每个场景需要的动作，最大限度地减少预演和预备动作。根据时间要求和演员与背景到场情况，制定演出节奏和场景顺序。选择拍摄环境和地点，确定在这些环境中如何取景。确认制作所需设备和元素，如布景、灯具、道具、服装、编舞、音乐。编撰剧本、节目注释和其他与制作有关的素材。履行制作者职责，如得到财政支持、建立与管理预算账户、招聘演员和工作人员。选择作品的剧本或脚本，确定素材应该怎样释义和表演。汇编提示词和短语；安排演出期间的提示人、演艺人员和技术人员。与撰稿人、制作人或演员磋商有关脚本修改或“模拟”脚本事宜，通过与撰稿人和演员的排演，最终定稿。与制作人合作以聘用艺术总监、电影摄影师、服装设计师等全体工作人员。每天审查拍完的影片以检查工作进度并计划下一步的拍摄。解释舞台—场景布置图以确定舞台布局和监督设备和风景的布置。和制作人一起对角色试演或与已确定适于扮演具体角色的演员谈判合同。

制作人。策划和协调无线电广播、电视、舞台或电影制作的各个方面，如选择脚本；协调编写、导演、编辑工作；安排融资。将协调撰稿人、导演、经理和其他人员活动的工作贯穿制作的全过程。监控后期制作流程，以确保准确完成所有细节。履行管理工作职能，如做预算、制定时间表、做计划和搞销售。确定作品规模、内容和预算，制定细目，如作品时间表和管理方针。编写与编辑脚本或向编剧家提供写脚本的故事轮廓。召开员工会议，讨论制作进度并保证达到制作目的。解决制作过程中出现的人事问题，必要时充当异议双方的联络人。为特殊场合如节假日或各种仪式制作节目。从记者收集的信息中编辑和撰写新闻报道。撰写和呈交项目合同竞标书。招聘导演、主要演员和主要制作员工。为作品筹措资金。选择要制作的剧本、脚本、书籍或想法。审查胶片、录音或排演情况以保证符合制作和广播标准。履行行政管理职能，如准备操作报告、分发排演通知单和脚本副本、安排排演住处。得到和分发完成作品所需服装、道具、音乐、工作室设备。通常依照集体谈判协议与艺术效果人员谈判合同。了解演员和技术人员工会或协会规定的最低工资和工作条件。计划和协调音乐录音的制作、音乐的选择和对演员的指导。与各方谈判，包括独立的制作人以及成品经销商和播放者。制订成品销售计划，与销售同事合作以监督产品的分销。确定和指导无线电广播节目的内容。

节目部主任。指导和协调从事制定无线电台或电视台节目内容和体育或新闻节目内容的工作人员。根据播放时间长短，可用时间，以及诸如社区需求、收视率数据和观看人数统计等其他因素，策划和安排节目播放和事件报道。监控和审查节目的播放以确保符合时间安排、坚持指导方针和节目具有水准。指导和协调从事播放新闻、体育节目或节目编排的工作人员。检查播出节目的记录是否准确，是否符合规章制度，并解决节目记录不准确的问题。制定工作进度表，把工作分配给员工。协调新闻和节目编排等部门之间的业务工作。评估新的和现有节目编排的适合性并根据观众调查表和反馈意见等信息，评估是否需要改变。制定节目编排和播放预算，监控花费，确保不超出预算界限。与导演和制作人员磋商以讨论制作与选派演员问题、预算、政策、新闻报道等事宜。选择、获得和保存节目、音乐、影片和其他所需素材并得到必要时使用这些素材的法律许可。监控关于每日节目时间表、节目内容、特别消息或节目更改等通知的网络传输。推广现有节目和特别节目。准备拷贝、编辑磁带以便素材随时播放。为台站能够制作的节目和体现出来的特征而开发各种理念。参与集资活动的策划和实施。审查有关节目和播放时间的信息以确保准确性，必要时，向当地媒体站点提供这种信息。阅读新闻、阅读或录制公益和促销公告，而且按照规定，作为一名成员参与实况转播。操作与保养广播和音像制作设备。指导远程设施的设置，安装或撤销远程台站的节目。

演员主任。试演和面试演员以挑选扮演舞台、电视、电台或电影作品中角色的最佳人才。审查表演者的信息，如照片、简历、声音磁带、影像资料、工会会员身份，以决定让谁试演。阅读脚本并与制作人协商以确定特定作品所需表演者类型和数量。挑选角色表演者或呈报合适表演者名单供制作人或导演最终选择。充当导演、演员、经纪人之间的联络人。试演和面试演员以使其特征与具体角色相配或增加可用表演人才的储备。保存人才档案，包括表演者的专长、以前的表演和可用性等信息。为演员试演提供脚本和有关角色和角色分配要求的信息。关心或观看作品以保持了解可用的演员。与表演者、与经纪人或在表演者和经纪人或制作公司之间谈判合同协议。联系经纪人和演员以提供试演通知和表演机会并确定试演时间。雇用和监督能帮助找到具有指定特征和天赋的人的工作人员。为未来的表演者安排或设计试镜头或试演。直接联系或通过经纪人找到群众演员或临时演员和背景场景以及演员替身或演员摄影替身。

技术指导或经理。协调磁带录音、编辑、工程、维修等技术部门的活动，以制作无线电或电视节目。指导新闻广播和其他作品的技术方面，检查和转换视频来源并负责实况转播产品，包括拍摄镜头和制图。测试设备以保证正常运行。监控广播以保证节目符合电台或网络政策和规定。通过监视器观察图片，在遮蔽和构图方面指导摄影和视频员工。充当工程与制作部门之间的联络人。监督从事无线电和电视节目的制作和技术控制人员并向他们分配职责。制定制作人和工程与维修人员使用工作室和编辑设施的时间表。与经营董事协商以制定和保持公平和可实现的节目技术政策。操作设备以制作节目或播放来自远距离的实况节目。培训工作人员使用转换器、摄像机、监视器、麦克风、灯具等设备。使用转换器、视频幻灯片、投影仪、视频效果发生器等设备，对演播室里或现场多镜头采制的视频素材进行转换。确定并实行视频转换和特效，如褪色、溶解、剪切、基本色调、贴布，必要时用电脑处理图片。与促销主管合作，搞无线电广播站促销活动。与摄影导演和视频操作者谈论滤光镜的选择、镜头的选择以及拍摄物体的视觉效果。制作中，听从制作经理和总监的指示，如摄影剪切、效果、制图、取景。

工业设计

性格类型：艺术型

专业方面的有用事实

毕业生能够用艺术手段通过对工业产品的包装、形状和形式的有效创作，向企业和消费人群传达理念和信息。

相关的《教学项目分类》大纲：工业设计 0404-50

专业划分：计算机建模；产品设计。

大学课程标准顺序：英文写作，大学代数，素描，口头交流，经济学概论，艺术史：文艺复兴到现代，普通物理学，市场营销概论，图形设计概论，视觉思维与问题解决，图标制作，工业设计材料和过程，设计中的人为因素（人类工程学），计算机建模，工业设计史，工业设计专业实践，高级设计项目。

高中课程标准顺序：代数，几何，三角，初级微积分，英语，讲演，艺术，计算机，机械制图，摄影。

工作概况

工业设计师要对每一种可想象到的制成品从汽车到计算机到儿童玩具进行开发。他们需要懂得使这一产品发挥作用的技术和懂得使用这一产品的人类环境，如将产品握在手里的方法，还要懂得该产品竞争的市场。因此，该领域要求学生学会技术性、创作性和商务性的综合技能。计算机辅助设计已经成为必不可少的知识，这一技能常常使你能在一个竞争非常激烈的领域中受益而且能随外包到外国的设计公司工作。

相关职位的有用平均值

◎ 年收入：42,091 美元

◎ 年职位增长率：14.6%

◎ 自雇者：26.4%

◎ 兼职者：32.0%

◎ 语言技能评分：64.5

◎ 数学技能评分：53.1

相关职位方面的其他细节

年职位空缺总数：42,000

兴趣领域：文学与传播 03

工作技能——劝导；经营分析；写作；时间管理；指导；解决复杂问题。

工作价值——创造性；能力应用；成就感；认可度；工作条件；自主性。

工作条件——室内，受环境控制；坐着。

相关职位

1. 商业和工业设计师

性格类型：艺术型－现实型－事业型

年收入：54,560 美元

年职位增长率：10.8%

年职位空缺数：7,000

最普遍的教育/培训程度：学士学位

开发和设计制成品，如汽车、家电和儿童玩具。将艺术才能与对产品使用、市场营销和材料结合起来，创作出最具功能性和最吸引人的产品设计。使用制图工具、颜料和画笔或电脑辅助设计设备，制作示意图、细节图、说明插图、艺术插图或蓝图。指导与协调根据草图制作模型或样品以及工作图纸和说明书。使用工作模型修改和完善设计以符合顾客规格、制作限制或设计趋势的变化。调整产品种类的外观和功能。与工程、市场营销、生产或销售部门协商或与顾客协商，确立和评估成品的设计概念。提出设计方案和报告供客户或设计委员会批准并讨论需要的修改。根据外观、安全性、功能性、适用性、预算、制作成本/方法、市场特点等诸因素，评估设计想法的可行性。阅读出版物、出席展览会、研究有竞争力的产品以及设计风格和图案，以得到感性认识并产生设计概念。研究产品规格、成本、产品材料和制造方法，并提供成本估计和产品的各项要求。设计图解材料作为装饰、插图或广告宣传用于制成品材料和包装或集装箱上。制定制造工序并监控工厂按工序设计进行制造以提高操作和产品的质量。监督整个设计过程中助理的工作。用手工或电力工具制作纸料、木料、玻璃、纤维、塑料、金属或其他材料的模型或样品。调查产品特性，如产品的安全和操作性能；产品的市场吸引力；如何高效地生产；以及分销、使用和管理的方法。制定行业标准和管理准则。参与新产品策划或市场调研，包括研究新产品的潜在需求。对公司形象工程之类的事宜提出建议。

2. 美术设计员

性格类型：艺术型－事业型－现实型

年收入：39900 美元

年职位增长率：15.2%

年职位空缺数：35000

最普遍的教育/培训程度：学士学位

设计或创作图示满足商业或促销的具体需求，如包装、展示或标志。可能使用各种媒体以达到艺术或装饰效果。以布局原理和美学设计概念知识为基础，进行设计、概念和样品构图创作。确定说明性材料和文稿的长短和排列形式，选择文字的字体和大小。用电脑软件生成新图像。标注、粘贴、组合最终的图版，做好印刷准备。用电脑绘制和打印各种图表、曲线图、说明插图和其他插图。审查最终的图版，提出必要的改进意见。与客户协商，讨论并确定图版设计。开发出产品插图、公司标示和因特网网址的图形和图版。将主要信息输入电脑设备之中，为客户或负责人创作出图版。准备好素材的插图或素描，与客户或负责人讨论并做出必要的改动。研究插图和照片以计划对材料、产品或服务做出专题介绍。起草注释和说明供组合最终的图版并准备印刷的工作人员使用。用底片和印模制作设备与工具，制出底片和印模以印制出图版照片。用照相机拍摄图版，为负责人或客户提供图版照片。用电子录像设备制作电视新闻广播的实况播出和录播部分的静止和动画图形。

新闻与大众传媒

性格类型：艺术型

专业方面的有用事实

重点研究新闻收集、加工和发表的理论与实践，使个人能够成为专业文字记者、新闻编辑和新闻管理者。

相关的《教学项目分类》大纲：新闻业 0401–50

专业划分：媒体管理；新闻编辑与发表社论；新闻报道；摄影新闻；无线电和电视新闻。

大学课程标准顺序：英文写作，口头交流，美国政府，经济学概论，外语，心理学概论，大众传媒概论，大众媒体写作，新闻写作和报道，稿件编辑，大众传媒法律，交流伦理学，特写，摄影新闻学，媒体管理，媒体的视觉设计。

高中课程标准顺序：英语，代数，外语，艺术，文学，演讲，社科。

工作概况

新闻学不仅为新闻报道与写作，还为广告宣传和（通过专业的职业培训）新闻媒体的制作做好充分的准备。新闻业入门职位的竞争可能激烈，尤其是进入权威报社和媒体机构。开始你可以在较小的机构，随着你职业生涯的积累，可以转到越来越大的机构。尽管有些员工由于媒体机构合并而失业，但是新媒体技术（诸如网络杂志）已经产生了新的职位空缺。

相关职位的有用平均值

◎ 年收入：43,942 美元

◎ 年职位增长率：12.7%

◎ 自雇者：34.6%

◎ 兼职者：30.4%

◎ 语言技能评分：75.9

◎ 数学技能评分：37.4

相关职位方面的其他细节

年职位空缺总数：38,000

兴趣领域：文学与传播 03；政府与公共行政 07

工作技能——写作；阅读理解；主动聆听；劝导；判断思维；演讲。

工作价值——创造性；认可度；能力应用；成就感；责任感；自主性。

工作条件——室内，受环境控制；坐着。

相关职位

1. 广播新闻分析师

性格类型：艺术型－社会型－事业型

年收入：46,710 美元

年职位增长率：4.3%

年职位空缺数：1,000

最普遍的教育 / 培训程度：工作经验和学位

分析、解释和播放从各种来源接收的新闻。分析和解释从各种来源接收的新闻和信息，旨在能够将这些信息播放出去。用电脑撰写评论、专栏文章或脚本。检查地方、国家、国际重要的新闻条目，以确定发表的主题或得到编辑部成员的指派。协调并担任新闻广播节目主播。编辑新闻素材以保证其适合可用的时间或空间。挑选最适合播出的素材并整理成适当格式。收集信息并通过研究、采访、观察和体会对新闻主题形成看法。新闻报道中引进的录制片段或现场记者的实况传输提出建议。

2. 法庭记录员

性格类型：艺术型－传统型－社会型

年收入：45,610 美元

年职位增长率：45.61%

年职位空缺数：3,000

最普遍的教育 / 培训程度：大学职业培训

逐字逐句地和使用设备来记录、储存、恢复、抄写预审和庭审内容或其他信息。包括操作电脑化速记字幕设备，为有听力障碍的观众提供现场字幕或预先录制的广播的速记字幕员。用速记法做笔记或使用表音符号速记机或将字母打印在纸带上的速记机。按法官、律师或公众的要求，提供法庭记录的抄本。用电脑录音设备、电子速记机或速记电子模板，逐字逐句地记录法庭、立法会、委员会议的内容和其他程序的内容。按照法定格式抄写录音内容。询问说话者以搞清听不见的陈述。将一份清晰的诉讼记录抄本存档于法庭书记的办公室。归档和储存开庭的速记笔记。对开庭期间提出的阅读已经录音的诉讼内容的要求做出回应。为律师记录口供和其他诉讼内容。与原诉讼内容录音进行核对，证实抄本的准确性；与法官核对，证实裁定的准确性。在电脑磁盘或只读光盘驱动器上做好标记；然后经电脑转换并展示成文本形式。

3. 编辑

性格类型：艺术型－事业型－社会型

年收入：46,990 美元

年职位增长率：14.8%

年职位空缺数：16,000

最普遍的教育/培训程度：学士学位

履行各种编辑职能，如版面设计、索引编入和文字材料内容的修改，为最终的出版做准备。起草、改写和编辑文稿以改进可读性或监督做这项工作的其他人。阅读文稿或校样以发现并更正拼写、标点、句法方面的错误。运用版面设计原理知识，根据空间参数和文稿重要性来分配故事正文、图片和插图的印刷空间。根据出版风格、编辑政策和出版要求，策划出版物的内容。使用标准的参考资料验证事实、日期和统计数据。审查和批准排字车间在出版物制作前呈交的校样。考虑读者或观众的需求，创作故事或内容创意。监督出版物制作，包括插图、设计、电脑排字和印刷，确保按期完成并符合预算要求。与管理层和编辑人员商量有关开发新小说的部署和重点问题。将主题、项目和故事分配给各个撰稿人或报道记者。阅读、评价、编辑原稿或其他呈交上来要出版的素材，与作者磋商有关内容、风格或结构方面改变或出版问题。监控新闻采访活动以保证利用所有的新闻来源，如新闻稿、电话联系人、无线电、电视、通讯社和其他记者。经常与艺术家、排字员、设计人员、市场营销主任、生产经理会面，讨论项目并解决问题。监督和协调记者和其他编辑的工作。使原稿能够接受或向出版商提出修改建议。根据对新闻条目重要意义和兴趣价值的评估，选择发自通讯社的地方、州、国家和国际新闻条目。面试、聘用撰稿人和记者负责合同、版税和支付给作者或自由撰稿人的稿酬谈判。指导报纸、杂志和其他出版机构的政策以及各部门。办理版权许可。阅读素材以确定索引条目并按字母顺序或按题目排列，表明页数或章节的位置。

4. 记者和通讯员

性格类型：艺术型 – 研究型 – 事业型

年收入：33,470 美元

年职位增长率：4.9%

年职位空缺数：4,000

最普遍的教育 / 培训程度：工作经验和学位

通过采访、调查或观察，收集和分析有报道价值的事件的事实。报告和撰写报纸、新闻杂志、无线电或电视的报道题材。为出版物或广播节目进行新闻稿件的撰写和报道，描述事件背景和细节。安排采访能够提供特别新闻报道信息的人。按照编辑风格和格式编排的指导方针，审查文稿，改正内容、语法和标点错误。审查和鉴定对事件本身作的注释以与相关的事实和细节分开。确定新闻报道的重点、长度和格式并相应地整理素材。研究和分析与新闻题材有关的背景信息，以便能够提供完整和准确的信息。通过研究、采访、体验和出席政治、新闻、体育、艺术、社交及其他聚会的方式，收集关于事件的信息。调查重大新闻进展情况，如灾害、犯罪和唤起读者共鸣的报道。研究和报道专业领域，如医疗、科学技术、政治、外交事务、体育、艺术、消费者事务、商务、宗教、犯罪或教育。查看参考资料，如书籍、新闻稿件、公共记录，以获取相关事实。接受工作任务或评估线索和内部消息以形成新闻报道的想法。与编辑谈论议题以确立优先考虑的事宜和定位。修正稿子，得到编辑认可或符合时间或空间要求。拍摄新闻事件照片或进行录像或请求指派摄影师提供此类新闻报道。分析和解释新闻、时事、个人经历，形成专栏或评注的观点和素材。使用卫星电话、电话、传真机或调制解调器传输新闻报道或从远距离地点报道信息。

通过广播媒体进行现场或录制的评论。进行磁带录音或胶片拍摄的采访或叙述。编辑或协助编辑要播放的视频。撰写专栏文章、社论、评论或综述以说明事件或发表观点。以知识、判断和经验为基础，撰写文学、音乐和其他作品的综述。

5. 作家和作者

性格类型：艺术型 – 事业型 – 社会型

年收入：48,640 美元

年职位增长率：17.7%

年职位空缺数：14,000

最普遍的教育 / 培训程度：学士学位

职业说明：

广告文稿撰写人。撰写广告宣传文稿，用于出版或广播媒体，促进产品和服务销售。撰写广告宣传文稿，用于出版、广播及因特网媒体，促进产品和服务销售。向客户提出草稿和想法。与客户讨论产品、广告宣传主题和方法以及广告宣传文稿应该做的任何改动。与销售、媒体及市场营销代表磋商，获取产品或服务信息并讨论广告宣传文稿的风格和长短。根据产品和媒介情况，变换信息言词和语气。必要时，编辑或重写现有文稿并上交文稿请负责人审批。要用顾客语言和水准撰写，以便广告客户的销售信息更容易被接受。撰写文章、公告、促销信、演讲及其他有关告知性、市场营销和促销材料。为产品起名，撰写用在包装、宣传小册子和其他促销材料上的口号。回顾广告宣传趋势、消费者调查和其他有关产品与服务营销数据，以确定产品促销的最佳方式。为广泛客户承办广告宣传活动，与广告宣传机构的创意与艺术总监共同努力确定展示广告宣传信息的最佳方式。搞调查、做采访，以确定产品哪个卖点应该推销。

诗人、抒情诗人和创意作家。为出版或表演进行文字作品的原创，如原稿、随笔、散文、诗词或歌词。修改文字材料以达到个人的标准和满足客户、出版商、导演或制作人的需求。选择主题和适当形式表达个人感情和经历或想法，或叙述故事或事件。对项目安排或概要做计划并相应地整理素材。为以适当形式出版作品做好准备，并送至出版商或制作者那里。履行适当程序得到完整作品的版权。撰写小说或非小说散文，如短篇小说、中长篇小说、传记、文章、描述性或判断性分析和随笔。形成主题、情节、特性描述、心理分析、历史环境、动作、对话等因素，以创作出素材。与客户、编辑、出版商或制作者协商以讨论对文字素材的修改。采用报纸报道、日记和采访等消息来源，研究获取真实信息和真正细节。撰写叙事、戏剧、抒情或其他类型诗词出版。出席新书上市和宣传活动或举办公众朗读会。为音乐作品填词，包括歌剧、音乐剧和合唱作品歌词。改编文本以适应作曲家和歌唱家的音乐需求。教写作课。为出版或表演撰写幽默材料，如喜剧节目、幽默搞笑、戏剧表演。在具体项目上与其他撰稿人合作。

社会型专业

美国黑人研究

性格类型：社会型－研究型－艺术型

专业方面的有用事实

重点研究来自非洲人大迁徙的北美各民族的历史、社会学、政治学、文化和经济，重点研究美国、加拿大和加勒比地区，但也包括对大迁徙的拉丁美洲诸元素的参考。

相关的《教学项目分类》大纲：美国黑人研究

专业划分：行为与社会调查；历史与文化；文学，语言，艺术。

大学课程标准顺序：英文写作，外语，美国历史，美国黑人研究概论，美国黑人文学，美国黑人历史，非洲人大迁徙研究，美国黑人研究的研究方法，研讨班（研究报告）。

高中课程标准顺序：英语，代数，外语，历史，文学，演讲，社科。

工作概况

美国黑人研究涉及许多科目，包括历史、社会学、文学、语言学、政治科学。通常你可以在教学大纲里选择到最吸引你的科目。毕业生往往继续深造更高的学位，作为能够在大学教学或法律领域里就职的一种能力。

相关职位的有用平均值

- ◎ 年收入：57,770 美元
- ◎ 年职位增长率：32.2%
- ◎ 自雇者：0.4%
- ◎ 兼职者：24.8%
- ◎ 语言技能评分：83.9
- ◎ 数学技能评分：61.9

相关职位方面的其他细节

年职位空缺总数：329,000

兴趣领域：教育与培训 05

工作技能——写作；判断思维；指导；劝导；主动聆听；学习策略。

工作价值——权威性；社会工作；创作性；成就感；社会地位；能力应用。

工作条件——室内，受环境控制；坐着。

相关职位

1. 区域、种族和文化研究教师（大学）

性格类型：社会型 - 研究型 - 艺术型

年收入：56,380 美元

年职位增长率：32.2%

年职位空缺数：所有大学 329,000 个教学职位

最普遍的教育 / 培训程度：硕士学位

讲授有关区域（例如，拉丁美洲）、民族或其他团体（例如，妇女研究、城市事宜）文化与发展的课程。通过阅读当前的文学、与同事交谈、参加专业会议跟上本领域的发展。对特别领域的知识进行研究，在专业学术期刊、书籍和电子媒体上发表研究结果。对学生的功课、作业和试卷进行评估和评分。准备课程材料，如教学大纲、家庭作业和讲义。就种族与民族的关系、性别研究、交叉文化评述等主题进行备课并给本科生或研究生讲课。发起、促进、主持课堂讨论。出试题、组织考试和评分或将这项工作指派给别人。坚持正常排定的办公时间以便指导和辅助学生。策划、评估和修订课程大纲、课程内容、课程材料和教导方法。坚持记录学生的出勤情况、学分和其他要求的情况。在学术与业务课程以及职业生涯问题上，给学生提供建议。监督本科生、研究生的教学、实习和研究工作。挑选和得到类似教科书的材料与用品。与同事合作以发现和解决教学与研究的问题。担任学术或行政管理委员会成员，处理制度的政策问题、部门行政事宜和学术问题。编写供课外阅读作业使用的专业教材参考书目。写拨款建议以得到外部研究资金。参加校园和社区活动。参加学生的招

聘、登记、安置活动。担任学生组织的顾问。将来自经验的或现场走访部分纳入课程中。履行行政管理职责，如担任部门领导。给政府、行业提供咨询服务。

2. 研究生助教

性格类型：研究型 – 传统型

年收入：27840 美元

年职位增长率：32.2%

年职位空缺数：所有大学 329000 个教学职位

最普遍的教育 / 培训程度：硕士学位

协助大学里的系主任、全体教师或其他专业部门的员工，履行教学或与教学有关的职责，如讲较低水平的课程、编写教材、准备和提供考试、给练习或试卷评分。研究生助教必须是研究生院教学大纲的注册学生。研究生助教主要履行非教学职责，如：实验室研究，所以，应该被列入与他们所从事的工作相关的职业类。负责讨论、专题报告和实验室工作。对考试、作业和试卷进行评估、评分并记录分数。按规定的截止日期将作业返还给学生。安排和坚持正常的办公时间与学生见面。通知学生完成和上交功课如实验室报告的程序。筹备考试并监考。通知讲师作业存在的错误或问题。会见督导员，讨论学生的分数，完成必要的与分数有关的文书工作。复制和分发课堂材料。演示实验室设备的应用，执行实验室的规则。讲授本科水平的课程。完成实验室项目，然后再分配给学生，以便做任何必要的改动。开发教材，如教学大纲、视觉教具、练习答案、补充注释、课程网址。为从事实验室或野外研究的教师成员或职员提供协助。安排督导员实施教学观察；会见督导员，收到有关教学工作表现的意见反馈。出席协助的那位讲师上的课。订购或得到上课所需的材料。为讲师提供使用视听教学设备的协助。协助从事学生会工作的教师成员或职员。

美国研究

性格类型：社会型－研究型－艺术型

专业方面的有用事实

重点研究美国历史、社会、政治、文化、经济以及哥伦布时代前和殖民地的美国前辈，包括其他社会涌入的移民。

相关的《教学项目分类》大纲：美国研究／文明 0102–50

专业划分：历史与政治科学；文学、语言、艺术；大众文化。

大学课程标准顺序：英文写作，美国历史，美国政府，美国文学，美国大众文化，研讨班（研究报告）。

高中课程标准顺序：英语，代数，外语，历史，文学，演讲，社科。

工作概况

美国研究是一门跨学科主修课，使你能够集中丁你最感兴趣的美国文化方面，比如：历史、文科或社会与民族。许多，也许是大多数毕业生都把这个专业当做成为研究生或在大学教学、商务、法律、文科、政治或其他领域就职所需要的专业培训的一个跳板。

相关职位的有用平均值

◎ 年收入：57,770 美元

◎ 年职位增长率：32.2%

◎ 自雇者：0.4%

◎ 兼职者：24.8%

◎ 语言技能评分：83.9

◎ 数学技能评分：61.9

相关职位方面的其他细节

年职位空缺总数：329,000

兴趣领域：教育和培训 05

工作技能——写作；判断思维；指导；劝导；主动聆听；学习策略。

工作价值——权威性；社会服务；创造性；成就感；社会地位；能力应用。

工作条件——室内，受环境控制；坐着。

相关职位

1. 区域、种族和文化研究教师（大学）

性格类型：社会型－研究型－艺术型

年收入：56,380 美元

年职位增长率：32.2%

年职位空缺数：所有大学的 329,000 个教学职位

最普遍的教育／培训水平：硕士学位

讲授有关区域（例如，拉丁美洲）、民族或其他团体（例如，妇女研究、城市事宜）文化与发展的课程。通过阅读当前的文学、与同事交谈、参加专业会议跟上本领域的发展。对特别领域的知识进行研究，在专业学术期刊、书籍和电子媒体上发表研究结果。对学生的功课、作业和试卷进行评估和评分。准备课程材料，如：教学大纲、家庭作业和讲义。就种族与民族的关系、性别研究、交叉文化评述等主题进行备课并给本科生或研究生讲课。发起、促进、主持课堂讨论。出试题、组织考试和评分或将这项工作指派给别人。坚持正常排定的办公时间以便指导和辅助学生。策划、评估和修订课程大纲、课程内容、课程材料和教导方法。坚持记录学生的出勤情况、学分和其他要求的情况。在学术与业务课程以及职业生涯问题上，给学生提供建议。监督本科生、研究生的教学、实习和研究工作。挑选和得到类似教科书的材料与用品。与同事合作以发现和解决教学与研究的问题。担任学术或行政管理委员会成员，处理制度的政策问题、部门行政事宜和学术问题。编写供课外阅读作业使用的专业教材参考书目。写拨款建议以得到外部研究资金。参加校园和社区活动。参加学生的招聘、登记、安置活动。担任学生组织的顾问。将来自经验的或现场走访部分纳入课程中。履行行政管理职责，如担任部门领导。给政府、行业提供咨询服务。

2. 研究生助教

性格类型：社会型 – 研究型 – 传统型

年收入：27,840 美元

年职位增长率：32.2%

年职位空缺数：所有大学的 329,000 个教学职位

最普遍的教育 / 培训程度：硕士学位

协助大学里的系主任、全体教师或其他专业部门的员工，履行教学或与教学有关的职责，如讲较低水平的课程、编写教材、准备和提供考试、给试题或试卷评分。研究生助教必须是研究生院教学大纲的注册学生。研究生助教主要履行非教学职责，如实验室研究，所以，应该被列入与他们所从事的工作相关的职业类。负责讨论、专题报告和实验室工作。对考试、作业和试卷进行评估、评分并记录分数。按规定的截止日期将作业返还给学生。安排和坚持正常的办公时间与学生见面。通知学生完成和上交功课如实验室报告的程序。筹备考试并监考。通知讲师作业存在的错误或问题。会见督导员，讨论学生的分数，完成必要的与分数有关的文书工作。复制和分发课堂材料。演示实验室设备的应用，执行实验室的规则。讲授本科水平的课程。完成实验室项目，然后再分配给学生，以便做任何必要的改动。开发教材，如：教学大纲、视觉教具、练习答案、补充注释、课程网址。为从事实验室或野外研究的教师成员或职员提供协助。安排督导员实施教学观察；会见督导员，收到有关教学工作表现的意见反馈。出席协助的那位讲师上的课。订购或得到上课所需的材料。为讲师提供使用视听教学设备的协助。协助从事学生会工作的教师成员或职员。

区域研究

性格类型：社会型－研究型－艺术型

专业方面的有用事实

重点研究一个地理区域如非洲、美国、亚洲、加勒比、拉丁美洲、中东等一个民族或多个民族的历史、社会、政治、文化和经济。

相关的《教学项目分类》大纲：美国研究／文明 0102–05；亚洲研究／文明 0103–05；巴尔干半岛地区研究 0116–05；波罗的海研究 0117–05；加拿大研究 0115–05；加勒比地区研究 0119–05；中／东欧研究 0105–05；中国研究 0123–05；英联邦研究 0121–05；东亚研究 0104–05；欧洲研究／文明 0106–05；法国研究 0124–05；德国研究 0125–05；意大利研究 0126–05；日本研究 0127–05；韩国研究 0128–05；拉丁美洲研究 0107–05；近／中东研究 0108–05；太平洋地区／环太平洋研究 0122–05；波兰研究 0129–05；地区研究（美国，加拿大，外国的）0122–05；俄罗斯研究 0110–05；斯拉夫研究 0118–05；南亚研究 0112–05；东南亚研究 0113–05；西班牙与伊比利亚研究 0130–05；乌克兰研究 0132–05；乌拉尔阿尔泰与中亚研究 0120–05；西欧研究 0114–05

专业划分：经济与贸易；历史与文化；语言与文学；政治科学。

大学课程标准顺序：英文写作，外语，外国文学与文化，比较政府学，经济学简介，国际经济，研讨班（研究报告）。

高中课程标准顺序：英语，外语，历史，文学，社科，代数。

工作概况

某些非常流行的区域研究——美国黑人研究，美国研究，妇女研究在本书其他章节也有描述。但是，许多大学提供其他的区域研究专业，通常局限在世界的一个地区：东亚研究，欧洲研究，拉丁美洲研究等。有跨学科的主修课，涉及多种学科，如语言学、文学、历史、社会学、政治科学、经济发展其他学科。通常你可以重点学习令你最感兴趣的方面。区域研究学的毕业生可以从商或在政府工作，外国文学知识在这些领域里具有优势。许多人得到更高的学位，准备就业于法律或大学教学工作。

相关职位的有用平均值

- ◎ 年收入：57,770 美元
- ◎ 年职位增长率：32.2%
- ◎ 自雇者：0.4%
- ◎ 兼职者：24.8%
- ◎ 语言技能评分：83.9
- ◎ 数学技能评分：61.9

相关职位方面的其他细节

年职位空缺总数：329,000

兴趣领域：教育与培训 05

工作技能——写作；判断思维；指导；劝导；主动学习；学习策略。

工作价值——权威性；社会工作；创造性；成就感；社会地位；能力应用。

工作条件——室内，受环境控制；坐着。

相关职位

1. 区域、种族和文化研究教师（大学）

性格类型：社会型 – 研究型 – 艺术型

年收入：56380 美元

年职位增长率：32.2%

年职位空缺数：所有大学的 329000 个教学职位

最普遍的教育 / 培训程度：硕士学位

讲授有关区域（例如，拉丁美洲）、民族或其他团体（例如，妇女研究、城市事宜）文化与发展的课程。通过阅读当前的文学、与同事交谈、参加专业会议跟上本领域的发展。对特别领域的知识进行研究，在专业学术期刊、书籍和电子媒体上发表研究结果。对学生的功课、作业和试卷进行评估和评分。准备课程材料，如：教学大纲、家庭作业和讲义。就种族与民族的关系、性别研究、交叉文化评述等主题进行备课并给本科生或研究生讲课。发起、促进、主持课堂讨论。出试题、组织考试和评分或将这项工作指派给别人。坚持正常排定的办公时间以便指导和辅助学生。策划、评估和修订课程大纲、课程内容、课程材料和教导方法。坚持记录学生的出勤情况、学分和其他要求的情况。在学术与业务课程以及职业生涯问题上，给学生提供建议。监督本科生、研究生的教学、实习和研究工作。挑选和获取类似教科书的材料与用品。与同事合作以发现和解决教学与研究的问题。担任学术或行政管理委员会成员，处理制度的政策问题、部门行政事宜和学术问题。编写供课外阅读作业使用的专业教材参考书目。写拨款建议以得到外部研究资金。参加校园和社区活动。参加学生的招聘、登记、安置活动。担任学生组织的顾问。将来自经验的或现场走访部分纳入课程中。履行行政管理职责，如：担任部门领导。给政府、行业提供咨询服务。

2. 研究生助教

性格类型：社会型－研究型－传统型

年收入：27840 美元

年职位增长率：32.2%

年职位空缺数：所有大学的 329000 个教学职位

最普遍的教育 / 培训程度：硕士学位

协助大学里的系主任、全体教师或其他专业部门的员工，履行教学或与教学有关的职责，如讲较低水平的课程、编写教材、准备和提供考试、给试题或试卷评分。研究生助教必须是研究生院教学大纲的注册学生。研究生助教主要履行非教学职责，如实验室研究，所以，应该被列入与他们所从事的工作相关的职业类。负责讨论、专题报告和实验室工作。对考试、作业和试卷进行评估、评分并记录分数。按规定的截止日期将作业返还给学生。安排和坚持正常的办公时间与学生见面。通知学生完成和上交功课如实验室报告的程序。筹备考试并监考。通知讲师作业存在的错误或问题。会见督导员，讨论学生的分数，完成要求的与分数有关的文书工作。复制和分发课堂材料。演示实验室设备的应用，执行实验室的规则。讲授本科水平的课程。完成实验室项目，然后再分配给学生，以便做任何必要的改动。开发教材，如教学大纲、视觉教具、练习答案、补充注释、课程网址。为从事实验室或野外研究的教师成员或职员提供协助。安排督导员实施教学观察；会见督导员，收到有关教学工作表现的意见反馈。出席协助的那位讲师上的课。订购或得到上课所需的材料。为讲师提供使用视听教学设备的协助。协助从事学生会工作的教师成员或职员。

幼儿教育

性格类型：社会型－艺术型

专业方面的有用事实

毕业生能教正常条件下的正规小学教育开始之前的学生，他们的年龄通常根据学制或州规定从3—6岁（或一年级）；还为教所有相关科目做好准备。

相关的《教学项目分类》大纲：幼儿教育与教学1201–1213；幼儿园或学龄前教育与教学1209–1213

专业划分：美术教育；双语教育；音乐教育；阅读准备。

大学课程标准顺序：心理学概论，英文写作，口头交流，教育历史与哲学，人体成长与发育，教学方法，超常学生教育的替代选择，教育心理学，阅读评估与教学，数学教育，美术教育，音乐教育，体育教育，卫生教育，理科教育，儿童文学，学生教学。

高中课程标准顺序：英语，代数，几何，三角，理科，外语，演讲。

工作概况

由于幼儿思维与成人不完全一样，因此幼儿教育专业一个重要部分是学会对这一年龄组有效的教育技巧。如其他任何教学专业一样，学士学位是就业的最低要求，而且工作的稳定和提薪往往需要硕士学位。尽管会有一段时间，非常年轻学生的就业申请要被谢绝，但是那些退休教师的空缺职位还需要人补上。预计在国家高速发展地区以及在市中心和农村学校里就业机会最高。

相关职位的有用平均值

◎ 年收入：29,250美元

◎ 年职位增长率：29.8%

◎ 自雇者：1.4%

◎ 兼职者：27.0%

◎ 语言技能评分：63.6

◎ 数学技能评分：39.6

相关职位方面的其他细节

年职位空缺总数：105,000

兴趣领域：教育与培训 05

工作技能——学习策略；社会洞察力；写作；监控；指导；谈判。

工作价值——社会工作；权威性；创造性；责任感；成就感；自主性。

工作条件——接触疾病或传染病；有一定时间的跪姿、蹲姿、弯腰或爬行。

相关职位

1. 幼儿园教师（不包括特殊教育）

性格类型：社会型 – 艺术型 – 研究型

年收入：43,580 美元

年职位增长率：22.4%

年职位空缺数：28,000

最普遍的教育 / 培训程度：学士学位

教 4—6 岁孩子基本的自然与社会科学、个人卫生、音乐、艺术和文学。促进体力和智力成长以及社交能力的提高。可能要求持有国家级证书。教基本技能，如颜色、形状、数字、字母识别、个人卫生和社交能力。建立并执行规程、政策和行为规则，以保持学生之间的秩序。观察和评估孩子的表现、行为、社交进展和身体健康。个别和集体地指导学生，使教学方法满足学生的各种需求和爱好。给全班或小组学生读书籍。给孩子们提供各种资料和信息来源，让他们在学习活动和想象游戏中去探索、操作和使用。计划并制定出说明、展示和讲课时间平衡的教学大纲，给学生提供观察、提问和调查的机会。与家长或监护人、其他教师、辅导员和管理员协商，解决学生的行为和学术问题。鼓励孩子们探索学习机会，遇到挑战时决不放弃，为以后的学业做好准备。为所有的课、单元和教学科目制定明确的目标并传达给孩子们。为需要额外帮助的学生制定和实施补习教学大纲。会见家长和监护人讨论其孩子的进步，确定他们要为孩子优先做的事情和孩子们的资源需求。遵循课程指导方针或学校和州一级的要求，起草课程的目的和大纲。组织和率领旨在提高体力、智力、社交能力的各种活动，如游戏、工艺美术、音乐和讲故事。就有关调整或学术问题或特殊学术爱好的事宜，给学生提供指导和建议。确认表现出感情、发育或与健康有关的问题迹象的学生，并与督导员、家长或监护人、儿童发育专家讨论这些情况。指导和监控学生使用和爱护设备与材料，避免受伤和损坏。融入初次接触学校环境的孩子群体，向他们表示欢迎、帮助他们脱掉外衣，选择他们感兴趣的活动。

2. 学前教师（不包括特殊教育）

性格类型：社会型 – 艺术型 – 传统型

年收入：22,680 美元

年职位增长率：33.1%

年职位空缺数：77,000

最普遍的教育 / 培训程度：大学职业培训

在学期班、日托中心或其他孩子发展设施里，指导孩子（正常情况下达到 5 岁）进行旨在提高社交能力、身体和智力发育以达到小学要求的各种活动。可能要求持有国家级证书。提供各种资料和信息来源，让孩子们在学习活动中和想象的游戏中去探索、操作和使用。照顾孩子的基本需求，给他们喂饭、穿衣服、换尿布。制定并实施行为规则和规程，保持秩序。给全班或小组孩子朗读书籍。讲授基本技能，如颜色、形状、数字、字母识别；个人卫生和社交技能。组织和率领旨在促进身体、智力和社交能力的活动，如游戏、工艺美术、音乐、讲故事和实地考察旅行。观察和评估儿童的表现、行为、社交开发和身体健康。会见家长和监护人，谈论他们孩子的进步和需求，确定他们要为孩子们做的优先事情，建议使他们能够促进学习和发育的方法。确认表现出感情、发育或与健康有关的问题迹象的学生，并与督导员、家长或监护人、儿童发育专家讨论这些情况。执行管理学生的所有行政管理政策和规定。为班级活动准备好材料和教室。提供符合营养指导的膳食和小吃。融入初次接触学校环境的孩子们，向他们表示欢迎、帮助他们脱掉外衣，选择他们感兴趣的活动。使教学方法和教学材料满足学生的各种需要和兴趣。安排好室内外空间以利于创造性游戏、运动机能活动和安全。计划并制定一个说明、展示和讲课时间平衡的教学大纲，给学生提供观察、提问和调查的机会。按照法律、区域政策和行政管理规定，坚持做好准确和完整的学生记录。

研究生大学教学课程

性格类型：社会型－研究型

专业方面的有用事实

重点学习高级水平的学术科目，为学生在大学机构如一般大学、综合性大学、职业院校或成人学院授课做好准备。

相关的《教学项目分类》大纲：无可利用数据；在研究生水平可能要学习许多《教学项目分类》大纲列出的课程。

专业划分：在大学机构里教任何学科：农业科学；人类与考古学；建筑学；区域、民族和文化研究；艺术、戏剧和音乐；大气、地球、海洋和空间科学；生物科学；商务；化学；通信；计算机科学；犯罪与执法学；经济学；教育学；工程学；英语语言文学；环境科学；外国语言文学；森林保护学；地理；研究生助教；卫生专业；历史；家政学；法律；图书馆学；数学；护理指导员；哲学与宗教；物理学；政治学；心理学；娱乐与健身学；社会学；社会福利；社会学；职业教育；其他。

大学课程标准顺序：在本科专业中，适合学士学位教学大纲的课程，相关专业的研究生课程，包括研讨班（向班级提交研究报告）与研究方法以及最终原创的研究项目和阐述这一项目的论文。

高中课程标准顺序：生物，化学，代数，几何，三角，计算机，英语，讲演。还有理科、社科或人文学科的高级课程。

工作概况

重点学习高级水平的学术科目，为学生进入大学机构，如一般大学、综合性大学、职业院校或成人学院授课做好准备。

相关职位的有用平均值

◎ 年收入：57,770 美元

◎ 年职位增长率：32.2%

◎ 自雇者：0.4%

◎ 兼职者：24.8%

◎ 语言技能评分：83.9

◎ 数学技能评分：61.9

相关职位方面的其他细节

年职位空缺总数：329,000

兴趣领域：教育与培训 05

工作技能——指导；阅读理解；判断思维；写作；学习策略；主动学习。

工作价值——成就感；能力应用；权威性；自主性；责任感；工作条件。

工作条件——室内，受环境控制；坐着或站着。

相关职位

1. 农业学教师（大学）

性格类型：研究型 – 社会型 – 现实型

年收入：75,140 美元

年职位增长率：32.2%

年职位空缺数：所有大学的 329,000 个教学职位

最普遍的教育 / 培训程度：硕士学位

教农业学课程。包括下列学科教师：农艺学、乳品学、渔业管理、园艺学、家禽学、牧场管理、农业土壤保持。还包括主要从事教学的教师和既从事教学又从事研究的教师。

2. 人类学和考古学教师（大学）

性格类型：社会型 – 研究型 – 艺术型

年收入：62820 美元

年职位增长率：32.2%

年职位空缺数：所有大学的 329000 个教学职位

最普遍的教育 / 培训程度：硕士学位

教人类学或考古学课程。包括主要从事教学的教师和既从事教学又从事研

社会型专业

究的教师。

3. 建筑学教师(大学)

性格类型：无可利用数据

年收入：64,620 美元

年职位增长率：32.2%

年职位空缺数：所有大学的 329,000 个教学职位

最普遍的教育 / 培训程度：硕士学位

教建筑与建筑设计课程，如环境建筑设计、内部建筑设计和景观建筑。包括主要从事教学的教师和既从事教学又从事研究的教师。

4. 区域、种族和文化研究教师(大学)

性格类型：社会型－研究型－艺术型

年收入：56,380 美元

年职位增长率：32.2%

年职位空缺数：所有大学的 329,000 个教学职位

最普遍的教育 / 培训程度：硕士学位

教与一个区域（例如，拉丁美洲）、一个民族或任何其他团体（例如，妇女研究，城市事务）的文化与发展有关的课程。包括主要从事教学的教师和既从事教学又从事研究的教师。

5. 艺术、戏剧和音乐教师(大学)

性格类型：艺术型－社会型－研究型

年收入：53,160 美元

年职位增长率：32.2%

年职位空缺数：所有大学的 329,000 个教学职位

最普遍的教育 / 培训程度：硕士学位

教戏剧、音乐和艺术类课程，包括美术与应用艺术，如绘画与雕塑，或设计与工艺。

6. 大气、地球、海洋和空间科学教师(大学)

性格类型：无可利用数据

年收入：69,300 美元

年职位增长率：32.2%

年职位空缺数：所有大学的 329,000 个教学职位

最普遍的教育 / 培训程度：硕士学位

教物理科学方面的课程，不包括化学。包括主要从事教学的教师和既从事教学又从事研究的教师。

7. 生物学教师(大学)

性格类型：研究型 – 社会型 – 艺术型

年收入：69,210 美元

年职位增长率：32.2%

年职位空缺数：所有大学的 329,000 个教学职位

最普遍的教育 / 培训程度：硕士学位

教生物学方面的课程。包括主要从事教学的教师和既从事教学又从事研究的教师。

8. 商务教师(大学)

性格类型：无可利用数据

年收入：62,040 美元

年职位增长率：32.2%

年度职位空缺：所有大学的 329,000 个教学职位

最普遍的教育 / 培训程度：硕士学位

教商务行政管理和管理方面的课程，如会计学、财政学、人力资源、劳资关系、市场营销和运营研究。包括主要从事教学的教师和既从事教学又从事研究的教师。

9. 化学教师(大学)

性格类型：研究型 – 社会型 – 现实型

年收入：61,220 美元

年职位增长率：32.2%

年职位空缺数：所有大学的 329,000 个教学职位

最普遍的教育 / 培训程度：硕士学位

教有关化学和物理性质的以及物质构成变化的课程。工作可能包括说明质量与数量的化学分析方法。包括主要从事教学的教师和既从事教学又从事研究的教师。

10. 传播学教师（大学）

性格类型：无可利用数据

年收入：53,110 美元

年职位增长率：32.2%

年职位空缺数：所有大学的 329,000 个教学职位

最普遍的教育 / 培训程度：硕士学位

教传播学课程，如机构交流、公共关系、无线电 / 电视广播和新闻工作。包括主要从事教学的教师和既从事教学又从事研究的教师。

11. 计算机科学教师（大学）

性格类型：研究型 – 传统型 – 现实型

年收入：57,620 美元

年职位增长率：32.2%

年职位空缺数：所有大学的 329,000 个教学职位

最普遍的教育 / 培训程度：硕士学位

教计算机科学的课程。可能专门从事计算机科学，如计算机的设计与功能或计算机的操作与研究分析。包括主要从事教学的教师和既从事教学又从事研究的教师。

12. 犯罪学和执法学教师（大学）

性格类型：无可利用数据

年收入：49,730 美元

年职位增长率：32.2%

年职位空缺数：所有大学的 329,000 个教学职位

最普遍的教育 / 培训程度：硕士学位

教犯罪、管教和执法行政管理课程。

13. 经济学教师(大学)

性格类型：社会型 – 研究型 – 艺术型

年收入：71,850 美元

年职位增长率：32.2%

年职位空缺数：所有大学的 329,000 个教学职位

最普遍的教育 / 培训程度：硕士学位

教经济学课程。包括主要从事教学的教师和既从事教学又从事研究的教师。

14. 教育学教师(大学)

性格类型：无可利用数据

年收入：52,800 美元

年职位增长率：32.2%

年职位空缺数：所有大学的 329,000 个教学职位

最普遍的教育 / 培训程度：硕士学位

教教育学课程，如咨询、课程、指导、教导、教师教育、教作为第二种语言的英语。

15. 工程学教师(大学)

性格类型：研究型 – 现实型 – 社会型

年收入：76,670 美元

年职位增长率：32.2%

年职位空缺数：所有大学的 329,000 个教学职位

最普遍的教育 / 培训程度：硕士学位

教物理定律应用和机器、材料、仪器、工艺和服务开发工程原理的课程。包括如下科目教师：化学、土木、电气、工业、机械、矿物和石油工程。包括

主要从事教学的教师和既从事教学又从事研究的教师。

16. 英语语言文学教师(大学)
 性格类型：艺术型 – 社会型 – 研究型
 年收入：51,730 美元
 年职位增长率：32.2%
 年职位空缺数：所有大学的 329,000 个教学职位
 最普遍的教育 / 培训程度：硕士学位
 教英语语言文学课程，包括语言学和比较文学。

17. 环境学教师(大学)
 性格类型：无可利用数据
 年收入：64,780 美元
 年职位增长率：32.2%
 年职位空缺数：所有大学的 329,000 个教学职位
 最普遍的教育 / 培训程度：硕士学位
 教环境学课程。包括主要从事教学的教师和既从事教学又从事研究的教师。

18. 外国语言文学教师(大学)
 性格类型：艺术型 – 社会型 – 研究型
 年收入：51,900 美元
 年职位增长率：32.2%
 年职位空缺数：所有大学的 329,000 个教学职位
 最普遍的教育 / 培训程度：硕士学位
 教外国语言文学(即非英语)课程。

19. 林业和保护学教师(大学)
 性格类型：研究型 – 社会型 – 艺术型
 年收入：64,430 美元
 年职位增长率：32.2%

年职位空缺数：所有大学的 329,000 个教学职位

最普遍的教育 / 培训程度：硕士学位

教环境和保护学课程。包括主要从事教学的教师和既从事教学又从事研究的教师。

20. 地理学教师(大学)

性格类型：无可利用数据

年收入：59,000 美元

年职位增长率：32.2%

年职位空缺数：所有大学的 329,000 个教学职位

最普遍的教育 / 培训程度：硕士学位

教地理学课程。包括主要从事教学的教师和既从事教学又从事研究的教师。

21. 研究生助教

性格类型：社会型 – 研究型 – 传统型

年收入：27,840 美元

年职位增长率：32.2%

年职位空缺数：所有大学的 329,000 个教学职位

最普遍的教育 / 培训程度：硕士学位

协助大学里的系主任、全体教师或其他专业部门的员工，履行教学或与教学有关的职责，如教较低水平的课程、编写教材、准备和提供考试、给试题或试卷评分。研究生助教必须是研究生院教学大纲的注册学生。研究生助教主要履行非教学职责，如：实验室研究，所以，应该被列入与他们所从事的工作相关的职业类。

22. 健康专业教师(大学)

性格类型：研究型 – 社会型 – 艺术型

年收入：77,190 美元

年职位增长率：32.2%

年职位空缺数：所有大学的 329,000 个教学职位

最普遍的教育 / 培训程度：硕士学位

教健康专业课程，如兽医学、牙科学、药剂学、治疗、实验室技术、公共卫生。包括主要从事教学的教师和既从事教学又从事研究的教师。

23. 历史学教师（大学）

性格类型：社会型 – 研究型 – 艺术型

年收入：57,390 美元

年职位增长率：32.2%

年职位空缺数：所有大学的 329,000 个教学职位

最普遍的教育 / 培训程度：硕士学位

教人类历史和历史编撰学课程。

24. 家政学教师（大学）

性格类型：无可利用数据

年收入：55,310 美元

年职位增长率：32.2%

年职位空缺数：所有大学的 329,000 个教学职位

最普遍的教育 / 培训程度：硕士学位

教儿童保健、家庭关系、理财、营养和与家庭管理相关科目的课程。

25. 法律学教师（大学）

性格类型：无可利用数据

年收入：87,240 美元

年职位增长率：32.2%

年职位空缺数：所有大学的 329,000 个教学职位

最普遍的教育 / 培训程度：专业学位

教法律学课程。

26. 图书馆学教师（大学）

性格类型：无可利用数据

年收入：54,570 美元

年职位增长率：32.2%

年职位空缺数：所有大学的 329,000 个教学职位

最普遍的教育 / 培训程度：硕士学位

教图书馆学课程。

27. 数学教师(大学)

性格类型：研究型 – 传统型 – 社会型

年收入：56,420 美元

年职位增长率：32.2%

年职位空缺数：所有大学的 329,000 个教学职位

最普遍的教育 / 培训程度：硕士学位

教数学概念、统计和精算学课程以及将原始和标准化的数学技术应用到解决具体问题和情况之中的课程。

28. 护理学讲师和教师(大学)

性格类型：社会型 – 研究型 – 艺术型

年收入：55,280 美元

年职位增长率：32.2%

年职位空缺数：所有大学的 329,000 个教学职位

最普遍的教育 / 培训程度：硕士学位

在教室和诊所里向护理学生演示和讲解病人的护理。包括主要从事教学的教师和既从事教学又从事研究的教师。

29. 哲学和宗教学教师(大学)

性格类型：无可利用数据

年收入：54,880 美元

年职位增长率：32.2%

年职位空缺数：所有大学的 329,000 个教学职位

最普遍的教育 / 培训程度：硕士学位

教哲学、宗教学和神学课程。

30. 物理学教师(大学)

性格类型：研究型－社会型－现实型

年收入：68,170 美元

年职位增长率：32.2%

年职位空缺数：所有大学的 329,000 个教学职位

最普遍的教育 / 培训程度：硕士学位

教物质和能量定律课程。包括主要从事教学的教师和既从事教学又从事研究的教师。

31. 政治学教师(大学)

性格类型：社会型－研究型－艺术型

年收入：61,820 美元

年职位增长率：32.2%

年职位空缺数：所有大学的 329,000 个教学职位

最普遍的教育 / 培训程度：硕士学位

教政治学、国际事务、国际关系课程。包括主要从事教学的教师和既从事教学又从事研究的教师。

32. 大学教师(所有其他)

性格类型：无可利用数据

年收入：63,930 美元

年职位增长率：32.2%

年职位空缺数：所有大学的 329,000 个教学职位

最普遍的教育 / 培训程度：硕士学位

33. 心理学教师(大学)

性格类型：社会型－研究型－艺术型

年收入：58,670 美元

年职位增长率：32.2%

年职位空缺数：所有大学的 329,000 个教学职位

最普遍的教育 / 培训程度：硕士学位

教心理学课程，如儿童、临床、发育心理学和心理咨询。包括主要从事教学的教师和既从事教学又从事研究的教师。

34. 娱乐与健身专业教师(大学)

性格类型：无可利用数据

年收入：49,270 美元

年职位增长率：32.2%

年职位空缺数：所有大学的 329,000 个教学职位

最普遍的教育 / 培训程度：硕士学位

教娱乐、休闲和健身课程，包括运动心理学和设施管理。

35. 社会科学教师(大学,所有其他)

性格类型：无可利用数据

年收入：61,210 美元

年职位增长率：32.2%

年职位空缺数：所有大学的 329,000 个教学职位

最普遍的教育 / 培训程度：硕士学位

不是所有大学的社会学教师都分开列出。

36. 社会工作教师(大学)

性格类型：无可利用数据

年收入：54,340 美元

年职位增长率：32.2%

年职位空缺数：所有大学的 329,000 个教学职位

最普遍的教育 / 培训程度：硕士学位

教社会工作课程。

37. 社会学教师(大学)

性格类型：社会型－研究型－艺术型

年收入：56,620 美元

年职位增长率：32.2%

年职位空缺数：所有大学的 329,000 个教学职位

最普遍的教育/培训程度：硕士学位

教社会学课程。包括主要从事教学的教师和既从事教学又从事研究的教师。

38. 职业教育教师(大学)

性格类型：社会型－现实型－事业型

年收入：43,900 美元

年职位增长率：32.2%

年职位空缺数：所有大学的 329,000 个教学职位

最普遍的教育/培训程度：相关职业的工作经验

教授或指导高中毕业学生大学水平（但是低于学士学位）的职业学科。包括相应学校的指导教师；工业、商业、政府培训指导教师；成人教育教师和对学习操作工业机械和设备以及运输和通信设备的学员进行指导的教师。可能在以教育为主要业务的公立或私立学校里教课，或在一所主要业务不是教育的机构相关的学校里任教。

人文学

性格类型：社会型－研究型－艺术型

专业方面的有用事实

重点是人文学科的综合学习和研究，区别于社会和自然科学，强调语言、文学、艺术、音乐、哲学和宗教。

相关的《教学项目分类》大纲：人文学 / 人文研究 0103–24

专业划分：历史；语言；文学；和平与公正研究；哲学；宗教；文科类。

大学课程标准顺序：外语，哲学界主要思想家和主要议题，文学，艺术与文化，欧洲历史与文明，写作，研讨班（研究报告）。

高中课程标准顺序：英语，代数，外语，历史，文学，演讲，社科。

工作概况

人文学（有时称人文科学）是各学科间的专业，涵盖广泛的文科和其他非科学的思维模式，如历史、哲学、宗教研究和语言。本专业毕业生通常具有很强的交流和判断思维能力，这些人在商务领域里常常比那些拥有更多商务学位的人走得更远。有些人追求教学、媒体或文科类的职业。其他人想得到法律或医学方面的专业学位。

相关职位的有用平均值

◎ 年收入：57,770 美元

◎ 年职位增长率：32.2%

◎ 自雇者：0.4%

◎ 兼职者：24.8%

◎ 语言技能评分：83.9

◎ 数学技能评分：61.9

相关职位方面的其他细节

年职位空缺总数：329,000

兴趣领域：教育与培训 05

工作技能——指导；学习策略；写作；社会洞察力；演讲；阅读理解。

工作价值——权威性；社会工作；创造性；成就感；同事；能力应用。

工作条件——室内，受环境控制；坐着。

相关职位

1. 人类学和考古学教师（大学）

性格类型：社会型 – 研究型 – 艺术型

年收入：62,820 美元

年职位增长率：32.2%

年职位空缺数：所有大学的 329,000 个教学职位

最普遍的教育 / 培训水程度：硕士学位

教人类学和考古学课程。包括主要从事教学的教师和既从事教学又从事研究的教师。在特殊知识领域里搞研究，在专业刊物、图书、电子媒体上发表调查结果。通过阅读新文献、与同事交谈、参加专业会议，了解本领域的发展。对研究方法、城市人类学、语言和文化等主题进行备课并向本科生和研究生授课。评估学生的功课、作业和试卷并打分。发起、促进和控制课堂讨论。为获得外部研究资金编写拨款建议。监督本科生、研究生的教学、实习和研究工作。准备课程材料，如：教学大纲、家庭作业、讲义。考试题的汇编、管理和评分，或将这项工作分派给其他人。监督学生的实验室工作或野外工作。策划、评估和修改课程、课程内容、课程素材和教学方法。在学术与职业课程上、在职业生涯问题上、在实验室和野外研究上给学生提出建议。保存学生出勤记录、分数记录和其他要求的记录。保持正常安排的办公时间，以辅助和指导学生。与同事合作，解决教学和研究方面的问题。汇编课外练习的专业材料参考书目。履行行政管理职责，如担任系主任。选择和获得教材和用品，如教科书和实验室设备。担任学术或行政管理委员会成员，处理制度上的政策事宜、部门事宜、学术事宜。参与学生的入学、登记、安置工作。参与校园和学区活动。向政府和行业提供专业咨询服务。充当学生组织的顾问。

2. 区域、种族和文化研究教师（大学）

性格类型：社会型－研究型－艺术型

年收入：56,380 美元

年职位增长率：32.2%

年职位空缺数：所有大学的 329000 个教学职位

最普遍的教育 / 培训程度：硕士学位

教一个区域（例如，拉丁美洲）、一个民族或任何其他团体（如：妇女研究、城市事务）的文化与发展的课程。包括主要从事教学的教师和既从事教学又从事研究的教师。通过阅读新文献、与同事交谈、参加专业会议，了解本领域的发展。在特殊知识领域里搞研究，在专业刊物、图书、电子媒体上发表调查结果。评估学生的功课、作业和试卷并打分。对种族与民族关系、性别研究、跨文化研究评述等主题进行备课并向本科生、研究生授课。发起、促进和控制课堂讨论。对考试题进行汇编、管理和评分，或将这项工作分派给其他人。策划、评估和修改课程、课程内容、课程素材和教导方法。保存学生出勤记录、分数记录和其他要求的记录。在学术与职业课程上、在职业生涯问题上给学生提出建议。监督本科生、研究生的教学、实习和研究工作。选择和获得教材和用品，如教科书。与同事合作，解决教学和研究方面的问题。担任学术或行政管理委员会成员，处理制度上的政策事宜、部门事宜、学术事宜。汇编课外练习的专业材料参考书目。为获得外部研究资金编写拨款建议。参与校园和学区活动。参与学生的入学、登记、安置工作。充当学生组织的顾问。将实践经验的或现场的内容纳入课程之中。履行行政管理职责，如担任系主任。向政府和行业提供专业咨询服务。

3. 艺术、戏剧和音乐教师（大学）

性格类型：艺术型－社会型－研究型

年收入：53,160 美元

年职位增长率：32.2%

年职位空缺数：所有大学的 329,000 个教学职位

最普遍的教育 / 培训程度：硕士学位

教戏剧、音乐、艺术类课程，包括美术和应用美术，如绘画、雕塑或设计

和工艺。对学生的功课、表现、项目、作业、试卷进行评估和评分。解释和展示艺术技巧。为学生演出、考试或评估做准备。对表演技巧、音乐原理和艺术历史等主题进行备课并给本科生、研究生讲课。组织表演团体，指导他们排练。准备课程材料，如教学大纲、家庭作业、讲义。发起、促进和控制课堂讨论。通过阅读新文献、与同事交谈、参加专业会议，了解本领域的发展。在学术与职业课程上、在职业生涯问题上给学生提出建议。保存学生出勤记录、分数记录和其他要求的记录。在特殊知识领域里搞研究，在专业刊物、图书、电子媒体上发表调查结果。监督本科生、研究生的教学、实习和研究工作。策划、评估和修改课程、课程内容、课程素材和教导方法。保持正常安排的办公时间，以辅助和指导学生。对考试题进行汇编、管理和评分，或将这项工作分派给其他人。参与学生的入学、登记、安置工作。选择和获得教材和用品，如教科书和表演作品。与同事合作，解决教学和研究方面的问题。担任学术或行政管理委员会成员，处理制度上的政策事宜、部门事宜、学术事宜。参与校园和学区活动。让学生了解学区活动，如：戏剧和音乐会。汇编课外练习的专业材料参考书目。在学校、美术馆、展览会展出学生的作品。履行行政管理职责，如担任系主任。为获得外部研究资金编写拨款建议。向政府和行业提供专业咨询服务。

4. 传播学教师(大学)

性格类型：无可利用数据

年收入：53,110 美元

年职位增长率：32.2%

年职位空缺数：所有大学的 329,000 个教学职位

最普遍的教育 / 培训程度：硕士学位

教传播学课程，如：机构传播、公共关系、无线电 / 电视广播、新闻学。包括主要从事教学的教师和既从事教学又从事研究的教师。对学生的功课、表现、项目、作业、试卷进行评估和评分。准备课程材料，如教学大纲、家庭作业、讲义。发起、促进和控制课堂讨论。对演讲、媒体批评、口头传统等主题进行备课并给本科生、研究生讲课。保存学生出勤记录、分数记录和其他要求的记录。对考试题进行汇编、管理和评分，或将这项工作分派给其他人。策划、

评估和修改课程、课程内容、课程素材和教学方法。维持正常安排的办公时间，以辅助和指导学生。解释和展示艺术技巧。通过阅读新文献、与同事交谈、参加专业会议，了解本领域的发展。在学术与职业课程上、在职业生涯问题上给学生提出建议。监督本科生、研究生的教学、实习和研究工作。选择和获得教材和用品，如：教科书。与同事合作，解决教学和研究方面的问题。在一个特别的知识领域里搞研究，在专业刊物、图书、电子媒体上发表调查结果。参与学生的入学、登记、安置工作。担任学术或行政管理委员会成员，处理制度上的政策事宜、部门事宜、学术事宜。汇编课外练习的专业材料参考书目。充当学生组织的顾问。参与校园和学区活动。让学生了解学区活动。履行行政管理职责，如担任系主任。为获得外部研究资金编写拨款建议。向政府和行业提供专业咨询服务。

5. 经济学教师(大学)

性格类型：社会型 – 研究型 – 艺术型

年收入：71,850 美元

年职位增长率：32.2%

年职位空缺数：所有大学的 329,000 个教学职位

最普遍的教育 / 培训程度：硕士学位

教经济学课程。包括主要从事教学的教师和既从事教学又从事研究的教师。对计量经济学、价格理论和微观经济学等主题进行备课并给本科生或研究生讲课。准备课程材料，如教学大纲、家庭作业、讲义。对学生的功课、作业、试卷进行评估和评分。对考试题进行汇编、管理和评分，或将这项工作分派给其他人。通过阅读新文献、与同事交谈、参加专业会议，了解本领域的发展。保存学生出勤记录、分数记录和其他要求的记录。发起、促进和控制课堂讨论。保持正常安排的办公时间，以辅助和指导学生。选择和获得教材和用品，如教科书。策划、评估和修改课程、课程内容、课程素材和教导方法。在一个特别的知识领域里搞研究，在专业刊物、图书、电子媒体上发表调查结果。监督本科生、研究生的教学、实习和研究工作。在学术与职业课程上，给学生提出职业生涯问题上的建议。担任学术或行政管理委员会成员，处理制度上的政策事宜、部门事宜、学术事宜。与同事合作，解决教学和研究方面的问题。汇编课

外练习的专业材料参考书目。参与学生的入学、登记、安置工作。履行行政管理职责，如担任系主任。为获得外部研究资金编写拨款建议。参与校园和学区活动。向政府、行业提供专业咨询服务。充当学生组织的顾问。

6. 教育学教师(大学)

性格类型：无可利用数据

年收入：52,800 美元

年职位增长率：32.2%

年职位空缺数：所有大学的 329,000 个教学职位

最普遍的教育 / 培训程度：硕士学位

教与教育有关的课程，如咨询、课程、指导、教导、教师教育、教作为第二种语言的英语。准备课程材料，如教学大纲、家庭作业、讲义。对儿童文学、学习与开发、阅读指导等主题进行备课并向本科生、研究生授课。发起、促进和控制课堂讨论。评估学生的功课、作业和试卷并打分。策划、评估和修改课程、课程内容、课程素材和教学方法。监督学生的野外工作、实习和研究工作。通过阅读新文献、与同事交谈、参加专业会议，了解本领域的发展。在学术与职业课程上、在职业生涯问题上给学生提出建议。保持正常安排的办公时间，以辅助和指导学生。保存学生出勤记录、分数记录和其他要求的记录。与同事合作，解决教学和研究方面的问题。对考试题进行汇编、管理和评分，或将这项工作分派给其他人。在一个特别的知识领域里搞研究，在专业刊物、图书、电子媒体上发表调查结果。选择和获得教材和用品，如教科书。参与学生的入学、登记、安置工作。通过提供在职研讨会等活动对学校体制聘用的教师进行建议和指导。担任学术或行政管理委员会成员，处理制度上的政策事宜、部门事宜、学术事宜。汇编课外练习的专业材料参考书目。为获得外部研究资金编写拨款建议。参与校园和学区活动。履行行政管理职责，如担任系主任。充当学生组织的顾问。向政府和行业提供专业咨询服务。

7. 英语语言文学教师(大学)

性格类型：艺术型 – 社会型 – 研究型

年收入：51,730 美元

年职位增长率：32.2%

年职位空缺数：所有大学的 329,000 个教学职位

最普遍的教育 / 培训程度：硕士学位

教英语语言文学课程，包括语言学和比较文学。发起、促进和控制课堂讨论。评估学生的功课、作业和试卷并打分。准备课程材料，如教学大纲、家庭作业、讲义。对诗词、小说结构、翻译与改编等主题进行备课并向本科生、研究生授课。保存学生出勤记录、分数记录和其他要求的记录。策划、评估和修改课程、课程内容、课程素材和教导方法。对考试题进行汇编、管理和评分，或将这项工作分派给其他人。通过阅读新文献、与同事交谈、参加专业会议，了解本领域的发展。选择和获得教材和用品，如教科书。在学术与职业课程上、在职业生涯问题上给学生提出建议。在一个特别的知识领域里搞研究，并在专业刊物、图书、电子媒体上发表调查结果。与同事合作，解决教学和研究方面的问题。担任学术或行政管理委员会成员，处理制度上的政策事宜、部门事宜、学术事宜。参与校园和学区活动。参与学生的入学、登记、安置工作。汇编课外练习的专业材料参考书目。监督本科生、研究生的教学、实习和研究工作。为大学写作中心的学生提供辅助。履行行政管理职责，如担任系主任。招聘、培训和监督学生写作指导员。充当学生组织的顾问。为获得外部研究资金编写拨款建议。向政府和行业提供专业咨询服务。

8. 外国语言文学教师（大学）

性格类型：艺术型 – 社会型 – 研究型

年收入：51,900 美元

年职位增长率：32.2%

年职位空缺数：所有大学的 329,000 个教学职位

最普遍的教育 / 培训程度：硕士学位

教外国语言文学（非英语）课程。评估学生的功课、作业和试卷并打分。准备课程材料，如教学大纲、家庭作业、讲义。发起、促进和控制课堂讨论。保存学生出勤记录、分数记录和其他要求的记录。对考试题进行汇编、管理和评分，或将这项工作分派给其他人。策划、评估和修改课程、课程内容、课程素材和教导方法。对如何说写外语和一种特定的语言使用区域的文化方面等主

题进行备课并向本科生、研究生授课。保持正常安排的办公时间，以辅助和指导学生。选择和获得教材和用品，如教科书。通过阅读新文献、与同事交谈、参加专业会议，了解本领域的发展。在学术与职业课程上、在职业生涯问题上给学生提出建议。在一个特别的知识领域里搞研究，并在专业刊物、图书、电子媒体上发表调查结果。与同事合作，解决教学和研究方面的问题。担任学术或行政管理委员会成员，处理制度上的政策事宜、部门事宜、学术事宜。参与学生的入学、登记、安置工作。汇编课外练习的专业材料参考书目。参与校园和学区活动。充当学生组织的顾问。履行行政管理职责，如担任系主任。监督本科生、研究生的教学、实习和研究工作。为获得外部研究资金编写拨款建议。向政府和行业提供专业咨询服务。

9. 地理学教师(大学)

性格类型：无可利用数据

年收入：59,000 美元

年职位增长率：32.2%

年职位空缺数：所有大学的 329,000 个教学职位

最普遍的教育 / 培训程度：硕士学位

教地理学课程。包括主要从事教学的教师和既从事教学又从事研究的教师。对城市化、环境体系和文化地理等主题进行备课并向本科生、研究生授课。评估学生的功课、作业和试卷并打分。对考试题进行汇编、管理和评分，或将这项工作分派给其他人。发起、促进和控制课堂讨论。准备课程材料，如教学大纲、家庭作业、讲义。通过阅读新文献、与同事交谈、参加专业会议，了解本领域的发展。监督本科生、研究生的教学、实习和研究工作。策划、评估和修改课程、课程内容、课程素材和教导方法。维持正常安排的办公时间，以辅助和指导学生。监督学生的实验室工作和野外工作。在一个特别的知识领域里搞研究，并在专业刊物、图书、电子媒体上发表调查结果。与同事合作，解决教学和研究方面的问题。选择和获得教材和用品，如教科书。在学术与职业课程上、在职业生涯问题上给学生提出建议。担任学术或行政管理委员会成员，处理制度上的政策事宜、部门事宜、学术事宜。参与学生的入学、登记、安置工作。参与校园和学区活动。汇编课外练习的专业材料参考书目。履行行政管理职责，

如担任系主任。为获得外部研究资金编写拨款建议。保持地理信息系统实验室，履行更新软件等职责。使用地理信息系统技术进行空间分析和建模。充当学生组织的顾问。向政府和行业提供专业咨询服务。

10. 研究生助教

性格类型：社会型－研究型－传统型

年收入：27,840 美元

年职位增长率：32.2%

年职位空缺数：所有大学的 329,000 个教学职位

最普遍的教育/培训程度：硕士学位

协助大学里的系主任、全体教师或其他专业部门的员工，履行教学或与教学有关的职责，如讲较低水平的课程、编写教材、准备和提供考试、给试题或试卷评分。研究生助教必须是研究生院的注册学生。研究生助教主要履行非教学职责，如实验室研究，所以，应该被列入与他们所从事的工作相关的职业类。负责讨论、专题报告和实验室工作。对考试、作业和试卷进行评估、评分并记录分数。按规定的截止日期将作业返还给学生。安排和坚持正常的办公时间与学生见面。通知学生完成和上交功课如实验室报告等。筹备考试并监考。通知讲师作业存在的错误或问题。会见督导员，讨论学生的分数，完成要求的与分数有关的文书工作。复制和分发课堂材料。演示实验室设备的应用，执行实验室的规则。讲授本科水平的课程。完成实验室项目，然后再分配给学生，以便做任何必要的改动。开发教材，如：教学大纲、视觉教具、练习答案、补充注释、课程网址。为从事实验室或野外研究的教师成员或职员提供协助。安排督导员实施教学观察；会见督导员，收到有关教学工作表现的意见反馈。出席协助的那位讲师上的课。订购或获得上课所需的材料。为讲师提供使用视听教学设备的协助。协助从事学生会工作的教师成员或职员。

11. 历史学教师(大学)

性格类型：社会型－研究型－艺术型

年收入：57,390 美元

年职位增长率：32.2%

年职位空缺数：所有大学的 329,000 个教学职位

最普遍的教育 / 培训程度：硕士学位

教人类历史和历史编撰学课程。对古代史、战后文明、第三世界历史等主题进行备课并向本科生、研究生授课。评估学生的功课、作业和试卷并打分。准备课程材料，如教学大纲、家庭作业、讲义。对考试题进行汇编、管理和评分，或将这项工作分派给其他人。发起、促进和控制课堂讨论。通过阅读新文献、与同事交谈、参加专业会议，了解本领域的发展。策划、评估和修改课程、课程内容、课程素材和教导方法。保存学生出勤记录、分数记录和其他要求的记录。维持正常安排的办公时间，以辅助和指导学生。在一个特别的知识领域里搞研究，并在专业刊物、图书、电子媒体上发表调查结果。选择和获得教材和用品，如教科书。在学术与职业课程上、在职业生涯问题上给学生提出建议。与同事合作，解决教学和研究方面的问题。担任学术或行政管理委员会成员，处理制度上的政策事宜、部门事宜、学术事宜。参与校园和学区活动。充当学生组织的顾问。参与学生的入学、登记、安置工作。汇编课外练习的专业材料参考书目。监督本科生、研究生的教学、实习和研究工作。履行行政管理职责，如担任系主任。为获得外部研究资金编写拨款建议。向政府和行业提供专业咨询服务。

12. 图书馆学教师（大学）

性格类型：无可利用数据

年收入：54,570 美元

年职位增长率：32.2%

年职位空缺数：所有大学的 329,000 个教学职位

最普遍的教育 / 培训程度：硕士学位

教图书馆学课程。准备课程材料，如教学大纲、家庭作业、讲义。对收藏品开发、档案分类法、索引、摘要等主题进行备课并向本科生、研究生授课。评估学生的功课、作业和试卷并打分。通过阅读新文献、与同事交谈、参加专业会议，了解本领域的发展。发起、促进和控制课堂讨论。策划、评估和修改课程、课程内容、课程素材和教导方法。在一个特别的知识领域里搞研究，并在专业刊物、图书、电子媒体上发表调查结果。保存学生出勤记录、分数记录和其他要求的记录。与同事合作，解决教学和研究方面的问题。在学术与职业

课程上、在职业生涯问题上给学生提出建议。对考试题进行汇编、管理和评分，或将这项工作分派给其他人。监督本科生、研究生的教学、实习和研究工作。保持正常安排的办公时间，以辅助和指导学生。为获得外部研究资金编写拨款建议。选择和获得教材和用品，如教科书。担任学术或行政管理委员会成员，处理制度上的政策事宜、部门事宜、学术事宜。汇编课外练习的专业材料参考书目。参与学生的入学、登记、安置工作。履行行政管理职责，如担任系主任。参与校园和学区活动。充当学生组织的顾问。向政府和行业提供专业咨询服务。

13. 哲学和宗教学教师(大学)

性格类型：无可利用数据

年收入：54,880 美元

年职位增长率：32.2%

年职位空缺数：所有大学的 329,000 个教学职位

最普遍的教育 / 培训程度：硕士学位

教哲学、宗教、神学课程。评估学生的功课、作业和试卷并打分。发起、促进和控制课堂讨论。对伦理学、逻辑学、当代宗教思想等主题进行备课并向本科生、研究生授课。准备课程材料，如教学大纲、家庭作业、讲义。对考试题进行汇编、管理和评分，或将这项工作分派给其他人。通过阅读新文献、与同事交谈、参加专业会议，了解本领域的发展。保存学生出勤记录、分数记录和其他要求的记录。策划、评估和修改课程、课程内容、课程素材和教学方法。维持正常安排的办公时间，以辅助和指导学生。选择和获得教材和用品，如教科书。在学术与职业课程上、在职业生涯问题上给学生提出建议。在一个特别的知识领域里搞研究，并在专业刊物、图书、电子媒体上发表调查结果。履行行政管理职责，如担任系主任。担任学术或行政管理委员会成员，处理制度上的政策事宜、部门事宜、学术事宜。与同事合作，解决教学和研究方面的问题。参与校园和学区活动。参与学生的入学、登记、安置工作。汇编课外练习的专业材料参考书目。监督本科生、研究生的教学、实习和研究工作。充当学生组织的顾问。为获得外部研究资金编写拨款建议。向政府和行业提供专业咨询服务。

14. 政治学教师(大学)

性格类型：社会型 – 研究型 – 艺术型

年收入：61,820 美元

年职位增长率：32.2%

年职位空缺数：所有大学的 329,000 个教学职位

最普遍的教育 / 培训程度：硕士学位

教政治学、国际事务、国际关系课程。包括主要从事教学的教师和既从事教学又从事研究的教师。发起、促进和控制课堂讨论。对古典政治思想、国际关系、民主与公民权等主题进行备课并向本科生、研究生授课。评估学生的功课、作业和试卷并打分。对考试题进行汇编、管理和评分，或将这项工作分派给其他人。准备课程材料，如教学大纲、家庭作业、讲义。通过阅读新文献、与同事交谈、参加专业会议，了解本领域的发展。策划、评估和修改课程、课程内容、课程素材和教导方法。保存学生出勤记录、分数记录和其他要求的记录。维持正常安排的办公时间，以辅助和指导学生。在学术与职业课程上、在职业生涯问题上给学生提出建议。选择和获得教材和用品，如教科书。在一个特别的知识领域里搞研究，并在专业刊物、图书、电子媒体上发表调查结果。监督本科生、研究生的教学、实习和研究工作。与同事合作，解决教学和研究方面的问题。担任学术或行政管理委员会成员，处理制度上的政策事宜、部门事宜、学术事宜。参与学生的入学、登记、安置工作。参与校园和学区活动。汇编课外练习的专业材料参考书目。充当学生组织的顾问。履行行政管理职责，如担任系主任。为获得外部研究资金编写拨款建议。向政府和行业提供专业咨询服务。

15. 心理学教师(大学)

性格类型：社会型 – 研究型 – 艺术型

年收入：58,670 美元

年职位增长率：32.2%

年职位空缺数：所有大学的 329,000 个教学职位

最普遍教育 / 培训程度：硕士学位

教心理学课程，如儿童、临床、发育心理学和心理咨询。包括主要从事教学的教师和既从事教学又从事研究的教师。对变态心理学、认知过程和工作积

极性等主题进行备课并向本科生、研究生授课。评估学生的功课、实验室工作、作业和试卷并打分。发起、促进和控制课堂讨论。对考试题进行汇编、管理和评分，或将这项工作分派给其他人。通过阅读新文献、与同事交谈、参加专业会议，了解本领域的发展。准备课程材料，如教学大纲、家庭作业、讲义。策划、评估和修改课程、课程内容、课程素材和教学方法。保存学生出勤记录、分数记录和其他要求的记录。监督本科生、研究生的教学、实习和研究工作。保持正常安排的办公时间，以辅助和指导学生。在一个特别的知识领域里搞研究，并在专业刊物、图书、电子媒体上发表调查结果。在学术与职业课程上、在职业生涯问题上给学生提出建议。选择和获得教材和用品，如教科书。与同事合作，解决教学和研究方面的问题。担任学术或行政管理委员会成员，处理制度上的政策事宜、部门事宜、学术事宜。汇编课外练习的专业材料参考书目。参与学生的入学、登记、安置工作。监督学生的实验室工作。履行行政管理职责，如担任系主任。充当学生组织的顾问。为获得外部研究资金编写拨款建议。参与校园和学区活动。向政府和行业提供专业咨询服务。

16. 社会学教师（大学）

性格类型：社会型 – 研究型 – 艺术型

年收入：56620 美元

年职位增长率：32.2%

年职位空缺数：所有大学的 329000 个教学职位

最普遍的教育 / 培训程度：硕士学位

教社会学课程。包括主要从事教学的教师和既从事教学又从事研究的教师。评估学生的功课、作业和试卷并打分。对种族和民族关系、测量和数据收集、工作场所的社会关系等主题进行备课并向本科生和 / 研究生授课。发起、促进和控制课堂讨论。准备课程材料，如教学大纲、家庭作业、讲义。对考试题进行汇编、管理和评分，或将这项工作分派给其他人。通过阅读新文献、与同事交谈、参加专业会议，了解本领域的发展。保存学生出勤记录、分数记录和其他要求的记录。保持正常安排的办公时间，以辅助和指导学生。策划、评估和修改课程、课程内容、课程素材和教导方法。在学术与职业课程上、在职业生涯问题上给学生提出建议。与同事合作，解决教学和研究方面的问题。在一个特别的知识领域里搞研究，并在专业刊物、图书、电子媒体上发表调查结果。选择和获得教材和用品，如教科书和实验室设备。监督本科生、研究生的教学、实习和研究工作。担任学术或行政管理委员会成员，处理制度上的政策事宜、部门事宜、学术事宜。参与学生的入学、登记、安置工作。履行行政管理职责，如担任系主任。监督学生的实验室工作和野外工作。为获得外部研究资金编写拨款建议。充当学生组织的顾问。汇编课外练习的专业材料参考书目。参与校园和学区活动。向政府和行业提供专业咨询服务。

护理学（注册护士培训）

性格类型：社会型－研究型

专业方面的有用事实

毕业生能够掌握为病人、残疾人、体弱者或其他个人、团体提供照顾和增进健康的知识、技巧和程序。

相关的《教学项目分类》大纲：护理学 / 注册护士（注册护士，护理副学士学位，护理学士学位，护理硕士学位）1601–51

专业划分：社区健康护理；心理健康护理；护理管理；小儿科护理。

大学课程标准顺序：英文写作，心理学概论，大学代数，社会学概论，口头交流，普通化学，普通生物学，人体解剖与生理学，普通微生物学，医疗保健伦理学，病人检查和鉴定，药物学，生殖健康护理，小儿科护理，成人健康护理，心理健康护理，护理的领导与管理，社区健康护理，临床护理实践。

高中课程标准顺序：英语，代数，几何，生物，计算机，讲演，化学，外语。

工作概况

护理学的学习包括课堂理论和临床实践。学生可以学会关于疾病起源和治疗的科学论断，学会如何对身体和感情需要照顾的病人和受伤患者进行有效地护理，学会如何教人们保持健康。护士从事的卫生保健范围很广，包括内科医生诊室、患者家里和公司里，还从事美国管理式医疗体制中的文案工作。

相关职位的有用平均值

◎ 年收入：57,280 美元
◎ 年职位增长率：29.4%
◎ 自雇者：0.7%
◎ 兼职者：30.1%
◎ 语言技能评分：72.1
◎ 数学技能评分：57.4

相关职位方面的其他细节

年职位空缺总数：229,000

兴趣领域：保健科学 08

工作技能——社会洞察力；面向服务；科学；时间管理；监控；阅读理解。

工作价值——社会工作；同事；能力应用；成就感；出席活动；社会地位。

工作条件——接触疾病或传染病；提供普通保护或安全设备。

相关职位

注册护士

性格类型：社会型 – 研究型 – 现实型

年收入：57,280 美元

年职位增长率：29.4%

年职位空缺数：229,000

最普遍的教育 / 培训程度：副学士学位

评估患者健康问题和需要、制订和实施护理计划和保存病历。对病人、受伤者、恢复中的病人或残疾病人的护理和管理。可能要对病人的健康保健、疾病预防提出建议或提供护理管理。发放许可证或作要求的注册。包括高级见习护士，如见习护士、临床护士专家、注册助产士和注册护士麻醉师。高级执业护理由注册护士来做，他们受过专业的正规的基础后教育，而且他们能起到高度自主和专业的作用。保存准确、详细的报告和记录。监控、记录和报告病人状态的症状和变化。记录病人的医疗信息和重要征兆。根据病人表现出的反应和状态修改治疗方案。与卫生保健团体成员磋商和协调以评估、设计、执行和鉴定病人护理计划。对诊断化验进行预约、说明和鉴定以判明和评估病人状态。监控病人护理的所有方面，包括饮食和身体活动。管理和监督技术稍差的护理或卫生保健人员或监督一个特定的单元。为病人检查和治疗做好准备并协助他们。观察护士工作并走访病人，保证适宜的护理。评估个人、家庭或社区的需求，包括对个人的家庭或工作环境进行评估以判明潜在的健康或安全问题。对个人、家庭和其他团体提供健康教育、疾病预防、分娩等主题的指导；制定健康改善规划。准备好房间、无菌仪器、设备和用品以确保用品的库存量。通知医师关于病人在麻醉期间的情况。在产科医师监督下接生婴儿并提供产前产后的护理和治疗。对局麻、吸入、注射和其他方式的麻醉进行管理。在学校、医院和工业等地区，提供康复和复原期的医疗保健、急救、免疫接种和援助。做规定的实验室试验。在病人前往医院途中或在灾难场地会诊中心时，对其体检，做暂时诊断并进行治疗。手术中向外科医生传递手术器械。对药物、医疗器件或其他治疗方式如理疗、吸入疗法或相关的治疗程序开具处方或提出建议。指导和协调传染控制规划，向指定的人员建议并与他们磋商采取必要措施事宜。履行行政管理职能，如负责一个单位的员工、预算、策划和长期目标。

职业治疗

性格类型：社会型－现实型

专业方面的有用事实

毕业生能够通过一个有计划的现有技能、工作积极性、环境适应性、辅助技术和物理因素的组合，协助那些身体、认知、心理、精神、发育上受限、学习有障碍以及不适应环境条件的病人，最大限度地使他们独立并保持最佳的健康状态。

相关的《教学项目分类》大纲：职业治疗 / 治疗家 2306–51

专业划分：老年病职业治疗；小儿科职业治疗；修复学。

大学课程标准顺序：英文写作，商务和社会学统计，普通化学，普通生物学，人体解剖与生理学，心理学概论，人体成长与发育，计算机学概论，变态心理学，医学基本原理，治疗的神经系统科学，发育问题的职业疗法，心理学诊断的职业疗法，职业疗法服务的管理，职业疗法的研究方法，促进疗法适应的方法，职业疗法野外实践，研讨班（研究报告）。

高中课程标准顺序：英语，代数，几何，三角，化学，物理，生物，外语，计算机。

工作概况

职业治疗师帮助人们应付身心障碍，过上更有成效和更快乐的生活。在这一行业里的治疗师中，一些人具有职业治疗专业的学士学位，其他人在另一行业里得到学士学位后又得到了这一行业的硕士学位。他们了解各种身心障碍——发育、情感等的实质，也了解如何去帮助人们克服那些障碍或在他们的日常生活中补偿这些。尽管在短期内，会受到医疗保险的治疗覆盖欠缺的影响，这一职业的远景相当乐观。

相关职位的有用平均值

◎ 年收入：60,470 美元

◎ 年职位增长率：33.6%

◎ 自雇者：6.0%

◎ 兼职者：6.0%

◎ 语言技能评分：75.6

◎ 数学技能评分：45.4

相关职位方面的其他细节

年职位空缺总数：7,000

兴趣领域：保健科学 08

工作技能——科学；写作；阅读理解；指导；学习策略；复杂问题解决。

工作价值——社会工作；权威性；成就感；创造性；能力应用；同事。

工作条件——室内；接触疾病或传染病；受环境控制。

相关职位

职业治疗师

性格类型：社会型 – 现实型 – 研究型

年收入：60,470 美元

年职位增长率：33.6%

年职位空缺数：7,000

最普遍的教育 / 培训程度：硕士学位

评估、计划、组织和参与身体康复项目，以帮助残疾人恢复职业、家政和日常生活技能，以及大体上生活自立。完成和保存必要的记录。评定病人的进步并起草详细说明进步的报告。测验和鉴定病人的身心能力，分析医疗数据，以确定病人康复目标。选择有助于病人自己在其身心能力限定范围内学会工作和自我管理技能的活动。在医院、机构、社区中策划、组织和实施职业治疗规划，帮助由于疾病、受伤、心理或发育问题而受到损害的那些人康复。建议改变病人工作或生活环境以适应他们的需求和能力。与康复团队磋商，选择活动规划并使职业治疗与其他治疗活动协调一致。使用计算机程序帮助客户提高决策、抽象推理、记忆、排序、协调和感知技能。制定和参与健康促进规划、团体活动或谈话，促进客户健康、更顺应社会、减轻压力和预防身心障碍。为学生、护士和其他医疗员工提供治疗技术和治疗目的的培训和监督。设计和创造或申请领取特殊用品和设备，如夹板、吊带和计算机辅助的自动控制设备。计划和落实康复项目和社会活动以帮助病人学会工作和求学技能并适应残障。设计出智力玩具、剪刀、饮食器皿等材料用于治疗；每次治疗活动后清洁和修理这些工具。从事职业治疗研究。在找工作和任职方面为患者提供帮助。

物理治疗

性格类型：社会型－现实型－研究型

专业方面的有用事实

毕业生能够通过设计和执行改善健康和保健的治疗方案，来减轻由于伤病给病人在身体和功能上造成的损伤和限制。

相关的《教学项目分类》大纲：物理治疗 / 物理治疗师 2308–51

专业划分：老年病人理疗；神经病学理疗；矫形术；理疗教育；体育医学。

大学课程标准顺序：英文写作，商务和社会学统计，普通化学，普通生物学，人体解剖与生理学，心理学概论，人体成长与发育，计算机学概论，变态心理学，医学基本原理，神经解剖学，心肺系统，肌肉骨骼系统，临床矫形术，神经生理学临床应用，治疗实践技术，理疗中物理和电动媒介，理疗中医学注意事项，贯穿人生的心理运动开发，物理障碍的社会心理方面，理疗实践的研究。

高中课程标准顺序：英语，代数，几何，三角，化学，物理，生物，外语，计算机。

工作概况

理疗师帮助人们克服由伤病造成的疼痛和活动受限，帮助人们避免进一步的身心障碍。理疗师审阅病人的病历和内科医生的处方，鉴定病人的移动能力，然后指导他们进行适当的日常锻炼并应用热、电刺激等疗法。他们需要了解很多残疾病例和治疗法。硕士生是目前进入这一领域的标准要求，但是到 2020 年这一标准将被博士生代替。硕士生就业的竞争极为激烈。短期职业前景一直受到医疗保险的治疗范围缺陷的影响，但是鉴于人口日益老年化，职业前景长远看好。

相关职位的有用平均值

◎ 年收入：66,200 美元

◎ 年职位增长率：36.7%

◎ 自雇者：4.5%

◎ 兼职者：21.4%

◎ 语言技能评分：78.4

◎ 数学技能评分：35.6

相关职位方面的其他细节

年职位空缺总数：13,000

兴趣领域：保健科学 08

工作技能——科学；阅读理解；指导；学习策略；复杂问题解决。

工作价值——社会工作；权威性；成就感；能力应用；同事；社会地位。

工作条件——室内；接触疾病或传染病；受环境控制。

相关职位

理疗师

性格类型：社会型 – 现实型 – 研究型

年收入：66,200 美元

年职位增长率：36.7%

年职位空缺数：13,000

最普遍的教育 / 培训程度：硕士学位

评估、计划、组织和参与提高伤病患者的移动能力、减轻其疼痛、增强其力量、降低和预防其身体畸形的康复项目。计划、起草和实施针对个人的理疗方案以保持、提高或恢复身体功能；减轻疼痛和预防患者的身体功能紊乱。治疗前，进行最初体检并建立病历，对数据进行鉴定以判明问题所在并确诊。对不同阶段的治疗效果进行鉴定并调整治疗方案以取得最大利益。进行手动疗法、按摩或牵引以帮助减轻疼痛、增加病人力量或减少或避免畸形或局部损坏。在疗程方面指导病人和家人在家里继续治疗。与患者、执业医师和其他适合的人磋商，对治疗方案进行策划、执行和评估。审阅内科医生的转诊介绍和病人病历，帮助确诊和确定需要的理疗方式。得到病人对建议的治疗项目的知情同意。将预后、治疗、反应和进步记录在病人的图表里，或将信息输入到电脑里。已经达到目标或预计的结果后，停止病人的理疗并安排适当的后续护理或转诊介绍。检验和测量病人的力量、运动原发育和功能、感官知觉、功能性能力、呼吸和循环效能并把数据记录下来。给病人提供有关建议的治疗方式、治疗方式材料的风险和预期收效以及任何合理的替代选择的信息。当诊断表明的结果不属于理疗范畴时通知病人并推荐给适当的执业医生。指导、监督和评定辅助人员并与他们交流。管理治疗包括理疗工具的应用，使用设备、湿润袋、紫外线和红外线灯和超声波机。教理疗学生以及从事其他健康职业的人。对假肢和矫正器械进行鉴定、安装和调整并向矫正师提出修正建议。提供有关理疗与理疗师、预防受伤、工效学和促进健康方法的教育信息。

妇女研究

性格类型：社会型－研究型－艺术型

专业方面的有用事实

重点是妇女的历史、社会、政治、文化和经济以及有关妇女在不同时期，在世界和北美不同地方开展现代女权运动的发展状况。

相关的《教学项目分类》大纲：妇女研究 0207–05

专业划分：女权平等理论；女权主义历史；妇女艺术与文化问题；妇女政治问题。

大学课程标准顺序：英文写作，外语，美国历史，妇女研究概论，有色妇女，女权主义理论，女权主义历史和哲学起源，全球视角的女权主义，研讨班（研究报告）。

高中课程标准顺序：英语，代数，外语，历史，文学，演讲，社科。

工作概况

妇女研究是跨学科主修课，研究的内容除了其他学科外主要是从历史、文学、心理和社会视觉看妇女的经历。本专业毕业生可能进入商界，了解妇女问题在那里大有益处，如广告宣传或人力资源管理。如果继续深造，他们还可能在影响妇女生活的领域里找到职业，如社会工作、法律、公共卫生或公共行政管理。

相关职位的有用平均值

◎ 年收入：57,770 美元

◎ 年职位增长率：32.2%

◎ 自雇者：0.4%

◎ 兼职者：24.8%

◎ 语言技能评分：83.9

◎ 数学技能评分：61.9

相关职位方面的其他细节

年职位空缺总数：329,000

兴趣领域：教育与培训 05

工作技能——写作；判断思维；指导；劝导；主动学习；学习策略。

工作价值——权威性；社会工作；创造性；成就感；社会地位；能力应用。

工作条件——室内，受环境控制；坐着。

相关职位

1. 区域、种族和文化研究教师（大学）

性格类型：社会型－研究型－艺术型

年收入：56,380 美元

年职位增长率：32.2%

年职位空缺数：所有大学的 329,000 个教学职位

最普遍的教育 / 培训程度：硕士学位

教与区域（如，拉丁美洲）、民族或任何其他团体（如妇女研究、城市事务）文化与发展有关的课程。通过阅读新文献、与同事交谈、参加专业会议，了解本领域的发展。在一个特别的知识领域里搞研究并在专业刊物、图书、电子媒体上发表调查结果。评估学生的功课、作业和试卷并打分。准备课程材料，如教学大纲、家庭作业、讲义。对种族和民族关系、性别研究、跨文化观点等主题进行备课并向本科生、研究生授课。发起、促进和控制课堂讨论。对考试题进行汇编、管理和评分，或将这项工作分派给其他人。策划、评估和修改课程、课程内容、课程素材和教导方法。保持正常安排的办公时间，以辅助和指导学生。保存学生出勤记录、分数记录和其他要求的记录。在学术与职业课程上和职业生涯问题上给学生提出建议。监督本科生、研究生的教学、实习和研究工作。选择和获得教材和用品，如教科书。与同事合作，解决教学和研究方面的问题。担任学术或行政管理委员会成员，处理制度上的政策事宜、部门事宜、学术事宜。汇编课外练习的专业材料参考书目。为获得外部研究资金编写拨款建议。参与校园和学区活动。参与学生的入学、登记、安置工作。监督学生的实验室工作

和野外工作。充当学生组织的顾问。将实践或现场走访部分纳入课程之中。履行行政管理职责，如担任系主任。向政府、行业提供专业咨询服务。

2. 研究生助教

性格类型：社会型 – 研究型 – 传统型

年收入：27,840 美元

年职位增长率：32.2%

年职位空缺数：所有大学的 329,000 个教学职位

最普遍的教育 / 培训程度：硕士学位

协助大学里的系主任、全体教师或其他专业部门的员工，履行教学或与教学有关的职责，如讲较低水平的课程、编写教材、准备和提供考试、给试题或试卷评分。研究生助教必须是研究生院教学规划中的注册学生。研究生助教主要履行非教学职责，如实验室研究，所以，应该被列入与他们所从事的工作相关的职业类。负责讨论、专题报告和实验室工作。对考试、作业和试卷进行评估、评分并记录分数。按规定的截止日期将作业返还给学生。安排和坚持正常的办公时间与学生见面。通知学生完成和上交功课如实验室报告的程序。筹备考试并监考。通知讲师作业存在的错误或问题。会见督导员，讨论学生的分数，完成要求的与分数有关的文书工作。复制和分发课堂材料。演示实验室设备的应用，执行实验室的规则。讲授本科水平的课程。完成实验室项目，然后再分配给学生，以便做任何必要的改动。开发教材，如：教学大纲、视觉教具、练习答案、补充注释、课程网址。为从事实验室或野外研究的教师成员或职员提供协助。安排督导员实施教学观察；会见督导员，收到有关教学工作表现的意见反馈。出席协助的那位讲师上的课。订购或得到上课所需的材料。为讲师提供使用视听教学设备的协助。协助从事学生会工作的教师成员或职员。

事业型专业

广告学

性格类型：事业型－艺术型

专业方面的有用事实

重点是对各种媒体中的商业信息进行创作、传输和鉴定以促进和销售产品、服务和品牌，使你能够担当广告宣传助理、技师和经理。

相关的《教学项目分类》大纲：广告宣传 0903-09

专业划分：创作方法；管理。

大学课程标准顺序：英文写作，口头交流，商务和社科统计，市场营销概论，广告宣传概论，传播理论，广告宣传信息战略，交流道德规范，广告宣传媒体，广告宣传副本和设计，广告宣传描述的策划与研究，广告宣传活动的管理，大众传播法，传播研究概论。

高中课程标准顺序：英语，代数，外语，艺术，文学，演讲，社科。

工作概况

广告宣传是写作、艺术和商务的组合。具有广告宣传专业的学士学位毕业生经常到广告宣传机构任职，主要在大城市。他们开始可能担任广告文字撰稿人，以后进步到管理层。因为该行业被认为富有魅力，所以竞争非常激烈。懂得如何在因特网上做广告的人具有优势。

相关工作的有用平均值

◎ 年收入：48,549 美元

◎ 年职位增长率：17.1%

◎ 自雇者：6.0%

◎ 兼职者：24.4%

◎ 语言技能评分：62.4

◎ 数学技能评分：50.9

相关职位方面的其他细节

年职位空缺总数：33,000

兴趣领域：财政与保险 06；零售与批发的销售与服务 14

工作技能——谈判；财务资源管理；劝导；面向服务；写作；讲话。

工作价值——创作性；工作条件；多样性；能力应用；成就感；自主性。

工作条件——室外，风吹日晒。

相关职位

1. 广告宣传与促销经理

性格类型：艺术型 – 事业型 – 社会型

年收入：73,060 美元

年职位增长率：20.3%

年职位空缺数：9,000

最普遍的教育 / 培训程度：工作经验和学位

对广告宣传政策和规划进行策划和指导或生产附带的材料如海报、目录、礼券或赠品，旨在为部门、整个机构或为自己购买产品或服务中创造附加利益。作为制订广告活动计划的一部分，起草预算并呈报项目成本预算。与客户、公司官员、销售部门和广告宣传部门一起策划和准备广告宣传和促销材料，以提高产品或服务的销量。协助制定年度预算。检查版面设计和广告宣传副本，对原稿、录音带、录像带和其他符合要求的促销材料进行编辑。协调销售、平面设计、媒体、财务和研发等部门的工作。起草和商议广告宣传和销售合同。确认和制定促销活动的联系人并满足确认的买主目标，如代理商、经销商或消费者的行业规划。收集和整理信息以策划广告宣传活动。与部门领导或员工协商以讨论合同、广告宣传媒体的选择或要做广告的产品等主题。与客户协商以提供市场营销或技术建议。监控和分析销量促进的结果以确定促销活动的成本效果。阅读贸易期刊和专业文献，保持了解影响媒体规划的趋势、创新和变化。制订扩大与老客户业务往来的计划和作为广告宣传客户代理商进行业务交易的计划。在向外勤人员和客户介绍新产品和服务过程中提供产品介绍和产品展示支持。对广告宣传活动团队的动员进行指导、激发和监控以达到活动的目的。计划和实行机构的广告宣传政策和战略。跟踪规划预算和花费以及活动的反应率，以根据规划的目的和行业规范，对每次活动进行评价。把一些强大的各机构联盟或社会名人聚集起来，并与他们交流，得到他们的合作、支持和行动以促进宣传活动的目标。培训和指导从事广告开发和制作的工作人员。与媒体合作进行广告宣传的传播。

2. 广告销售代理

性格类型：事业型 – 社会型 – 传统型

年收入：42,750 美元

年职位增长率：16.3%

年职位空缺数：24,000

最普遍的教育 / 培训程度：中期在职培训

销售或招揽广告宣传，包括平面艺术、出版物上的广告宣传空间、定制的标志或电视和无线电广告时间。可能获得室外广告宣传场地的租赁权，或劝导零售商使用促销陈列物品。给新的和现有客户起草和递送产品销售介绍，以销售新的广告宣传项目以及保护和提高现有的广告宣传。向客户说明特定类型的广告宣传会怎样有助于最有效率地促销他们的产品和服务。在保持指定的客户群的同时发展新客户。处理所有客户来往信件和文书工作。将广告宣传或说明的校稿给客户审批。起草广告宣传工作的合同，收取应得的支付。找到和联系潜在客户以提供广告宣传服务。给客户提供广告宣传产品或服务的成本预算。根据使用的媒体，建议广告宣传的合适规模和幅度。通知客户能够选择的广告艺术插图并提供样品。获取并研究有关客户的产品、需求、问题、广告宣传历史和经营方法的信息，提供有效的销售宣传和适合的产品援助。确定要使用的广告宣传媒介，起草选定的媒介范围内的样品广告以展示给客户。与公司官员、销售部门、广告宣传部门协商制订促销计划。使用电脑，起草促销计划、销售小册子、媒体资料包和销售合同。确认新的广告宣传市场并建议为它们服务的产品。写版面设计的文稿部分。参加销售会议、行业贸易展览和培训研讨班以收集信息、促销产品、扩大关系网络和增长知识。搜集所有投标过程的相关材料，协调投标和合同审批事宜。撰写销售大纲供员工使用。

建筑学

性格类型：事业型－现实型－研究型

专业方面的有用事实

毕业生能够独立从事建筑学的专业实践并在本领域的各个方面从事研究。

相关的《教学项目分类》大纲：建筑学 0201–04（建筑学学士，文学士/理学士，建筑学硕士，文学硕士/理学硕士，博士）

专业划分：建筑工程学；设计学；历史；理论与批评；城市研究。

大学课程标准顺序：英文写作，基础绘画，艺术史：文艺复兴到现代，微积分，计算机科学概论，普通物理学，建筑学历史，结构学，建筑科学，建筑学的视觉分析，建筑制图学，建筑设计，建筑计算机制图，场地分析，城市规划简介。

高中课程标准顺序：英语，代数，几何，三角，基础数学，微积分，物理，计算机，艺术。

工作概况

建筑师设计建筑物和建筑之间的空间。他们必须具备艺术、技术和商务技能的组合。为了得到许可，他们必须获得建筑学专业学位（有时是一个 5 年的学士学位，有时是另一专业学士后的硕士学位）；必须是一个实习生，通常为 3 年时间；必须通过许可发放的考试。约 1/5 的人是个体经营者，大多数建筑公司很小。计算机技能会是毕业生的很大优势。建筑服务的需求依靠建筑物建设的数量，因此随着经济的好坏和受地理区域的作用而变化。

相关职位的有用平均值

◎ 年收入：90,798 美元

◎ 年职位增长率：14.5%

◎ 自雇者：8.4%

◎ 兼职者：10.7%

◎ 语言技能评分：71.2

◎ 数学技能评分：70.3

相关职位方面的其他细节

年职位空缺总数：22,000

兴趣领域：建筑与施工 02；科研、工程和数学 15

工作技能——操作分析；财务资源管理；技术设计；科学；质量控制分析；复杂问题解决。

工作价值——创造性；权威性；薪酬；认可；能力应用；自主性。

工作条件——室内，受环境控制；坐着。

相关职位

1. 建筑师（不包括景观和造船）

性格类型：艺术型 – 现实型 – 研究型

年收入：64,150 美元

年职位增长率：17.3%

年职位空缺数：7,000

最普遍的教育 / 培训程度：学士学位

计划和设计建筑物，如私人住宅、办公大楼、剧院、工厂和其他建筑财产。准备有关设计、建筑物规格、材料、颜色、设备、成本预算或建设时间的信息。与客户协商，确定建筑物的功能和空间要求。指导从事画图纸和准备规格文件的工作人员。计划项目规划图。准备建筑承包商合同文件。准备比例图样。将工程元素纳入统一设计之中。建设期间，定期进行现场作业观察以监控符合计划的情况。执行建设合同。代表客户中标和得到建设合同。起草操作与保养手册、研究和报告。

2. 工程经理

性格类型：事业型 – 研究型 – 现实型

年收入：105,430 美元

年职位增长率：13.0%

年职位空缺数：15,000

最普遍的教育 / 培训程度：工作经验和学位

策划、指导、协调诸如建筑和工程领域的活动或这些领域的研发工作。与管理、生产和市场营销员工磋商讨论项目规格和程序。协调和指导项目工程，制订实现目标的详细计划，指导技术活动的一体化。分析技术、资源需要和市场需求以对项目工程可行性进行策划和评估。对设施和设备的安装、测试、操作、保养和维修进行计划和指导。指导、审查和批准产品设计和改变。招聘员工；分配、指导和鉴定他们的工作；监督员工胜任能力的培养和保持。起草预算、标书和合同并指导科研合同的谈判。制定和执行在部门、服务机构、实验室或公司里进行的工程和技术工作的政策、标准和程序。审查和建议或批准合同和成本预算。履行行政管理职能，如审查和书写报告、批准开支、执行规定和决定材料或服务的购买事宜。向客户提出和解释建议、报告和调研结果。与客户磋商或谈判以起草项目工程的技术规范。在高级管理层提出的大纲范围内确立科技目标。进行公路的策划、建设和保养。指导水控制、处理和分布项目的工程。策划和指导测量工作并把这项工作与其他员工的工作协调起来，保证测量工作和写出土地合法使用的说明。与官员和大众协商并向他们报告以提供信息并得到对项目的支持。

企业管理

性格类型：事业型－传统型

专业方面的有用事实

毕业生能够对公司或机构的职能和工作流程进行计划、组织、指导和控制。

相关的《教学项目分类》大纲：企业行政与管理（普通）0201-52

专业划分：国际商务；管理；市场营销；运营。

大学课程标准顺序：英文写作，商务写作，心理学概论，微观经济学法则，宏观经济学法则，商务和社科微积分，商务和社科统计学，管理信息系统概论，会计学概论，商务的法律环境，经营管理，战略管理，商务财务，市场营销概论，组织行为学，人力资源管理，国际化管理，组织管理学。

高中课程标准顺序：英语，代数，几何，三角，理科，外语，计算机，演讲。

工作概况

企业管理学的学生学习经济学原理、企业运作的法律和社会环境、测量和计划企业活动的定量方法。毕业生可以直接进入企业界或继续硕士学位的学习。一些人有一个非企业专业的学士学位，在得到一些初级工作经验后，开始硕士学位的企业管理教育。通常情况，毕业生的前景不错，但是不同的企业、专业和行业，情况不尽相同。

相关职位的有用平均值

◎ 年收入：83,211 美元

◎ 年职位增长率：16.6%

◎ 自雇者：11.0%

◎ 兼职者：11.7%

◎ 语言技能评分：64.9

◎ 数学技能评分：57.9

相关职位方面的其他细节

年职位空缺总数：481,000

兴趣领域：建筑与施工 02；商务与管理 04；财政与保险 06；政府与公共行政 07；制造业 13；零售与批发的销售与服务 14；运输、配送和物流

工作技能——财务资源管理；人员资源管理；物资资源管理；谈话；监视；劝导。

工作价值——权威性；创造性；自主性；责任高；薪酬；工作条件。

工作条件——室内，受环境控制；坐着。

相关职位

1. 行政服务经理

性格类型：事业型－传统型－社会型

年收入：67,690 美元

年职位增长率：16.9%

年职位空缺数：25,000

最普遍的教育/培训程度：工作经验和学位

计划、指导和协调机构支持性服务机构的工作，如保留记录、邮件分发、话务员/接待员和其他办公室支持勤务机构的工作。可能监督设施的规划和维修以及看管行动。监控设施以确保其保持安全、可靠和良好的保养。指导或协调公司、代理处和机构的支持性服务部门的工作。确立这个部门的目标和期限。起草和审查运营报告和进度表以保证准确和效率。分析内部工作流程，建议并执行程序或政策的变动以改进诸如供应变化或销毁记录凭证的行动。购入、分配和储存物资。计划、实施和控制合同、设备和物资的预算。监督建设和翻新工程以提高效率并保证设施满足环境、健康和安全标准并符合政府的规定。聘用和解聘办事员和行政管理人员。监督机器、设备、电动和机械系统的保养和维修。管理设施空间的租赁工作。参与建筑与工程的规划设计，包括空间和设备管理。举办学习班向员工讲解程序。处理或监督剩余或无人认领财产的处理。

2. 首席执行官

性格类型：事业型 – 传统型 – 社会型

年收入：145,600 余美元

年职位增长率：14.9%

年职位空缺数：38,000

最普遍的教育 / 培训程度：工作经验和学位

在董事会或相似的权力团体制定的指导方针范围内确定和规划公司或私人和公共行业机构的政策并提供全面指导。在下属主管和员工经理帮助下，策划、指导和协调最高管理层的运营活动。指示和协调机构的财务和预算活动以资助运营、最大限度地投资和提高效率。与董事会成员、机构官员和员工成员协商以讨论各种议题、协调业务活动和解决问题。分析经营活动，评价公司及其员工完成目标的表现，并确定具有降低成本、改进规划和政策变化可能性的考虑。指导、计划和执行机构或公司的政策、目标和各项活动，旨在保证继续运营、投资最大回报和提高生产率。起草预算待批准，包括那些为规划提供资金和实施规划的预算。指导和协调公司或部门的产品生产、定价、销售、分销活动。与供应商、分销商、联邦与国家机构和其他编制实体谈判或批准合同和协议。审查员工提交的报告以建议批准或建议改动。任命部门领导或经理，将责任分配或交给他们。指导人力资源工作，包括批准人力资源计划和活动、董事会成员和其他高级员工的挑选、主要部门的设立和编制。主持董事会、管理委员会或其他理事会或担任这些委员会的成员。起草和提出各项活动、费用、预算、政府章程和裁决、其他影响公司或项目服务事宜的报告。确立部门职责并协调部门和场地间的职能。执行矫正行动计划以解决机构或部门的问题。协调预算控制系统、记录保持系统和其他行政管理控制程序的开发和执行。指导非产品推销部门，如广告宣传、采买、信贷和会计。在会议或集会上讲话、写文章和提出信息以促进服务、交流理念和实现目标。

3. 建筑经理

性格类型：事业型 – 现实型 – 传统型

年收入：73,700 美元

年职位增长率：10.4%

年职位空缺数：28,000

最普遍的教育/培训程度：学士学位

通常通过下属的监督人员对构建物、设施和系统的建设和维修有关的活动进行计划、指导、协调或编入财政预算。参与建设工程的概念制定并监督其组织、进度安排和实施。与监督人员、业主、承包商和设计专业人员协商，以谈论并解决工作程序、投诉和建设问题等事宜。策划、组织和指导有关构建物、设施和系统的建设和维修活动。按照合乎逻辑的步骤安排工程进度并预定完成工期需要的时间。确定劳动力要求并向建设工地派遣工人。检查和审查工程以监控其是否符合建筑和安全规范以及其他规定。起草合同并与建筑师、咨询顾问、客户、供应商和次承包商谈判合同协议的修正、改变和附加。代表业主或开发商向行政管理人员、工人和客户说明和解释计划和合同条款。获得所有必要的许可证和执照。指导和监督工人。研究工作规范以确定合适的建设方法。挑选、雇用和监督工人完成具体工程，如刷油或水管。请领物资和材料以完成建设工程。起草和呈报财务预算和进度与成本跟踪报告。采取行动，处理工地上由延期、坏天气或应急情况造成的后果。制订与执行质量控制规划。对建筑工地上的损害、事故或延迟进行调查，确保正确程序的实施。用计算机对施工方法进行鉴定并确定计划的成本效率。指导建筑工程所需的土地征用。

4. 成本估算师

性格类型：传统型－事业型－社会型

年收入：52,940 美元

年职位增长率：18.2%

年职位空缺数：15,000

最普遍的教育/培训程度：相关职位的工作经验

起草产品制造、建筑工程或服务的成本估算，以协助对产品或服务的价格投标或定价的管理。可能要根据履行的特殊服务或制造的产品类型来划分专业。分析蓝图和其他文件以起草时间、成本、材料或劳动预算。评估产品、工程或服务的成本效率，随着工程进展，跟踪有关投标的实际成本。与客户、供应商、其他部门的人员或建筑工长协商以讨论和制定预算并解决问题。与工程师、建筑师、业主、承包商和次承包商协商成本预算的改变和调整事宜。起草管理人员用于下列目的的预算，如对工作进行计划、组织和安排。起草用来挑选供应商或次承包商的预算。审查物资和劳动力需求，决定生产或购买部件是否更划算。在整个工期中定期写出成本和花费报表以及其他必要的文件材料。持有并列出供应商、承包商和次承包商的姓名地址录。建立成本监控和成本报告系统和程序。确立和保持投标过程并举行谈判。进行专门研究以制定和建立标准的时间和相关的成本数据或达到减少成本之目的。走访工地并记录通道、排水系统和地势、水电等服务可用性的信息。

5. 总经理和业务经理

性格类型：无可利用数据

年收入：85,230 美元

年职位增长率：17.0%

年职位空缺数：208,000

最普遍的教育 / 培训程度：工作经验和学位

计划、指导或协调公司或公共和私营部门组织的运营。工作职责和责任包括：制定政策、管理日常运营、对物资和人力资源的使用做出计划，但实际上由于太笼统和差异太大，无法列入任何一个职能管理方面，如人事、采购或行政管理。包括领导小企业机构的业主和经理，他们的职责主要是管理。指导和协调企业或产品生产、定价、销售或分销部门的业务活动。管理员工，起草工作进度表和分配具体职责。审查财务报表、销售和主营业务报告以及其他表现数据以测量生产率和目标达成并确定需要降低成本和改进规划的方面。确立和执行部门政策、总体目标、具体目标以及程序，必要时与董事会成员、机构官员以及员工协商。确定人员配置需求并面试、雇用、培训新员工或监督人事程序。监控企业和机构以保证它们有效地提供所需的服务，同时又不超出预算限制的范围。监督与生产产品或提供服务有直接关系的活动。指导与协调机构的财政和预算业务以提供运营资金、投资最大化和提高效率。确定要出售的商品和服务并根据顾客需求预测来确定价格和信用条件。对货物进出生产设施进行管理。找到、选择、购买代售的商品，代表管理层进行买卖谈判。做销售区的工作，如接见和协助顾客、摆货架和盘货。制定和执行产品市场营销战略，包括广告宣传活动和促销活动。计划和指导促销之类的活动，需要时与其他部门的领导配合。指导企业的非推销部门的工作，如广告宣传和采购部门。建议新设施的地点或监督现有设施的改建。计划商店布局并设计展示架。

6. 工业生产经理

性格类型：事业型－常规型－现实型

年收入：77,670 美元

年职位增长率：0.8%

年职位空缺数：13,000

最普遍的教育／培训程度：相关职业的工作经验

依照成本、质量和数量规范，策划、指导或协调产品制造所必须的业务工作和资源。指导和协调工业机构的生产、加工、配送和市场营销活动。制定预算和批准物资、材料和人力资源的花销，保证材料、劳工和设备的有效使用以达到生产指标。审查进度时间表和生产订单，考虑预算限制和时间限制的因素，对库存要求、人员编制要求、工作程序和责任分配事宜做出决定。审查运营情况，与技术或管理人员交换意见以解决生产或加工的问题。招聘、培训、评估和解聘员工，解决人员投诉。启动和协调库存和成本控制规划。起草和保存生产报告和人事记录。树立和监控产品标准，检查未加工产品的样品或指导加工过程中的测试以确保成品符合规定的质量。制定和执行生产跟踪和质量控制系统，分析生产、质量控制、保养和其他经营报告以发现生产问题。审查计划，与研究和支援人员磋商以制定新产品和程序。制订雇员提建议或参与管理的规划。协调和建议设施和设备保养或改造的程序，包括更换机器。保持对质量控制方面的最新了解，依靠材料应用、技术进步和统计研究方面的最新文献。

7. 管理分析师

性格类型：事业型－研究型－传统型

年收入：68,050 美元

年职位增长率：20.1%

年职位空缺数：82,000

最普遍的教育／培训程度：工作经验和学位

进行编制研究和评估，设计系统和程序，进行工作简化和测量的研究，起草职工操作程序手册以协助管理层更有效地经营。还要进行规划分析和充当管理顾问。收集和整理问题或程序的信息。分析收集来的数据，拿出解决办法或继续下去的替代方法。与相关人员磋商以确保新执行的体制或程序成功地发挥作用。制定和执行记录归档、保护和检索的档案管理规划并保证按规划行事。审查表格和报告，与管理层和使用者磋商有关格式、发送和目的事宜以明确问题所在和如何改进。把研究结果形成文件，起草新体制、新规程或编制变化的建议。采访人员，进行实地观察以确定各单位的职能；所担负的工作；要使用的方法、设备和人员。起草职工操作手册并按照编制政策培训工人使用新表格、报告、程序或设备。设计、评估、建议和批准对表格和报告的改变。计划对工作问题和程序的研究如编制变化、通信、信息流、生产方法一体化、库存控制或成本分析。提出购买存储设备的建议并设计区域划分以得到能够安置设备的空间。

8. 销售经理

性格类型：事业型 – 传统型 – 社会型

年收入：91,560 美元

年职位增长率：19.7%

年职位空缺数：40,000

最普遍的教育 / 培训程度：工作经验和学位

指导将产品或服务实际配送或运送到顾客那里。以建立销售区、配额和总体目标的办法来协调销货分配，并制订销售代表的培训规划。分析员工收集的销量统计，以确定潜在的销量和库存需求，并监控顾客的参数选择。解决顾客对销售和服务的投诉。监控顾客的参数选择以确定销售努力的重点。指导和协调涉及制成品、服务、商品、房地产或其他销售品销售的活动。确定价格时间表和折扣率。审查项目销售的运营记录和报告并确定利润率。指导、协调和审查销售和服务账目与记录保留，接收与装运工作的活动。与部门领导协商以策划广告宣传服务并得到设备和客户说明书的信息。对代理商和经销商进行政策和操作程序方面的指导以确保商务的功能效率。起草预算并批准预算支出。代表公司出席贸易协会会议以促销产品。策划和指导人员配备、培训和表现评估以制订和控制销售和服务规划。走访特许零售商，激励对机构的兴趣或延长租赁规划。与潜在顾客协商设备需求事宜，向顾客建议要购买的设备型号。监督地区和当地的销售经理及其员工。指导办事人员保存出口通信、出价请求和信贷收取的记录并保存关税、许可和限制的最近信息。对机构国外销售与服务的商店进行指导。根据统计和支出评估新的和现有商店位置的市场营销潜力。

9. 社会和社区服务经理

性格类型：社会型 – 事业型 – 艺术型

年收入：52,070 美元

年职位增长率：25.5%

年职位空缺数：17,000

最普遍的教育 / 培训程度：学士学位

策划、组织或协调社会服务项目或社区延伸机构的活动。监督项目或机构的预算和有关参与人员、项目要求和利益方面的政策。工作可能涉及对社会工作者、顾问和监护官的指导。建立和保存与社区内其他机构和组织的关系以满足社区需求和保证服务不重复。起草并保持档案和预算、人事记录等报告或培训手册。指导专业、技术人员和志愿者的活动。评估员工和志愿者的工作以保证服务项目具有适当的质量并保证资源的有效利用。建立和监督行政管理的程序以达到董事会或高级领导层确定的目标。参与有关下列事宜的组织政策的决定，如参与者资格、项目要求和项目利益。研究和分析成员或社区的需求以确定项目方向和目标。与社区团体对话，解释和说明公共服务机构的目的、项目和政策。招聘、面试和雇用或签约雇用志愿者和工作人员。代表组织与政府和媒体机构交往。计划和执行项目、设备和支持服务的预算。分析立法案和规则的变化以确定公共服务机构可能受到什么样的影响。充当公共服务机构工作人员和其他社区规划的顾问，解释有关联邦、州和县级项目的规则和政策。实施和鉴定工作人员培训计划。指导集资活动和公共关系材料的准备。

10. 运输、储存和配送经理

性格类型：事业型 – 传统型 – 现实型

年收入：73,080 美元

年职位增长率：12.7%

年职位空缺数：15,000

最普遍的教育/培训程度：相关职业的工作经验

职业说明：

储存和配送经理。策划、指导和协调一个机构范围内的储存和配送工作或多个从事物资和产品储存和配送的机构的业务。监督从事接收、储存、测试和装运产品和物资的工作人员的经营活动。策划、制订和执行仓库安全与保安的规划和活动。审查发票、工作指令、消费报告和需求预报，以判断交付高峰期和安排工作任务。安排和监控产品或物资的航空或地面装载、递送或配送。与部门领导协商以协调仓库的业务工作，如产品、销售、记录控制和采购。对顾客或托运人的有关储存和配送服务的疑问和投诉做出回应。检查仓库、车队、设备、顺序检测、保养、维修或者必要时更换的实际状况。制定产品或物资的接收、处理、储存、运送或救捞的标准和应急操作程序，并形成书面文件。查看产品或物资以估算数量或重量和储存或运输所需的集装箱类型。与运输公司、仓库经营者和保险公司代表协商提供服务和优惠税率事宜。发放装船须知，提供路径信息以保证运送的时间和地点相一致。检查发货单和装船舱单以保证与关税和海关规定相一致。写出和管理好部门预算。起草或指导来往信件、报告、运营、保养和安全手册的草拟。准备好必要的货运单据并联系海关人员以使运载的货物放行。通知销售和财务部门与客户结算运输费。评估与运送时间有关的货运成本和存货成本以保证成本恰到好处。参与运输和服务费的确定。跟踪前往目的地途中的货物，必要时催货。需要时，安排储存设施。

运输经理。策划、指导和协调一个机构范围内的运输工作或多个提供运输服务的机构的业务。指导飞机、火车等运输工具的派遣、提供路径和进行跟踪的业务。策划、组织和管理下属人员的工作以保证其以与编制要求一致的方式完成工作。指导调查工作以核实和解决客户或托运人的投诉。充当指定区域内所有工人的联系人。执行时间安排和政策的变化。与其他经理和员工成员合作制定和执行政策、程序、总体目标和具体目标。监控运营确保员工成员符合行政管理政策和程序、安全规则、工会合同和政府规定。促进安全工作的各项活动，采取进行安全审计、参加公司安全会议和会见单个的员工成员的方式。制定联邦和州公共运输规划的标准、申请指南、程序手册和合同。监控支出，确保费用与审批的预算一致。通过属下对想使用设备、设施和人力资源的业务部门的工作进行指导和协调。指导从事设备、车辆和设施维修与保养的员工的工作。与政府机构合作进行事故调查，确定运输事故的原因并改进安全规程。分析开支和其他财务信息以制定提高利润和改进服务的计划、政策和预算。与设备和物资供应商进行合同的谈判和批准并对合同的履行进行监控。监督工人设定关税分类和开具发票。确定运营的政策和标准，包括确定危险品处理的安全程序。建议或批准为提高业务部门的服务和效率而购买的新设备和财产的资本支出。写出管理建议，如拟议的手续费和关税的增加或时间安排的变化。

财政学

性格类型：事业型－传统型

专业方面的有用事实

毕业生能够计划、管理和分析商业机构、金融机构或其他机构的绩效和金融与货币方面。

相关的《教学项目分类》大纲：财政（普通）0801–52

专业划分：公司财务；公共财政；证券分析。

大学课程标准顺序：英文写作，商务写作，心理学概论，微观经济学原理，宏观经济学原理，商务和社科微积分，商务和社科统计，管理信息系统概论，管理和组织原则，经营管理，战略管理，商务财务，市场营销概论，公司财务，货币和资本市场，投资分析。

高中课程标准顺序：英语，代数，几何，三角，理科，外语，计算机。

工作概况

财政学是研究机构如何获得资金并以实现其最大价值的方式使用它们。银行和保险业以及投资服务公司雇用该专业的毕业生。学士学位是初级职位的良好准备。

相关职位的有用平均值

◎ 年收入：70,359 美元
◎ 年职位增长率：13.7%
◎ 自雇者：7.7%
◎ 兼职者：17.5%
◎ 语言技能评分：63.6
◎ 数学技能评分：60.0

相关职位方面的其他细节

年职位空缺总数：155,000

兴趣领域：商务与管理 04；财政与保险 06

工作技能——财政资源管理；判断和决策；人力资源管理；谈判；监视。

工作价值——权威性；工作条件；晋升；自主性；责任感；能力应用。

工作条件——室内，受环境控制；坐着。

相关职位

1. 预算分析师

性格类型：传统型 – 事业型 – 现实型

年收入：61,430 美元

年职位增长率：13.5%

年职位空缺数：6,000

最普遍的教育 / 培训程度：学士学位

检查预算估算的完整性、准确性和与规程、规则的一致性。分析预算和财务报告以保持开支的控制。指导定期和特殊的预算报告的准备工作。与经理商量以保证按照方案的变化调整预算。使特定方案的拨款与更广泛方案的拨款一致起来，包括应急基金项目。提供成本分析、财政拨款和预算计划的建议和技术援助。做预算总结并提交同意或不同意资金请求的建议。探索提高效率和增加利润的新方法。审查运营预算以分析影响预算需求的趋势。做成本效益分析以比较经营计划方案、审查财政请求或探索可选择的筹资方法。诠释预算指令并制定实施的政策。汇编和分析会计记录和其他数据以确定完成一个计划方案所需的财政资源。在审查和资金授予当局面前作证，阐明和促进拟议的预算。

2. 信用分析师

性格类型：传统型 – 事业型 – 研究型

年收入：52,350 美元

年职位增长率：3.6%

年职位空缺数：3,000

最普遍的教育 / 培训程度：学士学位

分析个人或公司当前信用数据和财务报表以确定涉及提供贷款或借钱的风

险程度。起草带有这种信用信息的报告以用于决策。评估客户记录并根据收入、储蓄数据、还款记录和购买活动提出还款计划的建议。与信用社和其他商务代表协商以交换信用信息。完成贷款申请，包括贷款请求的信用分析与总结，并提请贷款委员会批准。使用计算机程序生成财务比率以评估客户的财政状况。审查个人或商业客户文档，弄清楚并选择要收取的拖欠账款。把流动资产利润率和已评估机构的信用记录与同行业、同地理位置的相同机构的信用记录进行比较。与客户商量以解决投诉并核实财务和信贷交易。分析财政数据如收入增长、管理质量和市场份额以确定贷款的预期获利能力。

3. 财政分析师

性格类型：研究型 – 传统型 – 事业型

年收入：66,590 美元

年职位增长率：17.3%

年职位空缺数：28,000

最普遍的教育 / 培训程度：学士学位

对影响公共或私人机构的投资规划信息作定量分析。使用计算机汇集电子数据表并绘制图表用来说明技术报告。分析财务信息，对商务、工业和经济状况做出预测用于投资决策。不断增长知识，跟上行业技术、商务、财政和经济理论等方面的发展。解释影响投资规划的数据，如价格、收益、稳定性、投资风险的未来趋势和经济影响。通过对从财政出版物和金融服务、投资银行公司、政府机构、贸易出版物、公司消息来源和个人采访那里得到的信息进行分析以监控经济、行业和公司的根本发展。向公司、投资公司工作人员或投资的大众提出投资和投资时机的建议。确定证券应该由辛迪加统一办理并提供给大众的价格。根据财政分析，起草投资行动的计划。评估和比较某个特定行业各种证券的相对品质。提出有关经济总趋势、个体公司和整个行业的口头和书面报告。按照公司政策联系经纪人，为公司赢得投资。与投资银行家合作，吸引新的公司客户到证券公司。

4. 财务经理

性格类型：事业型 – 传统型 – 社会型

年收入：90,970 美元

年职位增长率：14.8%

年职位空缺数：63,000

最普遍的教育 / 培训程度：工作经验和学位

职业说明：

分公司或部门财务经理。指导和协调分支、办事处或机构部门如银行分行、中介所、风险和保险部门或信贷部门的工作人员的财务工作。建立和保持与个体和企业客户的关系，对这些客户可能遇到的问题提供援助。检查、评估和处理贷款申请。计划、指导和协调诸如银行分行、中介所、风险和保险部门或信贷部门的分支机构、办事处或部门里的工作人员的业务工作。监督现金流和金融工具。招聘员工，监督培训项目。在社区范围内进行联系以找到和吸引新的业务。批准或拒绝或协调批准或拒绝信贷额度和商业、房地产和个人贷款。依据法律、规则和董事会的要求，起草财务和管理报告。制定财产、记录、贷款抵押品和证券保管和掌管的程序以确保妥善保管。审查收账报告确定收账状况和未清余额的数量。起草用于管理分析的经营和风险报告。评价财务报告制度、结账和收账程序和投资业务并提出对程序、经营体制、预算和其他财政管理功能改变的建议。策划、指导和协调机构的风险和保险规划以控制风险和损失。向律师或外部收账机构提交拖欠账目。与股东和其他投资商交流，提供信息并集资。对成本数据进行鉴定以对预算做出计划。对风险与投资进行分析和分类以确定它们对公司的潜在影响。审查证券交易报告和价格表以分析市场状况。开发和分析信息以对公司当前和未来财政状况进行评估。指导保险谈判、选择保险经纪人和保险公司并投保。

财务主管和审计主任。指导机构整个或部分的财务工作，如计划、采购和投资。起草年度纳税申报单并归档或准备好财务信息以便外部会计人员能够填写纳税申报单。起草或指导起草财务报表、业务活动报告、财务状况预报、年度预算、管理机构要求的各种报告。监督履行财务报表、结算、开票、收款、做工资表和预算职责的员工的工作。把资金、证券和金融工具的保管、保护、存入银行、支出和收入的权力分配下去。继续学习和掌握有关组织政策与程序、联邦和州一级政策与指令、最新会计标准的最新知识。实施或协调公司账目和财务交易的审计工作，确保与州和联邦的要求和法令一致。接纳和记录支付的请求；按照政策和程序批准支付。监控诸如准备金水平的财务活动和细节，保证符合所有法律和法规的要求。对会计工作的表现和其他财务人员进行监控和评估；建议和执行人事变动如晋升和解雇。开发和保持与银行业、保险业和非编制会计人员的关系以促进财务活动。协调和指导机构的所有或部分财务策划、预算、采购或投资活动。制定预算管理、现金与信贷管理和会计工作等活动的内部控制政策、指导方针和程序。分析过去、现在和预期经营的财务细节以弄清楚发展的机遇和需要改进的地方。提出短期和长期财务目标、政策和行动的管理建议。对其他编制单位财务资源的有效控制和利用以及财会和预算政策提供指导和援助。评估剩余投资和资金的采购需求并提出适当的建议。

5. 信贷员

性格类型：事业型－社会型－传统型

年收入：51,760 美元

年职位增长率：8.3%

年职位空缺数：38,000

最普遍的教育 / 培训程度：学士学位

评估、批准或建议批准商业、房地产或信用贷款。给借贷人提供财务状况和支付方法的建议。包括抵押贷款官员和代理商、收账分析、贷款服务官员和贷款保险人。会见贷款申请人以得到贷款申请的信息并回答有关程序的问题。批准规定限额内的贷款，将超出限额的贷款申请提交给管理层批准。分析申请人的财务状况、信誉和资产评估以确定贷款发放的可行性。向顾客解释不同类型的贷款和能够选择的信用方式以及那些服务的条款。获得和收集贷款申请人的信用记录、公司财务报表和其他财务信息。复审和更新信用和贷款文档。按照政策，复审贷款协议以确保协议的完整和准确。计算付款日程表。跟上贷款和其他财务服务与产品的新方式以更好地满足客户的需求。将申请提交给信用分析员进行确认并提出建议。处理客户投诉并采取适当行动予以解决。与客户合作以确定他们的财务目标并找出达到那些目标的方法。与已经拖欠贷款的客户商谈支付协议。向个人和公司推销银行产品，促进可能满足客户需求的银行服务。监督贷款人员。与高级经理一起，确定信贷政策、贷款额度、程序和标准。为有更特殊需求的客户提供诸如投资银行业务的特殊服务。分析潜在的贷款市场，开发推荐网络以找到贷款的潜在客户。起草送给那些拖欠贷款客户的报告，发送不可调和的账户供收款员采取行动。安排好拖欠财产的维护和清算工作。面试、雇用和培训新员工。请求法院将抵押品的名称和契约转给银行。

6. 个人财务顾问

性格类型：社会型 – 事业型 – 传统型

年收入：66,120 美元

年职位增长率：25.9%

年职位空缺数：17,000

最普遍的教育 / 培训程度：学士学位

运用税务、投资战略、证券、保险、养老金计划和房地产知识，为客户提供财政计划的建议。职责包括评估客户的财产、负债、现金流、保险责任范围、纳税状况和财政目标以确立投资战略。为客户准备和解释诸如投资效益报告、财务文件摘要和收入预测的信息。向客户建议为达成其财政目标和目的能够使用的战略，包括现金管理、保险责任范围和投资策划等方面的特殊建议。构建和保持客户群，保持目前客户最新的计划，不断地招收新客户。设计债务清算计划，包括支付优先次序和期限。实现财务规划建议或将客户介绍到能够协助他们实现规划的人那里。接见客户，确定他们目前的收入、花费、保险责任范围、纳税状况、财政目的、风险承受能力和其他制订一个财政计划需要的信息。监控财政市场趋势以保证计划的有效性和确定任何更新的必要性。向客户解释将提供的服务种类和个人财务顾问所承担的责任并出具文件。向个人和团体解释能够给大专院校学生提供财政援助的细节，如贷款、补助金和奖学金。引导客户收集诸如银行存款记录、所得税申报表、人寿和残疾保险记录、养老金信息和遗嘱的信息。分析从客户那里得到的财务信息以确定达到客户财务目标的战略。与客户其他的顾问见面，包括律师、会计、信托官员和投资银行家，充分理解客户的财政目标和情况。回答客户提出的有关财政计划和战略的目的和细节问题。为客户开设账户并作为客户的代理人从账户中向债权人支付资金。批准向学生发放助学金。参与挑选特殊助学金奖励的候选人。调查研究能够投资的机遇，确定这些机遇是否符合财政计划。

卫生信息系统管理

性格类型：事业型－社会型

专业方面的有用事实

毕业生能够计划、设计和管理临床专业人员和卫生保健机构用来收集、储存、获得、检索、分析和传输病历和其他健康信息的系统、流程和设施。

相关的《教学项目分类》大纲：健康资讯 / 病历管理 / 管理者 0706-51

专业划分：信息技术；管理。

大学课程标准顺序：英语写作，计算机科学概论，大学代数，口头交流，心理学概论，商务管理概论，商务与社科统计，流行病学，医学术语介绍，卫生保健的财务管理，卫生保健设施的人力资源管理，卫生保健法律问题，美国卫生保健体制，健康记录介绍，健康数据与分析，临床分型体制，医疗科学的基本原理，健康数据研究，研讨班（研究报告）。

高中课程标准顺序：代数，英语，几何，三角，基础数学，生物，化学，计算机，办公室计算机应用，演讲，外语，社科。

工作概况

人们对健康信息系统的需求大大地超出对为病人开账单或美国管理式医疗制度的需求。许多医学发现是在研究人员对收集的大量健康信息进行检查时得到的。因此，健康信息系统管理者必须了解卫生保健体制、各种疾病和生命统计、最新数据库技术和研究人员如何汇编数据以检验假说。一些人用学士学位进入这一领域，而另一些人具有另一领域（或许与健康、信息系统或管理有关）的学士学位，然后完成了研究生的学位教育。

相关职位的有用平均值

◎ 年收入：73,340 美元美元

◎ 年职位增长率：22.8%

◎ 自雇者：5.7%

◎ 兼职者：11.4%

◎ 语言技能评分：76.3

◎ 数学技能评分：60.7

相关职位方面的其他细节

年职位空缺总数：33,000

兴趣领域：保健科学 08

工作技能——人力资源管理；物资资源管理；系统鉴定；财务资源管理；劝导；面向服务。

工作价值——权威性；社会服务性；创造性；工作条件；社会地位；责任感。

工作条件——接触疾病或传染病；接触辐射。

相关职位

医疗卫生服务经理

性格类型：事业型－社会型－研究型

年收入：73340 美元

年职位增长率：22.8%

年职位空缺数：33000

最普遍的教育／培训程度：工作经验和学位

计划、指导或协调医院、诊所、管理式医疗组织、公共卫生机构或类似机构的医药与卫生服务。指导、监督和评估医疗、护理、技术、办事、服务、保养和其他人员的工作情况。为他们管理的单位制定目标以及可估价的运营标准。进行人员的招聘、雇用和培训或提供指导。开发和保持计算机化的记录管理系统以储存和处理诸如人事活动和信息的数据并写出报告。制定和执行医疗设施或医疗单位的编制政策和程序。开展并管理财政活动，包括会计业务、计划预算、批准开支、制定服务费用和协调财务报告。按照工作量、空间和设备的可行性制定工作进度和给员工分配任务。以参加董事会会议和协调部门间功能的方式保持董事会、医务人员和部门领导之间的交流。监控诊断服务、病床、设施和人员的使用以保证资源的有效利用，对人员、设备和服务的增加需求进行评估。不断了解医学、电脑化诊断和治疗设备、数据处理技术、政府规则、健康保险变化和融资选择方面的进步。应对卫生保健分配系统一体化的变化，如工作重组、技术革新和保健重点转移。起草活动报告，向管理层通报规划、服务和质量方案的状况和执行计划。计划、执行和管理卫生保健或医疗设施的规划和服务，包括医疗、护理和体检设施员工的人事管理、培训和协调。与医疗、商务和社区团体协商以讨论服务问题，回应社区需求，加强公共关系，协调各种活动和计划，促进卫生保健规划。检查设施，对建筑物或设备修改提出建议以保证应急准备状态并符合享用、安全和卫生规定。

医院／卫生设施管理

性格类型：事业型－社会型

专业方面的有用事实

毕业生能够应用管理原则对医院、诊所、养老院和其他卫生保健设施进行管理。

相关的《教学项目分类》大纲：医院和卫生保健设施管理

专业划分：卫生政策；医院管理；长期护理管理。

大学课程标准顺序：英文写作，经济学概论，大学代数，口头沟通，心理学概论，会计学，商务管理概论，商务和社科统计，美国卫生保健系统，医学术语介绍，管理信息系统概论，卫生保健财务管理，卫生保健设施人力资源管理，卫生保健战略和策划，卫生保健法律问题，卫生保健与政治。

高中课程标准顺序：代数，英语，几何，三角，基础数学，生物，化学，计算机，办公室计算机应用，演讲，社科，外语。

工作概况

医院和卫生设施管理者需要把规范的经营管理技能与对美国卫生系统的理解以及这一系统当前的问题和趋势相结合。这些管理者可能是管理整个设施的通才或可能专门负责这一设施的一个部门或某个特殊服务项目。通常，人们期望通才要具有硕士学位，特别在大的卫生机构，而想在小的卫生机构中谋职的那些人或专业人士有学士学位就能进入。最好的就业前景是在家庭保健机构、执业者办公室和诊所里，那些在专业领域里的人如理赔部门就业前景最好。

相关职位的有用平均值

◎ 年收入：73,340 美元

◎ 年职位增长率：22.8%

◎ 自雇者：5.7%

◎ 兼职者：11.4%

◎ 语言技能评分：76.3

◎ 数学技能评分：60.7

相关职位方面的其他细节

年职位空缺总数：33,000

兴趣领域：保健科学 08

工作技能——人事资源管理；物资资源管理；系统评估；财政资源管理；劝导；面向服务。

工作价值——权威性；社会工作；创造性；工作条件；社会地位；责任性。

工作环境——接触疾病或传染病；接触辐射。

相关职位

医院卫生服务经理

性格类型：事业型 – 社会型 – 研究型

年收入：73,340 美元

年职位增长率：22.8%

年职位空缺数：33,000

最普遍的教育 / 培训程度：工作经验和学位

计划、指导或协调医院、诊所、管理式医疗组织、公共卫生机构或类似机构的医药与卫生服务。指导、监督和评估医疗、护理、技术、办事、服务、保养和其他人员的工作情况。为他们管理的单位制定目标以及可估价的运营标准。进行人员的招聘、雇用和培训或提供指导。开发和保持计算机化的记录管理系统以储存和处理诸如人事活动和信息的数据并写出报告。制定和执行医疗设施或医疗单位的编制政策和程序。开展并管理财政活动，包括会计业务、计划预算、批准开支、制定服务费用和协调财务报告。按照工作量、空间和设备的可行性制定工作进度和给员工分配任务。以参加董事会会议和协调部门间功能的方式保持董事会、医务人员和部门领导之间的交流。监控诊断服务、病床、设施和人员的使用以保证资源的有效利用，对人员、设备和服务的增加需求进行评估。不断了解医学、电脑化诊断和治疗设备、数据处理技术、政府规则、健康保险变化和融资选择方面的进步。应对卫生保健分配系统一体化的变化，如工作重组、技术革新和保健重点转移。起草活动报告，向管理层通报规划、服务和质量方案的状况和执行计划。计划、执行和管理卫生保健或医疗设施的规划和服务，包括医疗、护理和体检设施员工的人事管理、培训和协调。与医疗、商务和社区团体协商以讨论服务问题，回应社区需求，加强公共关系，协调各种活动和计划，促进卫生保健规划。检查设施，对建筑物或设备修改提出建议以保证应急准备状态并符合享用、安全和卫生规定。

人力资源管理

性格类型：事业型－社会型－传统型

专业方面的有用事实

毕业生能够经营机构中人力资本开发并向个人和团体提供相关服务。

相关的《教学项目分类》大纲：普通人力资源管理 / 人事管理 1001–52

专业划分：工资 / 福利；工作分析；劳资关系；培训。

大学课程标准顺序：英文写作，商务写作，心理学概论，微观经济学原理，宏观经济学原理，商务和社科微积分，商务和社科统计，管理信息系统概论，会计学概论，企业法律环境，管理与编制原则，经营管理，战略管理，企业财政，市场营销概论，编制理论，人力资源管理，工资与福利管理，培训与发展，就业法，劳资关系与劳务管理。

高中课程标准顺序：英语，代数，几何，三角，理科，外语，计算机，演讲。

工作概况

人力资源经理负责为机构吸收合适的雇员，培训他们，使他们人尽其才，有时通过再就业或退休中止关系。多面人才通常有学士学位就可以进入这一领域，但是，专业人材硕士学位（或者可能法律学位）或许有利。通常来说，多面人才就业于小机构从事初级工作。现在的趋势是将许多专业性的职能如培训和再就业，外包给专门的服务公司。看上去特别有前景的专业是培训、招聘和薪酬管理。

相关职位的有用平均值

◎ 年收入：50,296 美元

◎ 年职位增长率：24.2%

◎ 自雇者：2.4%

◎ 兼职者：22.6%

◎ 语言技能评分：67.6

◎ 数学技能评分：49.0

相关职位方面的其他细节

年职位空缺总数：84,000

相关领域：商务与管理 04

工作技能——人事资源管理；劝导；面向服务；写作；社会洞察力；谈判。

工作价值——社会工作；工作条件；权威性；同事；责任感；权威性。

工作条件——室内，受环境控制；坐着。

相关职位

1. 薪酬和福利经理

性格类型：事业型 – 社会型 – 传统型

年收入：74,750 美元

年职位增长率：21.5%

年职位空缺数：4,000

最普遍的教育 / 培训程度：工作经验和学位

计划、指导和协调一个机构的工资与福利活动和从事这项工作的员工。对均等就业机会、性骚扰和种族歧视等问题向管理层提出建议。指导书面和口头信息的准备和下发工作以向员工通报福利、工资和人事政策事宜。管理、指导和审查员工的福利规划，包括合并与收购以后福利规划的统一。计划与实施新员工上岗引导工作，使他们对机构的目的抱有积极的态度。在雇用、工资、劳资关系和员工关系方面，对下属和工作人员的工作内容进行计划、指导、监督和协调。与经纪人合作并研究福利问题，确定和实施福利待遇以提高员工的生活质量。设计、鉴定和修改福利政策以保证福利规划通用、有竞争力以及符合法律要求。分析工资政策、政府规定和现实工资标准以制定有竞争力的工资计划。制定招聘、测试、安置、分类、定向、福利与工资、劳工与劳资关系的政策、程序和规划。做福利提供者和员工之间的调解人，如协助处理员工的与福利相关的问题或接受建议。完成所有相关的政府规章制度的全部报告要求，包括雇员退休收入保障法案。保存与人事相关的数据档案并汇编统计报告，如雇用、调任、表现评议和缺勤率。分析统计数据和报告以确认人事问题的原因并提出机构人事政策和做法的改进建议。发展就业政策、流程和做法的改进方法并向管理层提出变化建议。协商互惠协议。对保险公司承保的行业事故进行调查并写出报告。代表机构出席与人事有关的听证会和调查。

2. 薪酬、福利和工作分析专家

性格类型：研究型 – 传统型 – 事业型

年收入：50,230 美元

年职位增长率：20.4%

年职位空缺数：15,000

最普遍的教育 / 培训程度：学士学位

为雇主实施工资与福利规划以及进行职位分析。或许专门从事特定方面的工作，如：职位分类和退休金规划。对招聘职位、职业分类、免税或非免税状况和工资进行鉴定。保证公司符合联邦和州法律，包括情况报告的要求。给经理和员工提出有关联邦与州的就业规定、集体协议、工资与福利、人事程序和分类规划的建议。计划、制定、评估、改进和交流选择、晋升、补偿、鉴定和培训工人的方法和技术。提供解决分类和工资抱怨的建议。起草职业分类、职位描述和薪金级别表。协助起草和保存人事记录和手册。起草编制与流程图之类的报告和职业道路报告以对职位分析与鉴定以及工资分析的信息进行总结。与保险经纪人和计划实施者一起，执行员工的保险、退休金和储蓄计划。代表雇主或工人进行集体协议的谈判，调解劳资纠纷和不满。制定、实施、管理和鉴定人事和劳资关系规划，包括表现评议、确认行动和就业公平规划。对可能用于支持集体谈判协议之类事情的多因素数据和成本进行分析。研究员工的福利和健康与安全措施，对现行政策提出变动或修改建议。分析组织、职业和行业数据以促进组织职能并向商务、工业和政府提供技术信息。告知员工个人的任职资格。评估职位分析工具和材料的需求并进行开发。审查有关外国人就业认证申请的职业数据以确定合适的职业头衔和编码；给当地办事处提供有关移民和职业的信息。研究职位与工人的要求、工作与职业之间的结构与功能关系和职业趋势。

3. 人员雇用、招聘和安置专家

性格类型：社会型－事业型－传统型

年收入：42420 美元

年职位增长率：30.5%

年职位空缺数：30000

最普遍的教育 / 培训程度：学士学位

职业说明：

面试官。在职业介绍所面试职位申请者并引荐给可能的雇主考虑。搜寻申请文档、通知选定申请者职位空缺的情况，把合格的申请者引荐给未来的雇主。联系雇主以核实被推荐人的结果。记录和鉴定各种相关数据。通知申请者职位空缺信息和诸如职责、工资、福利、时间、工作条件和晋升机会的细节情况。面试职位申请者以使他们的资格与雇主的需求相一致，记录和鉴定申请者的经历、教育、培训和技能。使用手工或电脑化的文件检索，检查就职申请和工作通知单以使申请者与工作要求相一致。根据编制政策来挑选合格的申请者或把他们引荐给雇主。对申请者进行推荐人和背景调查。保留没有被选定的申请者的档案。通过提供书写简历、个人仪表和面试技巧的帮助，指导职位申请者呈现一个正面的形象。推介他们接受就业咨询、读写能力或语言教导、交通援助、职业培训和儿童保健的服务。联系雇主，征求岗位空缺通知单，确定它们的要求和记录相关数据，如职位描述。开工作坊，展示工作清单的使用以协助申请者构建技能。通过校园招聘会和广告形式，搜索和招聘空缺职位的申请者。提供安排面试机构的背景信息。实施评估测试以识别技能构建的需求。实施或安排申请者和现有员工的技能、智力或心理测试。雇用工人并配置给那些需要临时帮忙的雇主。通过搞研究或后续活动以及与管理层和监督人员协商的方式，评价选择和测试技巧。

人事招聘专员。找出、面试和筛选申请者以填补现有和未来的职位空缺并促进机构内的就业机会。与用工管理者建立和保持关系，跟上现在与未来的用工和企业需求。面试申请者获得有关工作历史、培训、教育和工作技能的信息。保持了解最近的同等就业机会法案和平权行动指导方针和相关法律，如美国残疾人法。利用计算机数据库、联网、网上招聘资源、冷不防电话、媒体、招聘公司和员工推荐等方式，根据相关的职位标准找寻合格的候选人。准备和保存雇用档案。联系申请者，通知他们就业的可能性、要考虑的事情和做出的选择。通知可能的申请者关于机构里设施、运营、福利和职位或职业机会的情况。筛选并推荐申请者给机构的招聘人员，适当时，提出用工建议。安排面试，必要时，提供旅行安排。向管理者和员工提出人员安置政策与程序的建议。根据已制定的指导方针和指定的注册码，复审和鉴定具体的许可证发放的资格。雇用申请者，批准分配他们职位的书面材料。对申请者推荐人和背景进行调查。评价招聘和选择标准，确保符合专业、统计和测试标准，需要时提出修正建议。与大学校园代表一起安排招聘会，招聘空缺职位的申请者。给领导层提出关于组织、起草和执行招聘和保留规划的建议。监督人事部职员履行文件归档、分类和保管职责。提出年度招聘开支计划以便采取财政预算措施和控制。担任选择和考试理事会成员，按照测试得分评估申请者，联系有希望的候选人进行面试。给民事和社会团体讲话并出席会议，传播有关可能的职位空缺和就业机会的信息。

4. 培训与发展经理

性格类型：事业型 – 社会型 – 传统型

年收入：80,250 美元

年职位增长率：25.9%

年职位空缺数：3,000

最普遍的教育 / 培训程度：工作经验和学位

计划、指导或协调机构的培训与发展活动和工作人员。进行适应工作场所的培训并安排新员工的在职培训。评价教员的表现和培训规划的有效性，提出改进建议。制定测试和鉴定程序。为员工开办或安排不间断的技术培训班和个人能力发展学习班。与管理层协商并搞调查以确认基于预计的生产过程、变化和其他因素情况下的培训需求。制定和整理训练手册、多媒体视觉教具和其他教育材料。利用掌握的有效方式如课堂训练、演示、在职培训、集会、学术会议和工作坊，计划、制定和提供培训和员工能力的发展规划。分析培训需求以制订新的培训规划或修改和改进现有的规划。审查和鉴定培训和学徒规划以符合政府的标准。在训练员工和与他们打交道的技巧和技能方面，培训教员和监督者。将已确定的课程与专业学校提供的技术和专业课程协调起来并确定培训程序。准备部门或机构的培训预算。

5. 培训与发展专家

性格类型：社会型 – 事业型 – 传统型

年收入：47,830 美元

年职位增长率：20.8%

年职位空缺数：32,000

最普遍的教育 / 培训程度：学士学位

实施员工培训与发展规划。阅读最近的学术期刊、书籍和报刊文章，跟上专业知识领域的发展。使用各种教学方法和形式，如角色扮演、模拟、团体练习、小组讨论、录像和讲座，呈现信息。根据可利用的教室、设备和教员来安排上课时间。整理和制定或得到培训程序手册和指南以及讲义和视觉材料等课程材料。提供具体的培训规划，帮助工人保持或提高工作技能。监控、鉴定和记录培训活动和规划的有效性。参加各种会议和研讨会，获取用于培训规划的信息或通知管理层培训规划的情况。协调培训规划参与者的招收和安置。评价教员准备的培训材料，如概要、文本和讲义。如果没有看到预期的提高，制定替代的培训方式。通过搞调查、采访员工、焦点小组讨论或与经理、教员或顾客代表协商的方式，评估培训需求。根据资格，筛选、雇用和分配工人就职。选择和指派实施培训的教员。设计、策划、组织和指导工业或商业机构员工或客户进行工作场所的熟悉和培训。与客户谈判合同，包括期望达到的培训结果、学费和其他费用。监督教员、评价教员的表现和推荐教员上技能发展的培训课。监控培训成本，确保不超出预算并起草预算报告说明支出的合理性。将受训人员推荐给雇主关系代表，推荐给能够提供工作安置援助的单位或者在担保的条件下推荐给适当的社会服务机构。

劳资关系

性格类型：事业型－社会型－传统型

专业方面的有用事实

重点是员工与管理层的相互作用和有关工作条件与工人福利待遇问题和争议的管理；或许使个人成为劳工或人事关系专家。

相关的《教学项目分类》大纲：劳资关系 1002-52

专业划分：仲裁；劳工法；调解；工人赔偿；工人安全。

大学课程标准顺序：英文写作，商务写作，心理学概论，微观经济学原理，宏观经济学原理，商务和社科微积分，商务和社科统计，管理信息系统概论，会计学概论，企业法律环境，企业财政，市场营销概论，组织行为学，人力资源管理，劳资关系与劳务管理，就业法，培训与发展，冲突解决系统。

高中课程标准顺序：英语，代数，几何，三角，外语，计算机，演讲，社科。

工作概况

尽管工会现在不像过去那样普及，但是在美国企业里仍然起到很重要的作用。在制造和运输业流行的“准时制”战略意味着一次持续几小时的罢工可能给企业造成严重的破坏。雇主在发生罢工前急切要解决劳资纠纷，这就给效力于雇主或工会的劳资关系专家提供了就业机会。其他职位空缺可以在处理劳务事宜的政府机构中找到。这些专家中的许多人持有学士学位，但是硕士学位或法律学位对于涉及合同谈判和调解的工作是有帮助的。

相关职位的有用平均值

◎ 年收入：49,299 美元

◎ 年职位增长率：26.1%

◎ 自雇者：2.3%

◎ 兼职者：22.4%

◎ 语言技能评分：66.0

◎ 数学技能评分：46.6

相关职位方面的其他细节

年职位空缺总数：49,000

兴趣领域：商务与管理 04

工作技能——人事资源管理；劝导；谈判；服务定向；财政资源管理；社会洞察力。

工作价值——工作条件；社会工作；监督，人际关系；责任感；提升；同事。

工作条件——室内，受环境控制；坐着。

相关职位

1. 薪酬与福利经理

性格类型：事业型 – 社会型 – 传统型

年收入：74,750 美元

年职位增长率：21.5%

年职位空缺数：4,000

最普遍的教育 / 培训程度：工作经验和学位

计划、指导和协调机构的工资与福利活动和从事这项工作的员工。对均等就业机会、性骚扰和种族歧视等问题向管理层提出建议。指导书面和口头信息的准备和发送工作以向员工通报福利、工资和人事政策事宜。管理、指导和审查员工的福利规划，包括合并与收购以后福利规划的统一。计划与实施新员工上岗引导工作，使他们对机构的目的抱有积极的态度。在雇用、工资、劳资关系和员工关系方面，对下属和工作人员的工作内容进行计划、指导、监督和协调。与经纪人合作并研究福利问题，确定和实施福利待遇以提高员工的生活质量。设计、鉴定和修改福利政策以保证福利规划通用、有竞争力以及符合法律要求。分析工资政策、政府规定和现实工资标准以制定有竞争力的工资计划。制定招聘、测试、安置、分类、定向、福利与工资、劳工与劳资关系的政策、程序和规划。做福利提供者和员工之间的调解人，如协助处理员工的与福利相关的问题或接受建议。完成所有相关政府规章制度的全部报告要求，包括雇员退休收入保障法案。保存与人事相关的数据档案并汇编统计报告，如雇用、调任、表现评议和缺勤率。分析统计数据和报告以确认人事问题的原因并提出机构人事政策和做法的改进建议。发展就业政策、流程和做法的改进方法并向管理层提出变化建议。协商互惠协议。对保险公司承保的行业事故进行调查并写出报告。代表机构出席与人事有关的听证会和调查。

2. 薪酬、福利和工作分析专家

性格类型：研究型－传统型－事业型

年收入：50230 美元

年职位增长率：20.4%

年职位空缺数：15000

最普遍的教育 / 培训程度：学士学位

为雇主实施工资与福利规划以及进行职位分析。或许专门从事特定方面的工作，如职位分类和退休金规划。对招聘职位、职业分类、免税或非免税状况和工资进行鉴定。保证公司符合联邦和州法律，包括情况报告的要求。给经理和员工提出有关联邦与州的就业规定、集体协议、工资与福利、人事程序和分类规划的建议。计划、制定、评估、改进和交流选择、晋升、补偿、鉴定和培训工人的方法和技术。提供解决分类和工资抱怨的建议。起草职业分类、职位描述和薪金级别表。协助起草和保持人事记录和手册。起草编制与流程图之类的报告和职业途径报告以对职位分析与鉴定以及工资分析的信息进行总结。与保险经纪人和计划实施者一起，执行员工的保险、退休金和储蓄计划。代表雇主或工人进行集体协议的谈判，调解劳资纠纷和不满。制定、实施、管理和鉴定人事和劳资关系规划，包括表现评议、确认行动和就业公平规划。对可能用于支持集体谈判协议之类事情的多因素数据和成本进行分析。研究员工的福利和健康与安全措施，对现行政策提出变动或修改建议。分析组织、职业和行业数据以促进组织职能并向商务、工业和政府提供技术信息。告知员工个人的任职资格。评估职位分析工具和材料的需求并进行开发。审查有关外国人就业认证申请的职业数据以确定合适的职业头衔和编码；给当地办事处提供有关移民和职业的信息。研究职位与工人的要求、工作与职业之间的结构与功能关系和职业趋势。

3. 人员雇用、招聘和安置专家

性格类型：社会型 – 事业型 – 传统型

年收入：42,420 美元

年职位增长率：30.5%

年职位空缺数：30,000

最普遍的教育 / 培训程度：学士学位

职业说明：

面试官。在职业介绍所面试职位申请者并引荐给可能的雇主考虑。搜寻申请文档、通知选定申请者职位空缺的情况，把合格的申请者引荐给未来的雇主。联系雇主以核实被推荐人的结果。记录和鉴定各种相关数据。通知申请者职位空缺信息和诸如职责、工资、福利、时间、工作条件和晋升机会的细节情况。面试职位申请者以使他们的资格与雇主的需求相一致，记录和鉴定申请者的经历、教育、培训和技能。使用手工或电脑化的文件检索，检查就职申请和工作通知单以使申请者与工作要求相一致。根据编制政策来挑选合格的申请者或把他们引荐给雇主。对申请者进行推荐人和背景调查。保留没有被选定的申请者的档案。通过提供书写简历、个人仪表和面试技巧的帮助，指导职位申请者呈现一个正面的形象。推介他们接受就业咨询、读写能力或语言教导、交通援助、职业培训和儿童保健的服务。联系雇主，征求岗位空缺通知单，确定它们的要求和记录相关数据，如职位描述。开工作坊，展示工作清单的使用以协助申请者构建技能。通过校园招聘会和广告形式，搜索和招聘空缺职位的申请者。提供安排面试机构的背景信息。实施评估测试以识别技能构建的需求。实施或安排申请者和现有员工的技能、智力或心理测试。雇用工人并配置给那些需要临时帮忙的雇主。通过搞研究或后续活动以及与管理层和监督人员协商的方式，评价选择和测试技巧。

人事招聘专员。找出、面试和筛选申请者以填补现有和未来的职位空缺并促进机构内的就业机会。与用工管理者建立和保持关系，跟上现在与未来的用工和企业需求。面试申请者获得有关工作历史、培训、教育和工作技能的信息。保持了解最近的同等就业机会法案和平权行动指导方针和相关法律，如美国残疾人法。利用计算机数据库、联网、网上招聘资源、冷不防电话、媒体、招聘公司和员工推荐等方式，根据相关的职位标准找寻合格的候选人。准备和保存雇用档案。联系申请者，通知他们就业的可能性、要考虑的事情和做出的选择。通知可能的申请者关于机构里设施、运营、福利和职位或职业机会的情况。筛选并推荐申请者给机构的招聘人员，适当时，提出用工建议。安排面试，必要时，提供旅行安排。向管理者和员工提出人员安置政策与程序的建议。根据已制定的指导方针和指定的注册码，复审和鉴定具体的许可证发放的资格。雇用申请者，批准分配他们职位的书面材料。对申请者推荐人和背景进行调查。评价招聘和选择标准，确保符合专业、统计和测试标准，需要时提出修正建议。与大学校园代表一起安排招聘会，招聘空缺职位的申请者。给领导层提出关于组织、起草和执行招聘和保留规划的建议。监督人事部职员履行文件归档、分类和保管职责。提出年度招聘开支计划以便采取财政预算措施和控制。担任选择和考试理事会成员，按照测试得分评估申请者，联系有希望的候选人进行面试。给民事和社会团体讲话并出席会议，传播有关可能的职位空缺和就业机会的信息。

工业管理

性格类型：事业型－研究型－现实型

专业方面的有用事实

重点是复杂的数学或模拟模型的开发与应用，以解决涉及易受人为干预系统的那些操作系统的问题。

相关的《教学项目分类》大纲：操作研究 3701–14

专业划分：操作研究；质量控制。

大学课程标准顺序：英文写作，技术写作，微积分，微分方程，普通化学，计算机科学概论，普通物理，静力学，动力学，数值分析，热力学，材料工程，工程经济学，人机工程，工程系统设计，运筹学，质量控制，设施设计，模拟，工业活动分析，高级设计方案。

高中课程标准顺序：英语，代数，几何，三角，基础数学，微积分，化学，物理，计算机。

工作概况

工业工程师策划机构如何能够最有效地使用员工、设备、建筑物、原材料、信息和能源以输出产品或服务。他们位居管理层和技术专家——例如机械或化学工程师之间的中间地带。有时他们向上晋升担任管理职位。进入这一领域，有学士学位就可以。工业工程师的工作前景被人看好，特别在非制造行业，因为美国雇主企图提高生产率以在全球的工作场所进行竞争。

相关职位的有用平均值

◎ 年收入：86,333 美元

◎ 年职位增长率：14.6%

◎ 自雇者：0.5%

◎ 兼职者：8.4%

◎ 语言技能评分：68.9

◎ 数学技能评分：71.2

相关职位方面的其他细节

年职位空缺总数：28,000

兴趣领域：科学研究、工程学和数学 15

工作技能——技术设计；理科；安装；数学；财政资源管理；运营分析。工作价值——权威性；创造性；自主性；能力应用；社会地位；责任感。工作条件——普通保护或安全设备；有危险的设备。

相关职位

1. 工程经理

性格类型：事业型－研究型－现实型

年收入：105,430 美元

年职位增长率：13.0%

年职位空缺数：15,000

最普遍的教育 / 培训程度：工作经验和学位

策划、指导和协调诸如建筑与工程领域的活动或这些领域的研究与发展工作。与管理层、生产和市场营销员工一起协商讨论建筑项目规范和程序。协调和指导工程项目，做出详细计划以完成目标并指导技术活动的一体化。进行技术、资源需求和市场需要分析以计划和评估工程项目的可行性。计划和指导设施与设备的安装、测试、操作、保养和维修。指导、审查和批准产品设计和改变。招聘员工；分配、指导和鉴定他们的工作；监督员工能力的培养和保持。起草预算、标书和合同并指导研究合同的谈判。制定和执行在部门、服务机构、实验室或公司里从事工程和技术工作的政策、标准和程序。审查和建议或批准合同和成本预算。履行行政职责，如审查和书写报告、批准支出、执行规定、决定材料或服务的购买事宜。向客户提出并解释建议、报告和调查结果。与客户协商或谈判以写出工程项目规范。在高层领导提供的轮廓范围内确立科学与技术总体目标。实施公路的规划、建设和保养。指导水的控制、处理和分布的项目工程。计划、指导和协调与其他员工共同进行的测量工作，证明测量工作并写出土地法定描述。与官员和公众协商并向他们提供报告以提供信息并征求项目支持。

2. 工业管理工程师

性格类型：事业型－研究型－现实型

年收入：68,620 美元

年职位增长率：16.0%

年职位空缺数：13,000

最普遍的教育 / 培训程度：学士学位

设计、开发、检验和鉴定对工业生产过程进行管理的整合系统，包括人的工作因素、质量控制、库存控制、后勤与物料流、成本分析和生产协调。分析统计数据和产品规格以确定标准并建立成品的质量和可靠性目标。开发制造方法、劳工使用标准和成本分析系统以促进员工和设备的有效利用。提出利用人员、物资和公共设施的改进建议。计划和建立操作顺序以制造和装配部件或产品以及促进利用的效率。使用统计的方法，进行数学计算以确定制造过程、员工要求和产品标准。协调质量控制目标和活动以解决生产问题，使产品可靠性最大化、成本最小化。与销售商、员工和管理人员协商有关买卖、程序、产品规格、制造能力和项目状况事宜。用制图工具，设计并画出设备、物资和工作空间的布局图以说明最大效率。审查生产进度表、工程说明书、工作单和相关信息以掌握制造方法、程序和活动。与管理层和使用人员交流以制定生产和设计标准。估计产品成本和产品设计变化的效果以便管理层审查、行动和控制。制定抽样程序和方案，设计出记录、评价和报告质量与可靠性数据的表格和说明书。记录信息或监督信息的记录以保证工程制图的通用性和生产问题的文件材料。研究操作顺序、物资流、功能描述、组织图、项目信息以确定工人的职能和责任。指导从事产品测量、检查和测试工作的工人，确保质量控制和可靠性。执行不良材料和次品或破损部件的处理方法和程序并对成本和责任进行评估。

国际商务

性格类型：事业型－传统型

专业方面的有用事实

毕业生能够经营国际企业、从事商务运营。

相关的《教学大纲分类》项目：国际商务/贸易/商业

专业划分：商务的特别方面；行业的特别部分。

大学课程标准顺序：英文写作，商务写作，心理学概论，外语，微观经济学原理，宏观经济学原理，商务和社科微积分，商务和社科统计，管理信息系统概论，会计概论，国际化管理，企业的法律环境，组织管理原理，经营管理，国际经济，企业财政，市场营销概论，组织行为学，人力资源管理，国际金融。

高中课程标准顺序：英语，代数，几何，三角，理科，外语，地理，计算机，演讲。

工作概况

全球经济需要了解其他文化的商务人员。本专业使你能够在国内外的企业里以及在与这些企业打交道的政府机构里就职。除了学习标准的商务学科外，你还有可能到国外学习或实习以精通外语和了解世界。通常，这种工作要求经常旅行和对文化差异的敏感性。

相关职位的有用平均值

◎ 年收入：94,442 美元

◎ 年职位增长率：16.7%

◎ 自雇者：3.7%

◎ 兼职者：6.3%

◎ 语言技能评分：68

◎ 数学技能评分：60.1

相关职位方面的其他细节

年职位空缺总数：246,000

兴趣领域：商务与管理 04

工作技能——财政资源管理；人事资源管理；物资资源管理；谈判；监视；劝导。

工作价值——权威性；社会地位；工作条件；创造性；自主性；责任感。

工作条件——室内，受环境控制。

相关职位

1. 首席执行官

性格类型：事业型 – 传统型 – 社会型

年收入：145,600 余美元

年职位增长率：14.9%

年职位空缺数：38,000

最普遍的教育 / 培训程度：工作经验和学位

在董事会或相似的管委会提出的指导方针范围内确定和制定公司或私营和公共部门组织的政策并提供总体方向。在下属主管和员工经理的协助下，计划、指导或协调最高管理层的经营活动。指导和协调机构的财政与预算工作以便为经营提供资金、最大限度地投资以及提高效率。与董事会成员、机构官员和员工成员一起协商谈论问题、协调工作和解决问题。分析经营状况以鉴定公司和员工完成目标的表现和确定可能降低成本、改进规划或改变政策的方面。指导、计划和执行机构或企业的政策、目标和经营活动，旨在保证连续性经营、投资回报最大化和提高生产率。起草申请批复的预算，包括为规划提供的资金预算和执行规划的预算。指导和协调企业以及产品生产、定价、销售、分销部门的经营活动。商议或批准与供应商、分销商、联邦和州一级机构以及其他组织实体的合同与协议。审阅员工成员呈交的报告以提出批准或修改的建议。任命部门领导或经理并分配或交给他们责任权。指导人力资源工作，包括批准人力资源计划和活动、董事和其他高级员工的选拔、主要部门的建立和编制。主持董事会、管理层会议或其他管委会或担任成员。准备并提出有关主营业务、花费、预算、政府法令和裁定以及其他影响企业或规划服务事项的报告。确立部门的各种责任并协调各部门和各场所之间的职能。执行纠正措施计划以解决组织或部门的问题。协调预算控制系统、保留记录系统和其他行政控制步骤的发展和履行。指导非商品推销部门，如广告宣传、采购、信贷、会计。发表演说、撰写文章以及在各种会议或集会上发布信息，旨在促进服务、交换想法和实现目标。

2. 总经理和业务经理

性格类型：无可利用数据

年收入：85,230 美元

年职位增长率：17.0%

年职位空缺数：208,000

最普遍的教育 / 培训程度：工作经验和学位

计划、指导、协调公司或公共和私营部门组织的运营。工作职责和责任包括：制定政策、管理日常运营、对物资和人力资源的使用做出计划，但实际上由于太笼统和差异太大，无法列入任何一个职能管理方面，如人事、采购或行政管理。包括领导小企业机构的业主和经理，他们的职责主要是管理。指导和协调企业或产品生产、定价、销售或分销部门的业务活动。管理员工，起草工作进度表和分配具体职责。审查财务报表、销售和主营业务报告以及其他表现数据以测量生产率和目标达成并确定需要降低成本和改进规划的方面。确立和执行部门政策、总体目标、具体目标以及程序，必要时与董事会成员、机构官员以及员工成员协商。确定人员配置需求并面试、雇用、培训新员工或监督人事程序。监控企业和机构以保证它们有效地提供所需的服务，同时又不超出预算限制的范围。监督与生产产品或提供服务有直接关系的活动。指导与协调机构的财政和预算业务以提供运营资金、投资最大化和提高效率。确定要出售的商品和服务并根据顾客需求预测来确定价格和信用条件。对货物进出生产设施进行管理。找到、选择、购买转售的商品，代表管理层进行买卖谈判。做销售区的工作，如接见和协助顾客、摆货架和盘货。制定和执行产品市场营销战略，包括广告宣传活动和促销活动。计划和指导促销之类的活动，需要时与其他部门的领导配合。指导企业的非推销部门的工作，如广告宣传和采购部门。建议新设施的地点或监督现有设施的改建。计划商店布局并设计展示架。

国际关系

性格类型：事业型－传统型

专业方面的有用事实

重点是系统地研究国际政治和体系以及外交行为和外交政策。

相关的《教学项目分类》大纲：国际关系和事务 0901–45

专业划分：地区专业化；发展；外交；全球安全；国际政治经济学；美国外交政策。

大学课程标准顺序：英文写作，近代早期世界史，现代世界史，政治学概论，国际关系概论，外语，经济学概论，微观经济学理论，宏观经济学理论，比较政府学，世界区域地理学，非西方文明史，国际经济学，美国外交政策，研讨班（研究报告）。

高中课程标准顺序：代数，英语，外语，社科，三角，历史。

工作概况

国际关系研究跨多学科的专业，除其他学科外，还涉及政治学、经济学、社会学和历史。国际关系试图弄清楚人、个人团体、政府在政治和经济上相互往来所采取的方式的意义。传统上集中于主权国家的注意力正在扩大开放到关注世界舞台上的其他人，包括非政府组织，国际组织，多国公司，代表一种宗教、一个民族或一种意识形态的团体。既然美国企业比以前任何时候都更加向世界开放，所以，本专业的重要性日趋见长。毕业生常常继续就读法律或商务学校、社科研究生院、美国外事处或在有国际焦点的机构或企业里就职。

相关职位的有用平均值

◎ 年收入：144,875 美元

◎ 年职位增长率：14.8%

◎ 自雇者：16.1%

◎ 兼职者：13.9%

◎ 语言技能评分：81.1

◎ 数学技能评分：59.5

相关职位方面的其他细节

年职位空缺总数：38,000

兴趣领域：商务与管理 04；科学研究、工程学和数学 15

工作技能——财政资源管理；物资资源管理；判断与决策；人事资源管理；谈判；系统鉴定。

工作价值——权威性；社会地位；创造性；自主性；责任性。

工作条件——坐着。

相关职位

1. 首席执行官

性格类型：事业型 – 传统型 – 社会型

年收入：145,600 美元

年职位增长率：14.9%

年职位空缺数：38,000

最普遍的教育 / 培训程度：工作经验和学位

在董事会或相似的管委会提出的指导方针范围内确定和制定公司或私营和公共部门组织的政策并提供总体方向。在下属主管和员工经理的协助下，计划、指导或协调最高管理层的经营活动。指导和协调机构的财政与预算工作以便为经营提供资金、最大限度地投资以及提高效率。与董事会成员、机构官员和员工成员一起协商谈论问题、协调工作和解决问题。分析经营状况以评定公司和员工完成目标的表现和确定可能降低成本、改进规划或改变政策的方面。指导、计划和执行机构或企业的政策、目标和经营活动，旨在保证连续性经营、投资回报最大化和提高生产率。起草申请批复的预算，包括为规划提供的资金预算和执行规划的预算。指导和协调企业以及产品生产、定价、销售、分销部门的经营活动。商议或批准与供应商、分销商、联邦和州一级机构以及其他组织实体的合同与协议。审阅员工成员呈交的报告以提出批准或修改的建议。任命部门领导或经理并分配或交给他们责任权。指导人力资源工作，包括批准人力资

事业型专业

源计划和活动、董事和其他高级员工的选拔、主要部门的建立和编制。主持董事会、管理委员会或其他管委会或担任成员。准备并提出有关主营业务、花费、预算、政府法令和裁定以及其他影响企业或规划服务事项的报告。确立部门的各种责任并协调各部门和各场所之间的职能。执行纠正措施计划以解决组织或部门的问题。协调预算控制系统、保留记录系统和其他行政控制步骤的发展和履行。指导非商品推销部门，如广告宣传、采购、信贷、会计部门。发表演说、撰写文章以及在各种会议或集会上发布信息旨在促进服务、交换想法和实现目标。

2. 政治学家

性格类型：研究型－艺术型－事业型

年收入：90,140 美元

年职位增长率：7.3%

年职位空缺数：少于 50

最普遍的教育 / 培训程度：硕士学位

研究政治体系的起源、发展和运行。研究广泛的学科如美国与外国之间的关系、外国的体制和信仰或小城镇或一个主要大都市的政治。可能研究民意、政治决策、意识形态之类的主题。可能分析政府以及各种政治实体的结构和运行。可能搞一些民意调查、分析选举结果或分析公文。教政治学。通过学术出版物、书面报告或公开演讲的方式传播研究成果。确定研究和分析的问题。运用来自采访、报纸、刊物、判例、历史文件、民意调查、统计的信息，发展和检验理论。掌握最近的政府决策。收集、分析和解释下列数据如选举结果和民意调查；调查结果、建议和结论报告。解释和分析政策；公共问题；立法；政府、企业和机构的运行。鉴定规划和政策并向机构和组织提出相关建议。书写立法建议草稿并准备政府要用的发言稿、通讯稿和政策文件。预测政治、经济和社会趋势。与政府官员、民事团体、研究机构、媒体、政党以及其他涉及政治问题的组织磋商并提供建议。提供有关公共政策以及政治问题和事件的媒体评论、批评。

园林建筑学

性格类型：事业型 – 现实型 – 研究型

专业方面的有用事实

毕业生能够独立从事园林建筑专业工作和该领域各方面的研究。

相关的《教学项目分类》大纲：园林建筑（理学士，园林建筑理学士，园林建筑学士，园林建筑理学硕士，园林建筑硕士，博士）0601–04

专业划分：干旱土地；生态旅游；历史与文化景观；国际学；小城市城镇振兴；城市设计。

大学课程标准顺序：英文写作，微积分，基本设计图，普通生物学，土壤学概论，建筑制图学，生态学，景观建筑历史，土地测量，景观结构与材料，建筑电脑绘图，土地规划，园林建筑专业实践，高级涉及方案。

高中课程标准顺序：英语，代数，几何，三角，基础数学，微积分，物理，计算机，艺术，生物。

工作概况

园林建筑师必须具备良好的设计天赋、与各种建筑施工方法和技术结合的能力和了解许多植物的特性，还要有商业头脑。学士学位是通常的入行途径；有些人在拥有另一专业的学士学位后以硕士学位进入这一行业。预计工作机遇良好，而且实习期是非常有帮助的凭证。大约25%的园林建筑师是个体经营者。

相关职位的有用平均值

◎ 年收入：100,030 美元

◎ 年职位增长率：13.7%

◎ 自雇者：3.2%

◎ 兼职者：5.1%

◎ 语言技能评分：69.5

◎ 数学技能评分：72.3

相关职位方面的其他细节

年职位空缺总数：16,000

兴趣领域：建筑与施工 02；科学研究、工程学和数学 15

工作技能——工艺设计；操作分析；科学；财政资源管理；安装；数学。

工作价值——权威性；薪酬；创造性；自主性；能力应用；

工作条件。工作条件——危险设备；普通防护或安全设备。

相关职位

1. 工程经理

性格类型：事业型 – 研究型 – 现实型

年收入：105,430 美元

年职位增长率：13.0%

年职位空缺数：15,000

最普遍的教育 / 培训程度：工作经验和学位

策划、指导和协调诸如建筑与工程领域的活动或这些领域的研究与发展工作。与管理层、生产和市场营销员工一起协商讨论建筑项目规范和程序。协调和指导工程项目，做出详细计划以完成目标并指导技术活动的一体化。进行技术、资源需求和市场需要分析以计划和评估工程项目的可行性。计划和指导设施与设备的安装、测试、操作、保养和维修。指导、审查和批准产品设计和改变。招聘员工；分配、指导和鉴定他们的工作；监督员工能力的培养和保持。起草预算、标书和合同并指导研究合同的谈判。制定和执行在部门、服务机构、实验室或公司里从事工程和技术工作的政策、标准和程序。审查和建议或批准合同和成本预算。履行行政职责，如：审查和书写报告、批准支出、执行规定、决定材料或服务的购买事宜。向客户提出并解释建议、报告和调查结果。与客户协商或谈判以写出工程项目规范。在高层领导提供的轮廓范围内确立科学与技术总体目标。实施公路的规划、建设和保养。指导水的控制、处理和分布的项目工程。计划、指导和协调与其他员工共同进行的测量工作，证明测量工作并写出土地法定描述。与官员和公众协商并向他们提供报告以提供信息并征求项目支持。

2. 园林建筑师

性格类型：艺术型 – 现实型 – 研究型

年收入：55,140 美元

年职位增长率：19.4%

年职位空缺数：1,000

最普遍的教育 / 培训程度：学士学位

计划和设计诸如公园和其他娱乐设施，公路，医院，学校，分割土地，商业、工业和住宅场所的工程项目的陆地面积。准备土地开发的总设计图、规格和成本预算，协调现有和提议的土地特点与结构的分类。与客户、工程人员以及建筑师协商总体规划。汇总和分析诸如地点、排水和构筑物位置状况的数据以写出环境报告和景观规划。检查景观工作以保证符合规格、认可材料和工作质量并告知客户和建设人员。

市场营销

性格类型：事业型－传统型

专业方面的有用事实

毕业生能够承担和管理开发消费观众和将产品从生产者转到消费者那里的过程。

相关的《教学项目分类》大纲：普通市场营销；市场营销管理

专业划分：市场营销管理；销售调研。

大学课程标准顺序：英文写作，商务写作，心理学概论，微观经济学原理，宏观经济学原理，商务与社科微积分，商务与社科统计学，管理信息系统概论，会计概论，企业法律环境，管理与组织原理，市场营销概论，销售调研，消费者行为，管理决策支持系统，市场营销战略。

高中课程标准顺序：英语，代数，几何，三角，理科，外语，计算机。

工作概况

市场营销是研究商品和劳务的买卖双方如何接洽；企业如何能够使他们的供应满足需求；企业怎样预期和影响需求。市场营销将经济学、心理学和社会学的调查结果用于商务环境。学士学位为从事市场调研工作做好了准备。通常，在一个人就任市场营销管理职位前，需要一些这一行业的经验。工作前景不同，一些行业看上去比另一些更有利。

相关职位的有用平均值

◎ 年收入：92,429 美元

◎ 年职位增长率：20.1%

◎ 自雇者：3.9%

◎ 兼职者：9.4%

◎ 语言技能评分：67.9

◎ 数学技能评分：56.7

相关职位方面的其他细节

年职位空缺总数：72,000

兴趣领域：零售与批发的销售与服务 14

工作技能——人事资源管理；谈判；财政资源管理；劝导；操作分析；面向服务。

工作价值——权威性；创造性；薪酬；工作条件；认可；自主性；

工作条件——室内，受环境控制；坐着。

相关职位

1．广告宣传与促销经理

性格类型：艺术型－事业型－社会型

年收入：73,060 美元

年职位增长率：20.3%

年职位空缺数：9,000

最普遍的教育 / 培训程度：工作经验和学位

计划和指导广告宣传政策和规划或者生产附属材料如海报、奖券、优惠券或赠品，目的是在购买一个部门、整个机构或个人的产品或服务中创造附加利益。起草预算并呈交作为制订活动计划一部分的方案费用预算。计划和准备广告宣传和促销材料以增加产品和服务的销售量，与顾客、公司官员、销售部门以及广告公司配合。协助年度预算的制定。检查版面设计和广告样本并编辑原稿、录音带和录像带以及其他促销材料以达到符合设计要求。协调销售、平面艺术、媒体、财务和研究等部门的工作。起草和谈判广告宣传和销售合同。识别和培养促销活动和行业规划的联系人以会见确认的买主目标，如经销商、分销商或消费者。收集和整理信息以策划广告宣传活动。与部门领导或员工一起协商讨论合同、广告媒体选择或登广告产品等主题。与提供市场营销或技术建议的客户交流。监控和分析促销结果以确定促销活动的成本效率。阅读行业杂志和专业文献以便始终了解趋势、创新点和影响媒体策划的变化。制订计划以延伸已确定客户的生意和作为广告客户代理进行业务交易。在介绍新产品和服务过程中向现场员工和顾客提供描述和产品展示。对广告宣传团队的动员进行指导、激励和监控以向活动的目标挺进。计划和执行机构的广告宣传政策和战略。跟踪项目预算和花费以及活动反应率，根据方案的目的和行业标准来鉴定每次活动。组成一个强大的不同机构或公众人物参加的联盟并与他们交流，得到他们的合作、支持和行动以达到进一步的活动目的。培训和指导从事开发与制作广告的工人。协调媒体以传播广告宣传。

2. 市场营销经理

性格类型：事业型 – 传统型 – 社会型

年收入：98,720 美元

年职位增长率：20.8%

年职位空缺数：23,000

最普遍的教育 / 培训程度：工作经验和学位

确定公司和其竞争对手提供的产品和服务需求并识别潜在的客户。制定价格战略达到公司利润或市场份额最大化，同时保证公司客户满意之目的。监督产品开发或监控显示新产品和服务需求的趋势。制定价格战略，平衡公司目标与客户满意度。根据对公司目的、市场特点和成本与涨价因素的了解，确认、制定和鉴定市场营销战略。评定产品开发的财务方面，如预算、开支、研发拨款、投资回报和损益预测。制定、指导和协调市场营销活动和政策，与广告宣传和促销经理配合推销产品和服务。指导市场营销和销售人员的雇用、培训和表现评定并监督他们的日常活动。商议与经销商和分销商的合同以管理产品的分销，建立销售网和制定销售战略。与产品开发人员协商产品规格事宜，如设计、颜色、包装。编制提供的产品或服务列表。采用销售预测和战略计划以保证产品、品种或服务的销售和利润率，分析企业发展和监控市场趋势。选择在贸易展或专门的产品秀上展出的产品和配件。与法律人员磋商解决诸如与外部生产商和经销商共享的版权侵犯和版税问题。协调和参与促销活动和贸易展览，与开发商、广告商和生产经理配合将产品和服务推向市场。向企业和其他团体提供关于影响产品和服务买卖的当地、国家和世界因素的建议。发起市场调查研究，分析调查结果。向买方人员咨询以获得有关预期销路好的产品或服务类型的建议。进行经济和商业调查以确认产品和服务的潜在市场。

3. 销售经理

性格类型：事业型 – 传统型 – 社会型

年收入：91,560 美元

年职位增长率：19.7%

年职位空缺数：40,000

最普遍的教育 / 培训程度：工作经验和学位

指导将产品或服务实际销售或送至顾客那里。以建立销售区、确定定额和树立目的的方式协调销售分布并制定销售代表的培训规划。分析员工收集的销量统计数字以确定销售潜力和库存需要并监控顾客的优先选择权。解决顾客关于销售和服务的投诉。监控顾客的优先选择权以确定销售努力的重点。指导和协调涉及制成品、服务、商品、房地产或其他出售品的销售活动。确定价格表和折扣率。审阅运营记录和报告以预计销售量和确定利润率。指导、协调和检查销售量与服务结算和保留记录以及接受与运送业务的活动。与部门领导协商以计划广告宣传服务并得到设备和顾客规格的信息。向代理商和经销商提出政策和操作程序方面的建议以保证交易的职能效率。起草预算并批准预算支出。代表公司出席贸易协会会议以推销产品。计划和指导人员编制、培训和绩效评估以制定和控制销售与服务的规划。走访特许零售商激励他们经营的兴趣或进一步扩大业务。与潜在客户协商设备需求事宜并向他们提出购买设备型号的建议。监督地区和当地销售经理和他们的员工。指示办事员将出口信函、买盘请求和贷款征收情况记录在案并保存关税、许可和限制的现行信息。指导机构国外的销售和服务商点。根据统计数字和开支情况，评估新的和现有商店位置的市场潜力。

石油工程

性格类型：事业型－现实型－研究型

专业方面的有用事实

毕业生能够将数学和科学原理应用到原油和天然气的找寻、开采、加工和精炼系统的设计、开发和操作鉴定上。

相关的《教学项目分类》大纲：石油工程 2501–14

专业划分：分销；钻孔 / 开采；勘探；炼油。

大学课程标准顺序：英文写作，计算机学概论，技术写作，微分方程，普通化学，普通物理，普通地质学，工程学概论，静力学，动力学，流体力学，热力学，数值分析，材料工程，工程经济学，传热学，沉积岩与形成过程，石油地质学，石油开发，石油生产方式，石油物业管理，地层估价，天然气工程，储层流体，油藏工程，试井与分析，钻井工程，储水刺激，高级设计方案。

高中课程标准顺序：英语，代数，几何，三角，基础数学，微积分，化学，物理，计算机。

工作概况

石油工程师专门设计有效和经济上无可非议的石油与天然气的定位、开采、运输、精炼和储存的方法。他们把科学的基本原理应用到地下深井或高耸炼油塔上。通常，他们开始是学士学位。有时，管理职位是他们职业晚些时候的选择。工作前景在美国令人满意，在国外甚至更好，许多美国训练有素的石油工程师在国外工作。

相关职位的有用平均值

◎ 年收入：104897 美元

◎ 年职位增长率：12.0%

◎ 自雇者：1.0%

◎ 兼职者：3.0%

◎ 语言技能评分：74.7

◎ 数学技能评分：79.2

相关职位方面的其他细节

年职位空缺总数：16000

兴趣领域：农业与自然资源 01；科学研究、工程学和数学 15

工作技能——科学；技术设计；运筹学；财政资源管理；数学；安装。

工作价值——权威性；创造性；自主性；薪酬；能力应用。

工作条件——室内，受环境控制；坐着。

相关职位

1. 工程经理

性格类型：事业型 – 研究型 – 现实型

年收入：105,430 美元

年职位增长率：13.0%

年职位空缺数：15,000

最普遍教育 / 培训程度：工作经验和学位

策划、指导和协调诸如建筑与工程领域的活动或这些领域的研究与发展工作。与管理层、生产和市场营销员工一起协商讨论建筑项目规范和程序。协调和指导工程项目，做出详细计划以完成目标并指导技术活动的一体化。进行技术、资源需求和市场需要分析以计划和评估工程项目的可行性。计划和指导设施与设备的安装、测试、操作、保养和维修。指导、审查和批准产品设计和改变。招聘员工；分配、指导和评定他们的工作；监督员工能力的培养和保持。起草预算、标书和合同并指导研究合同的谈判。制定和执行在部门、服务机构、实验室或公司里从事工程和技术工作的政策、标准和程序。审查和建议或批准合同和成本预算。履行行政职责，如审查和书写报告、批准支出、执行规定、决定材料或服务的购买事宜。向客户提出并解释建议、报告和调查结果。与客户协商或谈判以写出工程项目规范。在高层领导提供的轮廓范围内确立科学与技术总体目标。实施公路的规划、建设和保养。指导水的控制、处理和分布的项目工程。计划、指导和协调与其他员工共同进行的测量工作，证明测量工作并写出土地法定描述。与官员和公众协商并向他们提供报告以提供信息并征求项目支持。

2. 石油工程师

性格类型：现实型－研究型－传统型

年收入：98,380 美元

年职位增长率：–0.1%

年职位空缺数：1,000

最普遍教育 / 培训程度：学士学位

设计提高石油与天然气井生产的方式并确定新的或改进的工具设计需求。监督钻孔作业并提供技术指导以取得经济和满意的进展。评估成本并估计石油与天然气井的生产能力和经济价值以鉴定潜在钻井工地的经济生存能力。监控生产速度并计划再制过程以提高生产。分析数据以建议井眼的位置和补充程序以提高生产。详细说明并监督井眼的修改和激励规划以使石油与天然气回收最大化。指导与监控井眼的完工与鉴定、井眼的测试或井眼的测量。协助工程和其他人员解决操作问题。制订石油与天然气田钻孔计划和产品回收与处理计划。保持钻孔和生产作业的记录。与科技、工程和技术人员协商解决设计、研究和测试问题。写技术报告给工程和管理人员。评定开发、设计或测试设备或步骤的结果。分配工作给员工以最大限度地使用人员。向全体人员解释钻孔和测试的信息。设计和执行石油与天然气作业的环境控制。协调开采设备和油田设备的安装、保养和操作。当井眼或井口枯竭时，监督钻孔设备的拆除、任何废料的运走和土地安全回归稳定的结构。检查石油与天然气井以确定安装完成。使用计算机模型模拟不同回收技术的储藏性能。抽取样本以评估石油的含量和质量、资源位置深度和妥善开采所需的设备。协调从事研究、策划和开发的人员的活动。应用工程学原理设计或修改开采和油田的机械和工具。测试机械和设备以保证安全和符合性能规格。进行工程研究实验以改进或修改开采和油田的机械和作业。

公共行政

性格类型：事业型－传统型

专业方面的有用事实

毕业生能够担任当地、州和联邦政府的执行机构中的经理；重点是系统研究执行机构和管理。

相关的《教学项目分类》大纲：公共行政 0401–44

专业划分：经济开发；财政与预算；人事与劳资关系；政策分析；规划管理。

大学课程标准顺序：英文写作，口头交流，会计，商务管理概论，美国政府，州和当地政府，大学代数，经济学概论，组织行为学，商务和社会学统计，组织理论，心理学概论，城市政治，国家政策决策过程，财政学和预算，政治学研究模式，公共组织的策划与变化，研讨班（研究报告）。

高中课程标准顺序：代数，英语，外语，社会科学，三角，历史，演讲，计算机。

工作概况

公共部门包括许多种机构、从事许多行业，仅列举几个：卫生、执法、环保、运输和税收。由于行业的这种多样性，那些接受行政管理技能培训的毕业生（或许在硕士等级）常常发现将这个背景与另一行业的专项训练如卫生、科学、工程或会计结合起来是有帮助的。公共行政教育大纲通常包括实习，给学生提供公共机构中实际的工作经验。

相关职位的有用平均值

◎ 年收入：86,701 美元

◎ 年职位增长率：16.5%

◎ 自雇者：3.1%

◎ 兼职者：7.2%

◎ 语言技能评分：65.5

◎ 数学技能评分：55.0

相关职位方面的其他细节

年职位空缺总数：310,000

兴趣领域：商务与管理 04；政府与公共行政 07；法律与公共安全 12；运输、配送和物流 16

工作技能——财政资源管理；人事资源管理；物资资源管理；监视；谈判；协调。

工作价值——权威性；自主性；创造性；责任感；社会地位。

工作条件——室内，受环境控制。

相关职位

1. 行政服务经理

性格类型：事业型 – 传统型 – 社会型

年收入：67,690 美元

年职位增长率：16.9%

年职位空缺数：25,000

最普遍的教育 / 培训程度：工作经验和学位

计划、指导或协调机构的支持性服务，如保留记录、邮件分发、话务员 / 接待员和其他办公室支持服务。可能监督设施规划、保养与保管作业。监控设施以保证设施始终处于安全、可靠和维护良好的状态。指导或协调企业、机构或组织的支援性服务部门。制定部门的目标和期限。起草和复审运营报告和进度表以确保准确性和有效性。分析内部过程建议并执行程序或政策变化以改进诸如供应变化或记录处理的业务操作。获得、分配和储藏供应品。计划、管理和控制合同、设备和供应品的预算。监督建设和翻修工程以提高效率并保证设施符合环境、卫生和安全标准并符合政府规定。雇用和解雇办事人员和管理人员。监督机械、设备以及电力与机械系统的保养与维修。管理设施空间的出租。参与建筑与工程的策划与设计，包括空间和设置管理。举办学习班向员工讲解程序。处理或监督处理剩余或无人认领的财产。

2. 首席执行官

性格类型：事业型－传统型－社会型

年收入：145,600 美元

年职位增长率：14.9%

年职位空缺数：38,000

最普遍的教育 / 培训程度：工作经验和学位

在董事会或相似的管委会提出的指导方针范围内确定和制定公司或私营和公共部门组织的政策并提供总体方向。在下属主管和员工经理的协助下，计划、指导或协调最高管理层的经营活动。指导和协调机构的财政与预算工作以便为经营提供资金、最大限度地投资以及提高效率。与董事会成员、机构官员和员工成员一起协商谈论问题、协调工作和解决问题。分析经营状况以评定公司和员工完成目标的表现和确定可能降低成本、改进规划或改变政策的方面。指导、计划和执行机构或企业的政策、目标和经营活动，旨在保证连续性经营、投资回报最大化和提高生产率。起草申请批复的预算，包括为规划提供的资金预算和执行规划的预算。指导和协调企业以及产品生产、定价、销售、分销部门的经营活动。商议或批准与供应商、分销商、联邦和州一级机构以及其他组织实体的合同与协议。审阅员工成员呈交的报告以提出批准或修改的建议。任命部门领导或经理并分配或交给他们责任权。指导人力资源工作，包括批准人力资源计划和活动、董事和其他高级员工的选拔、主要部门的建立和编制。主持董事会、管理委员会或其他管委会或担任成员。准备并提出有关主营业务、花费、预算、政府法令和裁定以及其他影响企业或规划服务事项的报告。确立部门的各种责任并协调各部门和各场所之间的职能。执行纠正措施计划以解决组织或部门的问题。协调预算控制系统、保留记录系统和其他行政控制步骤的发展和履行。指导非推销部门，如广告宣传、采购、信贷、会计部门。发表演说、撰写文章以及在各种会议或集会上发布信息旨在促进服务、交换想法和实现目标。

3. 应急管理专家

性格类型：无可利用数据

年收入：47,410 美元

年职位增长率：22.8%

年职位空缺数：2,000

最普遍的教育 / 培训程度：相关职业的工作经验

协调灾难应变或危机管理活动，提供灾难防备训练和起草自然（如飓风、洪水、地震）战争或技术（如核电站紧急事件、危险物资外溢）灾害或解救人质的应急计划和程序。保持知道能够引发突发事件可能性的活动或变化，以及那些能够引发应变努力和计划执行细节的活动或变化。起草概述行动程序的计划以用于应变灾难或突发事件如飓风、核事故和领土进攻和用于从这些事件中恢复过来。依据管理上的变化、技术上的变化或从以前应急情况的结果中得到的知识，提出改变应急反应程序的建议。保持和更新所有与应急准备计划相关的资源材料。协调灾难应变或危机管理活动，如命令撤离、开发公共掩体和执行特别需求计划和规划。开发和保持与自治市、县级部门和类似实体的联络以方便计划开发、应变努力协调和人员和设备的交换。保持知道影响应急计划的当地、州和联邦的规定并保证计划遵守规定。设计和管理应急和灾难防备训练课程，向人们讲授如何有效应对主要的突发事件和灾难。起草应急情况的状况报告，说明应变和恢复努力、需求和最初的灾情估计。检查设施和设备，如应急管理中心和通信设备，以确定它们在应急情况下的操作和功能能力。与当地和区域政府、学校、医院和其他机构的官员协商以确定他们在发生自然灾害或其他突发事件时的需求和能力。按照州和联邦的规定制定和履行应急管理计划的检验和评定。出席有关应急管理的一般会议、学术会议和专题研讨会以学到新的信息和发展与其他应急管理专家的工作关系。

4. 总经理和业务经理

性格类型：无可利用数据

年收入：85,230 美元

年职位增长率：17.0%

年职位空缺数：208,000

最普遍的教育 / 培训程度：工作经验和学位

计划、指导、协调公司或公共和私营部门组织的运营。工作职责和责任包括：制定政策、管理日常运营、对物资和人力资源的使用做出计划，但实际上，由于太笼统和差异太大，无法列入任何一个职能管理方面，如人事、采购或行政管理。包括领导小企业机构的业主和经理，他们的职责主要是管理。指导和协调企业或产品生产、定价、销售或分销部门的业务活动。管理员工，起草工作进度表和分配具体职责。审查财务报表、销售和主营业务报告以及其他表现数据以测量生产率和目标达成并确定需要降低成本和改进规划的方面。确立和执行部门政策、总体目标、具体目标以及程序，必要时与董事会成员、机构官员以及员工成员协商。确定人员配置需求并面试、雇用、培训新员工或监督人事程序。监控企业和机构以保证它们有效地提供所需的服务，同时又不超出预算限制的范围。监督与生产产品或提供服务有直接关系的活动。指导与协调机构的财政和预算业务以提供运营资金、投资最大化和提高效率。确定要出售的商品和服务并根据顾客需求预测来确定价格和信用条件。对货物进出生产设施进行管理。找到、选择、购买转售的商品，代表管理层进行买卖谈判。做销售区的工作，如接见和协助顾客、摆货架和盘货。制定和执行产品市场营销战略，包括广告宣传活动和促销活动。计划和指导促销之类的活动，需要时与其他部门的领导配合。指导企业的非推销部门的工作，如广告宣传和采购部门。建议新设施的地点或监督现有设施的改建。计划商店布局并设计展示架。

5. 立法成员

性格类型：无可利用数据

年收入：15,660 美元

年职位增长率：2.0%

年职位空缺数：3,000

最普遍的教育 / 培训程度：工作经验和学位

制定联邦、州或地方一级的法律和法规。出席招待会、宴会和其他会议，与人见面、交换观点和信息并发展工作关系。分析和了解当地和国家拟议立法的含义。代表其政府出席地方、国家和国际会议。促进其选区的产业和产品。监督费用津贴，确保账户在每个财年结束时保持平衡。组织和维持参加募捐的机构和募捐人，筹集选举或重选的资金。评估政府机构的结构、效率、活动和绩效。在地方行政区或国家建立人事办事处并管理工作人员。鼓励和支持政党候选人竞聘政治职务。进行“人口调查”，以帮助预测即将到来的选票结果。对学生讲话，鼓励和支持未来政治领袖的发展。以时事通讯、个人出席城镇会议、打电话和个人集会的方式，提醒选举人关注政府的行动和规划。撰写、筹备和发布国会记录的声明。就议案、修正案和决定是否由委员会提交全体大会上的问题进行投票。担任选举委员会、调查委员会、研究委员会和其他委员会的成员以审查专业领域并建议采取的行动。开发与委员会任务有关的主题专业知识。任命领导岗位的提名者或批准这样的任命。确定媒体广告宣传的活动策略、对问题采取的立场和公共场所的露面。按照程序的适当规则，就提议和法案修正案的法律依据进行辩论。为地方项目和方案寻求联邦资金。听取各选举人、利益集团代表、董事会和委员会成员和其他对正在考虑之中的法案或问题感兴趣的人的证词。通过个人访问、打电话、阅读当地报纸、观看电视或收听当地广播，了解影响选举人的最新问题。

6. 邮政局长和邮政监管员

性格类型：事业型－传统型－社会型

年收入：55,790 美元

年职位增长率：0.0%

年职位空缺数：2,000

最普遍的教育 / 培训程度：相关职业的工作经验

指导和协调美国邮局的运营、行政、管理和支持性服务或协调从事邮政工作的员工的活动和指定邮局的相关工作。组织和监督诸如邮件收发的活动。指导和协调一个或多个邮政设施的运营、管理和支持性服务。处理客户投诉。雇用和培训员工，评定他们的表现。起草员工的工作日程。谈判劳动纠纷。起草并呈交邮局活动的详细和概要报告给指定的监督员。收取邮政信箱的租金。发行和兑现汇款单。告知公众可用服务和邮政法律法规。选拔和培训下属邮政部门的邮政局长和经理。与供应商协商以取得拟议的采购价格并征用物资；根据联邦法规支出资金。

7. 社会和社区服务经理

性格类型：社会型－事业型－艺术型

年收入：52,070 美元

年职位增长率：25.5%

年职位空缺数：17,000

最普遍的教育 / 培训程度：学士学位

计划、组织、协调社会服务规划或社区延伸机构的活动。监督规划或机构关于人员参与、规划需求和利益的预算和政策。工作可能涉及指导社会工作者、顾问或感化官。建立和维持与其他机构和社区机构的关系以满足社区需求并保证服务不重复。起草和保存记录和报告，如预算、人事档案或培训手册。指导专业技术人员成员和志愿者的活动。评定员工和志愿者的工作以确保规划具有适当的质量和资源得到有效利用。建立和监督行政程序以达到董事会或高级管理层确定的目标。参与有关问题的组织政策的决定，如参与者资格、规划需求和规划利益。研究和分析成员或社区的需要以确定规划的方向和目标。对社区团体讲话以解释和说明办事机构的目的、规划和政策。招聘、面试、雇用志愿者和工作人员或与他们签雇用合约。代表组织与政府和媒体机构交往。计划和管理规划、设备和支持服务的预算。分析立法案、法规或规章的变化以确定机构服务会受到怎样的影响。为机构员工和其他社区规划担任顾问，解释与规划相关的联邦、州、县级的规章和政策。实施和评定工作人员的培训大纲。指导筹款活动和公关材料的准备。

8. 运输、储存、配送经理

性格类型：事业型 – 传统型 – 现实型

年收入：73,080 美元

年职位增长率： 12.7%

年职位空缺数：15,000

最普遍的教育 / 培训程度：相关职业的工作经验

职业说明：

储存、配送经理。规划、指导和协调机构内的存储和配送业务或从事材料和产品储存和配送的其他机构的业务活动。监督管理工人接收、储存、检测、运输产品或材料。规划、制定、实施仓库安全和保障方案和活动。审查发票、工作订单、消费报告及需求预测，以估计发送高峰期并分配工作任务。安排和监控空中或地面的产品或材料的载货、运输或配送。面试、挑选、培训仓库保管员和监督人员。

与部门领导商讨以协调仓库活动，如生产、销售、记录控制、采购事宜。回应客户或货主与储存和配送服务有关的疑问和投诉。检查仓库、车队、设备与秩序检测、保养、维修情况，如有必要进行更换。为产品或材料的接收、处理、储存、运输或救助制定标准操作程序和应急操作程序并形成文件。检查产品或材料以估计数量、重量以及贮存或运输所需的集装箱类型。与运输公司、仓库运营商和保险公司代表谈判服务和优惠率事宜。发布运送指令并提供路线信息，以确保交货时间地点一致。检查发票和运输货物清单是否符合关税和海关规定。起草和管理部门预算。起草或指导起草信函；报告；并起草操作、维护和安全手册。筹备必要的货运单据，联系海关官员，使货物运输的发送得以有效进行。通告销售和账务部门客户所需支付的运输费用。计算与运输时间有关的运费和存货成本以确保成本适当可行。参与制定运输和服务的价格。追踪还在前往目的地的货物，必要时加速订单货物的运送。需要时，安排存储设施。

运输经理。规划、指导、协调机构内的运输业务或提供运输服务的机构的相关活动。监管有关于调度、制定路线、追踪如飞机、火车车厢等运输工具等的工作。规划、组织、管理下属员工的工作，保证其工作是按组织要求完成的。组织调查，核实和解决客户或托运人的投诉。充当指定区域内所有工作人员的联络员。执行调整后的计划和政策。与其他经理和员工合作，制定和执行政策、程序、目标和宗旨。监督员工工作，保证其遵守行政政策、程序、安全准则、工会合同以及相关政府法规。进行安全审查，出席公司安全会议，会见个别员工，以促进安全工作的进行。制定联邦和州的公共交通方案标准、应用说明、程序指南以及合同。监控支出，以确保开支与批准的预算相一致。通过下属指导和协调业务部的活动，以取得设备、设施和人力资源的使用。指导工作人员维修设备、运输工具和设施等。与政府机构合作进行调查，以确认运输事故的原因并改进安全程序。分析支出和其他财务资料以改善计划、政策及预算，从而增加利润、改善服务。与设备和材料供应商协调并签订合约，监督合约的履行情况。监督员工分配关税分类以及准备开具账单。制定操作政策和标准，包括确定处理危险品的安全程序。推荐或授权资本支出，以购置新设备和资产，从而提高效率，改善业务部门的服务。提供管理建议，如建议收费和关税增加或工作计划的调整。

公共关系

性格类型：事业型－艺术型－社会型

专业方面的有用事实

集中于维护公司、组织、个人公众形象的理论，以及与参与方、赞助商、受众及一般大众的交流过程；训练个体成为公共关系助理、技术人员和管理人员。

相关的《教学项目分类》大纲：公共关系 / 形象管理 09.0902

专业划分：创意过程；管理；新媒体。

大学课程标准顺序：英文写作，口语交际，市场营销入门，经济学概论，公共关系学，传播理论，公共关系信息策略，传播伦理，媒体公共关系的原则，公关写作，公关技巧及公关活动，组织沟通，大众传播法，传播研究入门，媒体视觉设计。

高中课程标准顺序：英语，代数，外语，艺术，文学，演讲，社科。

工作概况

公共关系专家为企业、政府和非营利组织工作，鼓励公众支持雇主的政策和实际行动。往往必须对有着不同利益和需要的不同公众传播不同信息。这项工作需要对心理学、商业和社会环境有一定认识，并了解如何有效写作以及在不同媒体中使用不同技巧来说服他人。学士学位是在这个竞争激烈的领域入门级的工作的良好准备，实习或工作经验是一个重要的优势。有在职经验可获得管理公共关系活动的工作；硕士学位可以加快升迁进程。

相关职位的有用平均值

◎ 年收入：55,966 美元

◎ 年工作增长率：22.4%

◎ 自雇者：3.3%

◎ 兼职者：18.7%

◎ 语言技能评分：69.4

◎ 数学技能评分：42.8

相关职位方面的其他细节

年职位空缺总数：52,000

兴趣领域：文学与传播 03；零售与批发的销售和服务 14

工作技能——财政资源管理；客户服务；劝导；谈判；写作；监视。

工作价值——创造性；认可度；能力运用；成就感；权威性；多样性。

工作条件——坐着。

相关职位

1. 广告宣传与促销经理

性格类型：艺术型 – 事业型 – 社会型

年收入：73,060 美元

年职位增长率：20.3%

年职位空缺数：9,000

最普遍的教育 / 培训程度：工作经验和学历

规划和指导广告政策和方案，制作相关附带宣传材料，如海报、竞赛、优惠券或赠品，在购买产品服务中为部门、整个组织或在账户上创造额外利益。编制预算，提交成本分析，作为改进宣传计划的一部分。规划和准备广告和宣传材料，提高产品或服务的销售，与客户、公司行政人员、销售部门、广告公司合作。协助改进年度预算。检查广告排版、文案以及编辑脚本、录音带、录像带及其他宣传材料，确保与广告详细计划书一致。协调各部门活动，如销售部、平面艺术部、媒介部、财务部和研究部。准备洽谈广告及销售合同。为宣传活动和行业规划确定和建立联系，以接触买方确定的目标，如代理商、经销商或消费者。收集和组织信息以规划宣传活动。与各部门负责人或工作人员协商讨论各种主题，如合同、广告媒体的选择，或将要宣传的产品。与客户商讨，提供营销或技术咨询。监控和分析促销推广活动的结果，以确定成本效益。阅读贸易期刊和专业文献，紧跟影响媒体策划的趋势、革新、变化。制订计划，在已有的客户基础上扩大业务，作为委托的广告业务的代理人来经营业务。当引进新产品和新服务时，向外勤职工及消费者展示并演示产品。指导、激励、监督宣传队伍的动员以加快取得宣传目标。规划和执行机构的广告政策和战略。追踪项目预算、花费以及活动响应率，并在项目目标和行业准则的基础上来评估每个宣传活动。与有实力的不同的组织联盟和公众人物建立并加强联系，确保他们的合作和支持，以进一步达成活动目标。训练指导开发和制作广告的工作人员。与媒体配合，宣传广告。

2. 公共关系经理

性格类型：无可利用数据

年收入：82,180 美元

年职位增长率：21.7%

年职位空缺数：5,000

最普遍的教育 / 培训程度：工作经验和学历

规划和指导旨在创造和维护雇主或客户良好的公众形象的公关方案，如果涉及筹款，规划指导为特殊项目和非营利组织筹集和维持资金的活动。识别主要的客户群体和受众，并确定向他们宣传信息的最佳方式。撰写有趣和有效的新闻稿，准备媒体资料包，开发和维护公司的互联网或内联网网页。发展和维护公司的企业形象和身份，其中包括商标和标志的使用。管理通讯预算。管理特殊事件，如赞助比赛、政党，通过媒体介绍新产品或公司支持的其他活动来吸引公众注意，而不是直接打广告。为公司高管们撰写发言稿，安排采访以及其他形式的对外联系。分配、监督和审查工作人员的公共关系活动。评估广告和宣传计划与公关工作的兼容性。与当地政府和市政府官员和媒体代表建立并保持有效的工作关系。与劳资关系经理协商以发展公司内部交流，使员工知悉公司活动。指挥对外机构、机关、部门制定和实施宣传战略和宣传方案。与公共关系主管合作制定有关的新闻方案的政策和程序。回应有关雇主的活动或状态信息的请求。确定筹资目标，制定筹集和保障捐款的方针，协调资金支出。促进消费者关系、公司部门之间的关系、经理和雇员的关系或不同分公司的关系。保存公司档案。管理内部沟通培训。制作电影和其他视频产品，规范其发布，经营影片资料馆。观察并报告可能会影响雇主的社会、经济、政治趋势。

3. 公共关系专家

性格类型：事业型－艺术型－社会型

年收入：47,350 美元

年职位增长率：22.9%

年职位空缺数：38,000

最普遍的教育 / 培训程度：学士学位

撰写或挑选有利的宣传材料并在各种传播媒体上发布，用以促进或创造个人、团体或组织的良好信誉。安排准备展览，发表演讲。准备或编辑对内对外的组织出版物，包括员工时事通讯和股东报告。回应要求信息的媒体或指定另一个合适的发言人或信息来源。与来自社区、消费者、雇员和公共利益集团的代表建立并保持合作关系。规划和指导信息方案的发展和沟通，保持公众和股东对机构成就和议程的有利观念。与生产人员和技术支持人员协商生产或调整广告宣传产品。安排客户的公开露面、演讲、竞赛或展览以提高公众对产品和服务的认识，促进客户良好信誉的建立。研究组织机构的目的、促销政策及需要，以发展公关策略，影响公众舆论，宣传理念、产品和服务。向广告公司或工作人员咨询，以在所有类型的媒体上安排产品、组织或个人的宣传活动。与其他经理商讨，确定趋势和重点群体的利益和关注，或对业务决策提供咨询意见。训练客户代表，使其与公众和员工进行有效沟通。准备和发表演讲，以促进公共关系目标的实现。按照要求购买广告牌和广告时间，以宣传客户的产品或议程。规划并进行对市场及公众舆论的调查以测试产品或确定产品成功的潜力，将调查结果传达给客户或管理部门。

运输与物流管理

性格类型：事业型－传统型

专业方面的有用事实

毕业生能够规划、管理、协调运输业务、网络、系统，或管理和协调企业的所有后勤工作。

相关的《教学项目分类》大纲：物流和材料管理 52.0203；运输 / 运输管理 52.0209

专业划分：库存控制，位置分析，管理信息系统，材料处理，订单履行，规划和预测，交通和运输管理；仓库操作

大学课程标准顺序：英文作文，商务写作，心理学导论，微观经济学原理，宏观经济学原理，商业和社会科学微积分，商业和社会科学的统计学，管理信息系统介绍，会计入门，商务法制环境，商务金融，市场营销入门，人力资源管理，后勤学入门，运输管理，库存管理，物流系统分析和设计。

高中课程标准顺序：英语，代数，几何，三角，外语，计算机，公共演讲，初级微积分。

工作概况

运输及物流经理能用最快和最具成本效益的办法来保持材料在我们的经济体制内的流动。任何生产商品或使用物资的企业，实际上也就是说每一个企业，都面临着同一个问题——这些专家是被训练来解决问题的。该领域有些需要运输和物流管理学士学位。在职经验对升迁很重要。对技术专长，如库存控制、包装、预测有兴趣的人可以主修管理信息系统、运筹学、工业工程（或获得硕士学位）。

相关职位的有用平均值

◎ 年收入：101,203 美元

◎ 年职位增长率：15.1%

◎ 自雇者：8.8%

◎ 兼职者：11.4%

◎ 语言技能评分：64.2

◎ 数学技能评分：56.5

相关职位方面的其他细节

年职位空缺总数：85,000

兴趣领域：商务与管理 04；运输、配送和物流 16

工作技能——财政资源管理；人事资源管理；物资资源管理；监视；协调；谈判。

工作价值——权威性；自主性；责任感；创造性；社会地位。

工作条件——室内，受环境控制；坐着。

相关职位

1. 行政服务经理

性格类型：事业型－传统型－社会型

年收入：67,690 美元

年职位增长率：16.9%

年职位空缺数：25,000

最普遍的教育 / 培训程度：工作经验和学位

计划、指导或协调机构的支持性服务如保留记录、邮件分发、话务员 / 接待员和其他办公室支持服务。可能监督设施规划、保养与保管作业。监控设施以保证设施始终处于安全、可靠和维护良好的状态。指导或协调企业、机构或组织的支援性服务部门。制定部门的目标和期限。起草和复审运营报告和进度表以确保准确性和有效性。分析内部过程建议并执行程序或政策变化以改进诸如供应变化或记录处理的业务操作。获得、分配和储藏供应品。计划、管理和控制合同、设备和供应品的预算。监督建设和翻修工程以提高效率并保证设施符合环境、卫生和安全标准并符合政府规定。雇用和解雇办事人员和管理人员。监督机械、设备以及电力与机械系统的保养与维修。管理设施空间的出租。参与建筑与工程的策划与设计，包括空间和设置管理。举办学习班向员工讲解程序。处理或监督处理剩余或无人认领的财产。

2. 首席执行官

性格类型：事业型－传统型－社会型

年收入：145,600 美元

年职位增长率：14.9%

年职位空缺数：38,000

最普遍的教育 / 培训程度：工作经验和学位

在董事会或相似的管委会提出的指导方针范围内确定和制定公司或私营和公共部门组织的政策并提供总体方向。在下属主管和员工经理的协助下，计划、指导或协调最高管理层的经营活动。指导和协调机构的财政与预算工作以便为经营提供资金、最大限度地投资以及提高效率。与董事会成员、机构官员和员工成员一起协商谈论问题、协调工作和解决问题。分析经营状况以评定公司和员工完成目标的表现和确定可能降低成本、改进规划或改变政策的方面。指导、计划和执行机构或企业的政策、目标和经营活动，旨在保证连续性经营、投资回报最大化和提高生产率。起草申请批复的预算，包括为规划提供的资金预算和执行规划的预算。指导和协调企业以及产品生产、定价、销售、分销部门的经营活动。商议或批准与供应商、分销商、联邦和州一级机构以及其他组织实体的合同与协议。审阅员工成员呈交的报告以提出批准或修改的建议。任命部门领导或经理并分配或交给他们责任权。指导人力资源工作，包括批准人力资源计划和活动、董事和其他高级员工的选拔、主要部门的建立和编制。主持董事会、管理委员会或其他管委会或担任成员。准备并提出有关主营业务、花费、预算、政府法令和裁定以及其他影响企业或规划服务事项的报告。确立部门的各种责任并协调各部门和各场所之间的职能。执行纠正措施计划以解决组织或部门的问题。协调预算控制系统、保留记录系统和其他行政控制步骤的发展和履行。指导非推销部门如广告宣传、采购、信贷、会计部门。发表演说、撰写文章以及在各种会议或集会上发布信息旨在促进服务、交换想法和实现目标。

3. 后勤人员

性格类型：无可利用数据

年收入：63,430 美元

年职位增长率：13.2%

年职位空缺数：7,000

最普遍的教育 / 培训程度：学士学位

分析和协调公司或组织的后勤职能。负责产品的整个生命周期，包括收购、销售、内部分配、交付和资源的最终处置。积极保持发展同直接或间接涉及物流活动的客户的业务关系。增进对客户需求的了解，并采取行动确保这些需求得到满足。指导原料、供给及成品的供应和分配。与其他部门进行必要的合作，以满足客户的要求，利用销售机会，或在产品短缺的情况下，尽量减少对企业的负面影响。保护和控制专有材料。与客户共同监督违背目标、基准和服务协议的物流工作。发展并使用项目管理的技术性工具，如计划、进度表、责任和从属矩阵。领导团队活动，设置任务优先级，安排任务时间表，跟踪工作任务，提供指导，并确保资源的可用性。报告项目计划、进度和结果。指导和支持产品开发所必需的技术资源数据的汇编、分析。通过书面提案和口头陈述向客户、管理人员及其他利害关系人解释解决方案。提供项目管理服务，包括提供和分析数据技术数据。规划包括预算文件的提案。计划、组织和执行后勤支持活动，如护养规划、维修分析和测试设备建议。参与设计方案和设计变更方案影响的评估和审查。支持培训材料和技术手册的发展。随时掌握物流技术的进步并采用适当的技术改善物流流程。重新设计货物的流动方案，以实现价值最大化和成本最小化。管理分包商活动，审查其提案，改进其工作，并充当分包商与组织之间的联络员。管理产品后勤方面的生命周期，包括协调或供应样品以及减少报废。

4. 运输、储存和配送经理

性格类型：事业型 – 传统型 – 现实型

年收入：73,080 美元

年职位增长率：12.7%

年职位空缺数：15,000

最普遍的教育 / 培训程度：相关职业的工作经验

职业说明：

储存、配送经理。规划、指导和协调机构内的存储和配送业务或从事材料和产品储存和配送的其他机构的业务活动。监督管理工人接收、储存、检测、运输产品或材料。规划、制定、实施仓库安全和保障方案和活动。审查发票、工作订单、消费报告及需求预测，以估计发送高峰期并分配工作任务。安排和监控空中或地面的产品或材料的载货、运输或配送。面试、挑选、培训仓库保管员和监督人员。与部门领导商讨以协调仓库活动，如生产、销售、记录控制、采购事宜。回应客户或货主与储存和配送服务有关的疑问和投诉。检查仓库、车队、设备与秩序检测、保养、维修情况，如有必要进行更换。为产品或材料的接收、处理、储存、运输或救助制定标准操作程序和应急操作程序并形成文件。检查产品或材料以估计数量、重量以及贮存或运输所需的集装箱类型。与运输公司、仓库运营商和保险公司代表谈判服务和优惠率事宜。发布运送指令并提供路线信息，以确保交货时间地点一致。检查发票和运输货物清单是否符合关税和海关规定。起草和管理部门预算。起草或指导起草信函；报告；并起草操作、维护和安全手册。筹备必要的货运单据，联系海关官员，使货物运输的发送得以有效进行。通告销售和财务部门客户所需支付的运输费用。计算与运输时间有关的运费和存货成本以确保成本适当可行。参与制定运输和服务的价格。追踪还在前往目的地的货物，必要时加速订单货物的运送。需要时，安排存储设施。

运输经理。规划、指导、协调机构内的运输业务或提供运输服务的机构的相关活动。监管有关于调度、制定路线、追踪如飞机、火车车厢等运输工具等的工作。规划、组织、管理下属员工的工作，保证其工作是按组织要求完成的。组织调查，核实和解决客户或托运人的投诉。充当指定区域内所有工作人员的联络员。执行调整后的计划和政策。与其他经理和员工合作，制定和执行政策、程序、目标和宗旨。监督员工工作，保证其遵守行政政策、程序、安全准则、工会合同以及相关政府法规。进行安全审查，出席公司安全会议，会见个别员工，以促进安全工作的进行。制定联邦和州的公共交通方案标准、应用说明、程序指南以及合同。监控支出，以确保开支与批准的预算相一致。通过下属指导和协调业务部的活动，以取得设备、设施和人力资源的使用。指导工作人员维修设备、运输工具和设施等。与政府机构合作进行调查，以确认运输事故的原因并改进安全程序。分析支出和其他财务资料以改善计划、政策及预算，从而增加利润，改善服务。与设备和材料供应商协调并签订合约，监督合约的履行情况。监督员工分配关税分类以及准备开具账单。制定操作政策和标准，包括确定处理危险品的安全程序。推荐或授权资本支出，以购置新设备和资产，从而提高效率，改善业务部门的服务。提供管理建议，如建议收费和关税增加或工作计划的调整。

传统型专业

会计

性格类型：传统型－事业型

专业方面的有用事实

毕业生能够从事会计专业和承担相关业务职能。

相关的《教学项目分类》大纲：会计 52.0301

专业划分：会计电脑系统；审计；成本会计；财务报告；法务会计；税收。

大学课程标准顺序：英文写作，商务写作，心理学导论，微观经济学原理，宏观经济学原理，企业和社会科学微积分，商业和社会科学统计，管理信息系统介绍，会计入门，商务法制环境，管理和组织原则，运营管理，战略管理，企业财务，市场营销导论，成本会计，审计，个人税务，公司税务，合伙企业和遗产。

高中课程标准顺序：英语，代数，几何，三角，理科，外语，计算机。

工作概况

会计师保存组织的财务记录并监督交易记录。提供有关组织的财政状况和走向的信息，制订税表和财务报告的数字。为管理人员提供建议，因此需要良好的沟通技巧。学士学位对许多入门级工作来说是绰绰有余的，但有些雇主更倾向于硕士学位。身怀各种技能的会计师几年之后可升迁为管理人员。这项工作的前景总体上是好的。

相关职位的有用平均值

◎ 年收入：54,500 美元

◎ 年职位增长率：19.9%

◎ 自雇者：9.3%

◎ 兼职者：22.0%

◎ 语言技能评分：64.1

◎ 数学技能评分：62.3

相关职位方面的其他细节

年职位空缺总数：173,000

兴趣领域：商务与管理 04；财政与保险 06；政府与公共行政 07

工作技能——财政资源管理；数学；系统分析；判断和决策；操作分析；时间管理。

工作价值——工作条件；薪酬；晋升；权威性；责任感；能力运用。

工作条件——室内，受环境控制；坐着。

相关职位

1. 会计师和审计师

性格类型：传统型 – 事业型 – 研究型

年收入：54,630 美元

年职位增长率：22.4%

年职位空缺数：157,000

最普遍的教育 / 培训程度：学士学位

职业说明：

会计师。分析财务信息和编制财务报告，以确定或维持组织机构内的资产、负债、损益、应纳税额或其他财务活动的记录。准备、检查、分析会计记录、财务报表或其他财务报告，以评估其准确性、完整性以及其是否与报告和程序上的标准一致。计算所欠税款，准备纳税申报，保证及时付款、报告或其他税务要求。分析业务、走向、成本、收入、财政职责和义务，以预测未来的收入和开支或提供咨询意见。向管理层报告企业机构的财务。建立账目表，向适当的账户转让条目。编制 、修正，并分析预算，定期报告，比较预算成本与实际成本。利用现代计算机技术，开发、使用、修正、存档记录系统及会计系统。为会计和记账人员准备表格和手册，指导其工作活动。调查业务活动以确定会计需求并建议、制定或修正的解决业务财政问题的方案。担任国内收入署(IRS)代理。就资源利用率、税务策略及先于预算的假设等方面，向管理层提供相关建议。为企业或个人提供内部和外部审计服务。就工资、员工医疗福利、会计或数据处理系统的设计、长期税务或资产计划等领域，为客户提供建议。调查破产和其他复杂的金融业务并准备调查结果的报告。在税务机关面前代表客户，在涉及财务问题的诉讼时提供支持。估价、评估和清查不动产和设备，记录资产的描述、价值和位置等信息。修改、检查政府机构的记录。担任破产受托人或企业估价师。

审计师。审查和分析会计记录，以确认企业财务状况，并准备有关操作程序的财务报告。收集并分析数据，以检查是否有监控不足、重复劳动、浪费、欺诈，或者不符合法律、法规和管理条例的情况。向管理层报告资产利用情况和审计结果，并在经营管理和财务活动方面建议一定调整。准备详细的审计结果报告。审查关于物质资产、净资产、负债、股本、赢余、收入和支出的数据。检查账簿和会计制度的效率、效益以及公认的会计程序在记录交易时的使用情况。审查并评价财务和信息系统，建议相关控制措施，以保证系统的可靠性和数据的完整性。监督企业审核，并确定所需的调查范围。准备、分析和验证年度报告、财务报表以及其他记录，使用公认的会计和统计程序来评估财务状况并促进财政规划。与公司领导商讨财务及监管事务。检查手头现金、应收票据、应付票据、有价证券以及被取消的支票，以确认记录的准确性。检查存货清单，以核实序时账簿和分类账项。审查该机构的经营活动是否反映其目标以及员工是否理解其目标。检查记录，采访员工，以确保交易记录，并且无违反法律法规的行为。指导从事备案、记录、整理、传送财务记录等活动的员工。利用内部的计算机系统提供最新信息，以便管理层在做决定时是基于实际数据，而不是过时数据。实施前审核，以确定正在开发的系统和程序是否将按计划工作。通过信函或召唤纳税人到办公室的方式，审查纳税人的账户，并进行现场审计。运用利率和贴现率、养老金、股票债券估价和可耗资产摊销评估等知识，来评估纳税人财务状况，以确定纳税人的缴税义务。

2. 预算分析师

性格类型：传统型 – 事业型 – 现实型

年收入：61,430 美元

年职位增长率：13.5%

年职位空缺数：6,000

最普遍的教育 / 培训程度：学士学位

检查预算估算的完整性、准确性和与程序和规则的一致性。分析预算和财务报告以保持开支的控制。指导定期和特殊的预算报告的准备工作。与经理商量以保证按照方案的变化调整预算。使特定方案的拨款与更广泛方案的拨款一致起来，包括应急基金项目。提供成本分析、财政拨款和预算计划的建议和技术援助。做预算总结并提交同意或不同意资金请求的建议。探索提高效率和增加利润的新方法。审查运营预算以分析影响预算需求的趋势。做成本效益分析以比较经营计划方案、审查财政请求或探索可选择的筹资方法。诠释预算指令并制定实施的政策。汇编和分析会计记录和其他数据以确定完成一个计划方案所需的财政资源。在审查和资金授予当局面前作证，阐明和促进拟议的预算。

3. 信用分析师

性格类型：传统型 – 事业型 – 研究型

年收入：52,350 美元

年职位增长率：3.6%

年职位空缺数：3,000

最普遍的教育 / 培训程度：学士学位

分析个人或公司当前信用数据和财务报表以确定涉及提供贷款或借钱的风险程度。起草带有这种信用信息的报告以用于决策。评估客户记录并根据收入、储蓄数据、还款记录和购买活动提出还款计划的建议。与信用社和其他商务代表协商以交换信用信息。完成贷款申请，包括贷款请求的信用分析与总结，并提请贷款委员会批准。使用计算机程序生成财务比率以评估客户的财政状况。审查个人或商业客户文档，弄清楚并选择要收取的拖欠账款。把流动资产利润率和已评估机构的信用记录与同行业、同地理位置的相同机构的信用记录进行比较。与客户商量以解决投诉并核实财务和信贷交易。分析财政数据，如收入增长、管理质量和市场份额，以确定贷款的预期获利能力。

4. 财务审查员

性格类型：事业型 – 社会型 – 传统型

年收入：65,370 美元

年职位增长率：9.5%

年职位空缺数：3,000

最普遍的教育 / 培训程度：学士学位

强制执行或确保执行规管金融、证券机构、金融和房地产交易的法律法规。检查、验证记录的正确性，或证实其真实性。调查活动的机构，以执行有关法律法规，确保交易和业务的合法性或确认其财务偿付能力。审查并分析新的、被建议的或修订过的法律、法规、政策和程序，以解释其含义，并确定其影响。计划、监督、审查分配给下属的工作。建议相关行动，以确保遵守法律法规或保护机构的偿付能力。检查董事、股东、委员会的会议纪要，以探讨具体权力在管理层各级的运用。编写报告，准备展示及其他有关附表，详细说明机构的安全和稳定性，遵守法律法规情况及运用被建议的方法来解决有问题的财务状况。审查资产负债表、营业收入和支出账户、贷款文件，以确认机构资产和负债。审查内部和外部审计师的审查报告，以监测报告的范围是否足够，或发现内部工作的具体弱点。在金融检查过程中训练其他审查官。根据新的或修订过的法律法规制制定程序和政策的指导方针，并指导其执行。指导并参与与银行董事、受托人、高级管理人员、律师、局外会计师及顾问的正式和非正式会议，以便收集信息并讨论调查结果。验证和检查现金储备、被转让的抵押品、银行发布的证券，以检查内部控制程序。审查兼并、收购、建立新机构、加入美国联邦储备体系的申请，或审查证券出售登记，以确定其是否符合公共利益价值和规定，并建议同意或拒绝。解决关于整个银行业金融机构完整性的问题，包括贷款投资组合、资本、收益和特殊的或大规模的有问题的账户。

5. 税务审查员、税收员与税务稽查员

性格类型：传统型 – 事业型 – 研究型

年收入：45,620 美元

年职位增长率：5.1%

年职位空缺数：4,000

最普遍的教育 / 培训程度：学士学位

根据法律法规规定，确定个人或企业的纳税义务或向其收税。按法律法规

传统型专业

的规定向个人或企业征收税款。保持税务代码变更和会计程序及相关理论的知识，以正确评价财务信息。保存每件案子的记录，包括联系人、电话号码以及所采取的行动。与纳税人或其代表商讨设计收益的问题、法律和法规，并解决收益问题。通过邮件或电话联系纳税人，以解决差异并要求辅助文档。向拖欠账户的纳税人发送通知。通知任何多付或短付的纳税人，要么向其退款，要么要求进一步付款。进行独立的实地审核和所得税申报表的调查，以核实信息或修改税项负债。审查提交报税表，以确定所要求税收抵免和扣除是否符合法律规定。审查选定的纳税申报表，以确定即将进行的审计的性质和范围。在电脑里输入纳税申报表加以处理。检查会计制度和会计记录，以确定采用的方法是否适当并符合法律规定。处理个人和企业所得税申报表及销售和消费税申报表。向拖欠交纳的纳税人增加征收期限并监控其支付，以确保在付款期限以前得以纳税。检查税表，以确认纳税人的姓名和身份证号码是正确的，计算执行正确，或者数额与辅助文档匹配。检查和分析税务人资产和负债，以解决拖欠税款的问题。建议刑事起诉或民事处罚。确定适当的债务解决方法，如提出和解、扣押工资或扣押出售财产。确保纳税人同意免除税务评估，或向其他行政或法庭人员提交受质疑的裁定以听取诉讼。编写陈辩书，协助搜索和寻找记录，准备诉讼案件的费用和文件材料。

精算学

性格类型：传统型－研究型

专业方面的有用事实

重点是对风险的精确的和统计学上的分析并把分析结果应用到保险和其他企业管理的问题上。

相关的《教学项目分类》大纲：精算学 52.1304

专业划分：保险；投资。

大学课程标准顺序：微积分，线性代数，高级微积分，计算机概论，概率论导论，精算数学，数理统计，应用回归，精算模型，会计概论，微观经济学原理，宏观经济学原理，财务管理，价格理论，收入和就业理论。

高中课程标准顺序：英语，代数，几何，三角，理科，初级微积分，微积分，计算机。

工作概况

精算学是对数学数据进行分析以预测某种事件的可能性如死亡、事故或残疾。保险公司是精算师的主要雇主；精算师确定保险公司索要多少保险费用。进入该行业通常需要硕士学位，但是精算师要继续进行 5 到 10 年的课程学习并参加考试以延长他们从事专业的时间。该职业增长速度看好，而且那些能够通过一系列考试的人就业机会能很多。

相关职位的有用平均值

◎ 年收入：82,800 美元

◎ 年职位增长率：23.2%

◎ 自雇者：0.0%

◎ 兼职者：2.3%

◎ 语言技能评分：71.5

◎ 数学技能评分：89.0

相关职位方面的其他细节

年职位空缺总数：3,000

兴趣领域：科学研究、工程学和数学 15

工作技能——指导；监视；写作；数学；学习策略；主动学习。

工作价值——自主性；工作条件；晋升；独立性；监督，人际关系；认可度。

工作条件——室内，受环境控制；坐着。

相关职位

精算师

性格类型：传统型 – 研究型 – 现实型

年收入：82,800 美元

年职位增长率：23.2%

年职位空缺数：3,000

最普遍的教育 / 培训程度：工作经验和学位

分析统计数据如死亡率、事故、疾病、残疾以及退休比率并做出概率表以预报未来福利支付的风险和负债。确定所需的保险费率和确保未来支付所必要的现金储备和负债。分析统计信息以估计死亡率、事故、疾病、残疾以及退休比率。设计、审阅和帮助管理保险、养老金和退休金计划，确定财务健全和计算保险费。与规划者、承保人、财会部门、索赔专家以及高级管理人员合作帮助公司制定新的业务范围或改进现有业务的计划。确定或帮助确定公司政策并向公司行政主管、政府官员、股东、投保人或公众解释复杂的技术事宜。对影响企业的立法案向公共机构作证。向签订合同的客户提供建议，担当顾问。作为专家证人向法庭作证或提供有关事宜的法律证据，如一个在事故中丧生或致残的人的一生可能的收入值。根据对统计数据和其他相关信息的分析，做出事件概率表，如火灾、自然灾害和失业。确定每种保险的保险合同规定。管理好贷款并帮助制定公司证券出售的价格。提供专业知识以帮助金融机构管理好风险和使投资产品或发放贷款的收益最大化。为按照互保公司的共同保险和年金保险合同来分配盈余收入而确定公平原则。向顾客解释合同条款的改变。

附录

附录 A

更多资源信息

本书的事实和指标为你选择大学主修科目和适合你性格的相关工作提供了一个好开端。如果你想了解更多的细节，我们建议你查阅这里列出的一些资源。

大学专业和职业方面的事实

《具有真正职业路径和报酬的大学专业手册》(JIST 出版社出版)：由尼特 ·P. 福格哲学博士、保罗 ·E. 哈林顿教育博士和托马斯 ·F. 哈林顿哲学博士著。本书依据美国人口统计局对 15 万大学毕业生的调研，详细说明了他们需要的 60 个专业和课程；讨论了毕业生实际获得的职业；提供了有关雇主、工作和薪酬的信息。

“大学入学考试委员会” 在 http://www.collegeboard.com/csearch/majors_careers/profiles 网站详细说明了大学专业和与这些专业相关的职业。

《职业远景手册》(JIST 出版社出版)：美国劳工部每两年更新一次，本书提供了 170 个专业的描述，涵盖 85% 以上的工作人口。

《O★NET 职业名称词典》(JIST 出版社出版)：是美国劳工部职业信息网络数据库里描述的 900 多个职业的唯一书面资料。它涵盖了你正在阅读的本书里的所有职位，但是，它所提供的主题超出了我们这里所适合的。

《职业探索新指南》(JIST 出版社出版)：一个重要的职业参考，使你能够按照自己的兴趣探索所有大学专业的 O★NET（职业信息网络数据库提供）的职位。本书的信息基于教育部的 16 个群组将兴趣与职业联系到一起的工作成果。(附录 C 里有“兴趣领域和工作组群”的概述。)

教育与职业的规划与决策

《90 分钟大学专业匹配》:劳伦斯 · 沙特金哲学博士著(JIST 出版社出版)。本书能帮你识别与你技能和你最喜欢的高中课程一致的大学专业。

《大学专业积分卡》:尼特 · P. 福格哲学博士、保罗 · E. 哈林顿教育博士和托马斯 · F. 哈林顿哲学博士著(JIST 出版社出版)。书中 147 项评估直接引导你找到 49 个最常见的大学专业。按照每个专业最可能指引的工作活动的类型,本书帮你通过把你的知识和能力、你选择的专业以及你未来选择的职业联系起来的方式挑选一个专业。

《50 个适合你性格的最好工作》:迈克 · 费尔和劳伦斯 · 沙特金哲学博士著(JIST 出版社出版)。该书犹如你正在阅读的本书,是围绕相同的霍兰德性格类型编写而成,内容有与那些性格类型相关的高工资、高增长率职位的列表和描述。

《大学生和新毕业生的最好简历》:路易斯 · M. 科尔斯马克(JIST 出版社出版)。该书详细说明了雇主认为在工作场所有价值的技能和态度以及表明了怎样用书面展示出来,书中有样本简历及其他。

《一小时写完大学申请书》:简 · 梅尔尼克著(JIST 出版社出版)。该书有来自招生主任的目标提问、工作表、快捷策略以及忠告,还有许多例文,能够帮助学生快速精雕出一份有效的申请书。

《200 个适合大学毕业生的最好工作》:迈克 · 费尔著,劳伦斯 · 沙特金哲学博士提供数据库数据(JIST 出版社出版)。具有 60 多个“最好工作”列表,你可以依据收入、职位增长率、职位空缺数、教育程度、兴趣以及更多的方面,识别可能适合你的工作,然后再浏览 200 多个信息丰富的工作描述。

附录 B

依据 3 个性格代码字母分类的专业

本表能够识别本书中的最好大学专业，可能吸引你。本表是按照代表大学专业的 1、2 和 3 个字母组成的 RIASEC 性格类型代码编成的（到第一章里了解这些代码）。

如果你知道自己的主要性格类型（见第二章），你会感到带有适合你主要性格类型的 RIASEC 代码开头字母对于你记下所有适合你的大学专业很有用。如果你知道你有一种以上的附加性格类型，你可能想特别关注与你第二、第三 RIASEC 代码共享的那些专业。你可能还会感到把你主要性格类型作为第二或第三 RIASEC 代码的专业来考虑很有用。例如，如果你认为自己是 IR 性格类型，你可能不仅要关注代码为 IR 的那些专业（如生物化学）或 IR 加上其他的代码（如计算机工程，代码为 IRC），而且还要看 R 作为第一代码的专业（如土木工程，代码为 RIE）。本列表是以美国劳工部的 O★NET“职业信息网络”数据库使用的编码程序为基础，以对与大学专业相关的职业进行分类。其他的出版商不可能创建出 RIASEC 代码和专业或职业之间完全相同的一套联系的。例如，在“心理评估资源有限公司”出版的《定向搜索》一书中，一些销售职位被编为社会型，而 O★NET“职业信息网络”数据库编为事业型。下面是每个代码所代表的性格类型的提示：

R——代表现实型　　I——代表研究型

A——代表艺术型　　S——代表社会型

E——代表事业型　　C——代表传统型

RIASEC 代码	大学专业
RIE	土木工程
I	医学
IR	生物化学
IR	微生物学
IRE	航空 / 航天工程
IRE	电气工程
IRC	计算机科学
IS	医师协助
ICR	药学
A	艺术
A	英语
A	工业设计
A	新闻与大众传媒
AE	传播学
AES	戏剧艺术
AES	电影研究
SR	职业治疗
SRI	物理治疗
SI	研究生大学教学课程
SI	护理学(注册护士培训)
SIA	美国黑人研究
SIA	美国研究
SIA	区域研究
SIA	人文学

RIASEC 代码	大学专业
SIA	妇女研究
SA	幼儿教育
ERI	建筑
ERI	园林建筑
ERI	石油工程
EIR	工业工程
EA	广告
EAS	公共关系
ES	卫生信息系统管理
ES	医院 / 卫生设施管理
ESC	人力资源管理
ESC	劳资关系
EC	企业管理
EC	财政
EC	国际商务
EC	国际关系
EC	市场营销
EC	公共行政
EC	运输与物流管理
CI	精算学
CE	会计

附录 C

“职业探索指导”的兴趣领域和工作组群

如前言所述，“职业探索指导”体系就是将工作界编成大的“兴趣领域”的一种方法。在每个“兴趣领域”范围内，这种方法也会识别更具体的含有很多相同之处的“工作组群”。在第四章里的专业描述中，你会看到与每个专业相关的职位的“兴趣领域”。我们认为你想看到整个“职业探索指导”分类标准，以便你有一种属于这些“兴趣领域”的详细的“工作组群”感。在一些情况下，“工作组群”的名称与专业范围内的大学专业或职业相似，所以“工作组群”可能所说的就业领域与令你感兴趣的专业有关。

在“职业探索指导”分类标准中，“兴趣领域”有两位数代码的数字；“工作组群”是四位数代码的数字，首位是“兴趣领域”的代码数字，这两项就是按这种形式分类的。共有 16 个职业探索指导兴趣领域和 117 个工作组群：

01 农业与自然资源

01.01 农业和自然资源行业的管理工作

01.02 植物、动物和环境资源科学 / 工程

01.03 植物、动物和环境资源科技

01.04 普通农业

01.05 苗圃、土地看护和害虫防治

01.06 林业和伐木

01.07 捕猎和渔业

01.08 采矿和钻探

02 建筑与施工

02.01 建筑和施工行业的管理工作

02.02 建筑设计

02.03 建筑 / 施工工程科技

02.04 施工工艺

02.05 系统与设备的安装、保养和维修

02.06 施工支持 / 劳力

03 文学与传播

03.01 文学和传播行业的管理工作

03.02 写作与编辑

03.03 新闻、广播和公共关系

03.04 工艺室艺术

03.05 设计

03.06 戏剧

03.07 音乐

03.08 舞蹈

03.09 媒体技术

03.10 传播技术

03.11 乐器维修

04 商务与管理

04.01 一般商务的管理工作

04.02 商务细部方面的管理工作

04.03 人力资源支持

04.04 秘书支持

04.05 会计、审计和分析支持

04.06 数学文员支持

04.07 记录和材料处理

04.08 事务性机器操作

05 教育与培训

05.01 教育行业的管理工作

05.02 学前、小学和中学教学与指导

05.03 大学和成人教学与指导

05.04 图书馆服务

05.05 档案与博物馆服务

05.06 咨询服务、卫生和体育教育

06 财政与保险

06.01 财政与保险行业的管理工作

06.02 财政 / 保险调查与分析

06.03 财政 / 保险记录处理

06.04 财政 / 保险顾客服务

06.05 财政 / 保险销售与支持

07 政府与公共行政

07.01 政府与公共行政行业的管理工作

07.02 公共规划

07.03 法规执行

07.04 公共行政文员支持

08 保健科学

08.01 医疗保健服务业的管理工作

08.02 医学与外科

08.03 牙科

08.04 健康专业

08.05 动物护理

08.06 医疗技术

08.07 药物治疗

08.08 病人护理与协助

08.09 卫生防护与促进

09 接待、旅游与娱乐

09.01 招待与旅游行业的管理工作

09.02 娱乐服务

09.03 接待与旅行服务

09.04 食品和饮料制作

09.05 食品和饮料服务

09.06 体育运动

00.07 美容与美发服务

10 人类服务

10.01 咨询与社会工作

10.02 宗教工作

10.03 儿童 / 个人护理与服务

10.04 客户采访

11 信息技术

11.01 信息技术方面的管理工作

11.02 信息技术专业

11.03 数字设备维修

12 法律与公共安全

12.01 法律与公共安全行业的管理工作

12.02 法律实践与司法行政

12.03 法律支持

12.04 执法与公共安全

12.05 安全与保密

12.06 应急反应

12.07 军事

13 制造业

13.01 制造业的管理工作

13.02 机器设定与操作

13.03 生产工作，各种材料加工

13.04 焊接、铜焊和锡焊

13.05 生产加工技术

13.06 生产精密工作

13.07 生产质量控制

13.08 平面艺术生产

13.09 动手工作，各种材料

13.10 木工技术

13.11 服装、鞋、皮革和织物养护

13.12 电气和电子维修

13.13 机器维修

13.14 车辆和设施的机械工作

13.15 医疗与技术设备维修

13.16 实用操作与能源分配

13.17 装载、移动、起重与传输

14 零售与批发的销售与服务

14.01 零售与批发的销售与服务方面的管理工作

14.02 技术销售

14.03 普通销售

14.04 个人推销

14.05 购买

14.06 顾客服务

15 科学研究、工程学和数学

15.01 科学研究、工程学和数学方面的管理工作

15.02 物理科学

15.03 生命科学

15.04 社会科学

15.05 物理科学实验室技术

15.06 数学与数据分析

15.07 研究与设计工程

15.08 工业与安全工程

15.09 工程技术

16 运输、配送与物流

16.01 运输业的管理工作

16.02 航空器操作

16.03 卡车驾驶

16.04 铁路列车操作

16.05 船舶操作

16.06 其他需要驾驶的服务

16.07 运输支持工作

附录 D

专业描述中使用的工作技能的定义

在第四章里的专业描述中，你能看到与每个专业相关的职位所需要的最高技能。因为有些技能的名称你可能不完全熟悉，所以，我们在这里列出了本书提及的所有技能的定义。注意：O*NET“职业信息网络”数据库里包括的每个技能没有全部收入本书；在大学水平的职业中，某些技能往往起主导作用。

技能名称	定义
主动学习	理解新信息的含义以用来现在和将来对问题的解决和决策。
主动聆听	全神贯注地听别人说话，花时间弄懂谈到的观点，适当提问，不在不适宜的时间打断别人。
复杂问题解决	识别复杂问题和回顾相关信息以制定和评估选择并实施解决方案。
协调	调整与其他人行动相关的行动。
判断思维	使用逻辑和推理去识别可选择的对问题的解决方案、方式和结论的优缺点。
安装	安装设备、机器、线路或程序以合乎规格。
指导	教导他人任何做事。
判断与决策	考虑潜在行动的相对成本和利益以选择最适合的。
学习策略	在学习或教新事物时，选择和使用适合当时情况的培训 / 教学方法和程序。
财政资源管理	确定任何花钱以把工作完成并为这些支出报账。
物质资源管理	得到做某些工作所需的设备、设施和材料并注意适当地使用。
数学	用数学运算解题。
数学	算术、代数、几何、微积分以及统计学的知识和这些知识的应用。
监视	监视 / 评估你的表现或其他个人或机构的表现以改进或采取纠正的行动。
谈判	将他人聚集到一起，尽量使分歧达成一致。

技能名称	定义
操作分析	分析需求和产品要求以创造一种设计。
说服力	说服他人改变其主意或行为。
程序编制	写用于各种目的的电脑程序。
质量控制分析	对产品、服务或过程进行检验和检查以评估质量或性能。
阅读理解	理解各种相关的文件中的文字句子和段落。
科学	用科学的规则和方法去解决问题。
面向服务	积极寻找方法去帮助人。
社会洞察力	知道他人的反应并明白为什么他们会那样反应。
演讲	向他人讲话以有效传达信息。
系统分析	确定系统应该如何地工作以及状况、运行和环境变化会怎样影响结果。
系统评估	识别改进或纠正与系统目标相关的性能所需要的措施或系统性能指标和行动。
技术设计	生成或改造设备和技术以适合使用者的需要。
时间管理	管理自己和他人的时间。
发现并排除故障	确定操作误差的原因并确定如何处理。
写作	有效地进行书面交流以适应观众的需要。

附录 E

专业描述中使用的工作价值定义

根据 O*NET“职业信息网络”数据库提供的信息，第四章里对每个专业的描述包括一个最重要的与工作相关的工作价值列表，这些工作价值与这个专业相关的职位有关。为了帮助你明白这些价值的意思，我们在这里列出本书提及的每个价值的 O*NET“职业信息网络”数据库提供的定义。

工作价值名称	定　　义
能力应用	这个岗位上的工作者利用自己个人的能力。
成就感	这个岗位上的工作者有成就感。
活动	这个岗位上的工作者一直忙。
晋升	这个岗位上的工作者有机会晋升。
权威性	这个岗位上的工作者给他人下达指示和指令。
薪酬	这个岗位上的工作者收入比其他工作者高。
同事	这个岗位上的工作者有容易相处的同事。
创造性	这个岗位上的工作者尝试自己的想法。
独立性	这个岗位上的工作者独立做自己的工作。
认可度	这个岗位上的工作者所做的工作得到认可。
责任性	这个岗位上的工作者自己决策。
社会服务	这个岗位上的工作者所做的工作是为他人服务。
社会地位	这个岗位上的工作者在其公司和社区受到尊敬。
监督，人际关系	这个岗位上的工作者有监督员负责管理属下。
多样性	这个岗位上的工作者每天都有不同的事情做。
工作条件	这个岗位上的工作者有好的工作条件。